血戰古人

庚子冬傅申敬署

浙江大学文科高水平学术著作出版基金
中央高校基本科研业务费专项资金　资助

傅申论张大千

Challenging the Past
Fu Shen's Writings on
Chang Dai-Chien

田洪　蒋朝显　编

浙江大学出版社 · 杭州
ZHEJIANG UNIVERSITY PRESS

从石涛到董巨：张大千的"血战古人"之路

田　洪

约 1662 年至 1663 年间，刚 20 岁出头的石涛，来到了上海松江"九峰三泖"之巅的泗洲塔院（九峰禅寺），从禅宗临济宗第三十五代传人旅庵本月禅师修炼，石涛从此法名"原济"。而距泗州塔院 15 公里的松江禅定寺，时间是 1917 年至 1918 年间，同样 20 岁出头的张正权出川，叩响了逸琳法师住持的禅定寺佛门，法名"大千"。

巧合的是，名闻世界的美术史学者傅申先生于 1936 年 12 月 27 日出生于上海的南汇新场古镇，此地距离张大千出家的松江禅定寺 50 公里，而距清代画家石涛皈依佛门的泗洲塔院的直线距离是 60 公里。在这 60 公里的空间内，看似无关的今古三人（傅申、张大千、石涛）在跨越时空的美术史场域内绘就了"血战古人"的艺术图景。

1959 年 6 月，刚从台湾师范大学艺术系毕业的年轻学子傅申在其老师、台湾著名篆刻家王壮为先生 50 岁的生日宴会上，第一次见到了已享誉国际画坛的绘画大师张大千，傅申先生自己恐怕也没有想到他自此与张大千结下了缘分。

我们今天谈论张大千的仿古绘画，首先会联想到"血战古人"一词。实则大家百度搜索一下"血战古人"，最先映入眼帘的就是两个醒目的人名：傅申、张大千。

傅申，字君约，7 岁时开始习字。1948 年随父母迁居台湾，就读于屏东明正初中时，美术老师张光寅（著名书画家、艺术史家张光宾胞弟）在课余时开始辅导傅申学习书画。1959 年傅申毕业于台湾师范大学艺术系。在台湾师范大学求学期间，他受教于黄君璧、溥心畬，学习国画；大二时又追随傅狷夫学画，同时又拜书法大家王壮为为师，学习书法与篆刻。1963 年傅申考入台湾私立中国文化学院艺术研究所，师从书法名家张隆延研读中国艺术史，并获硕士学位。

1965 年进入台北故宫博物院，专事中国古代书画的鉴定与研究。1968 年获洛克菲勒奖学金赴美入普林斯顿大学艺术与考古系攻读中国历史专业，获博士学位。傅申先生先后执教于美国耶鲁大学美术研究所及台湾大学艺术史研究所，曾任美国华盛顿佛利尔美术馆中国美术部主任。

我们今天讨论二十世纪杰出画家张大千的绘画，无法绕过清代画家石涛。傅申先生在其所著《张大千的世界》一书的自序中曾这样表述他研究张大千的缘由："对张大千的研究，始自 1967 年在台北故宫博物院研究传世巨然的作品时；再次则是 1971 年在普林斯顿大学美术考古研究所研究石涛书画时；最后从 1987 年起开始对大千进行全面的研究。由于他的画龄长达六十多年，他作画既勤且快，又擅于营造良好的绘画环境，因此他的作品数量真是空前的庞大，而大千的游历迁徙亦甚广，作品又极端的分散。研究大千，遂成为我毕生以来所从事过的最耗时费神的一项研究工程。"

一

傅申先生数十年鉴别与研究张大千的仿古绘画——"血战古人"的动因，正如其所言，最初与清代画家石涛有关。大约在 1970 年，傅申先生就读于美国普林斯顿大学，导师方闻教授授意其将普林斯顿大学美术馆库房里的一批沙可乐藏画加以研究并整理、出版。在整理过程中，傅申先生发现沙可乐藏画中有不少石涛作品，库房内还有张大千寄存的一箱石涛的作品，其中大部分未见于张大千藏品集《大风堂名迹》。由于傅申先生在库房里过眼大量石涛真迹，包括张大千藏石涛作品，由此开始对大千与石涛进行全面的研究，也使傅申先生对张大千伪作石涛有了一个深度的认识。

《傅申论张大千》一书第一节"大千与石涛"的原文即是傅申先生在 1983 年发表于《雄狮美术》第 5 期的《大千与石涛》一文，此也是编者在领会傅申先生研究张大千仿古历程之用意而区别于一般美术史论著按朝代顺序排列的编排方式，同样也进一步说明张大千"血战古人"即始于石涛。

1974 年，傅申先生与其第一任妻子王妙莲合作撰写《鉴别研究》(*Studies in Connoisseurship*，又名《沙可乐藏画研究》)一书，并由普林斯顿大学出版社出版，该书研究与梳理了沙可乐的 41 件藏画，其中石涛作品 15 件，除 1 件为日本藏家住友宽一的旧藏，其余均来自张大千大风堂的旧藏。书中第 35 号的

《石涛册页》（六开），[1] 傅申先生鉴别后发现这六开石涛册页均系张大千的伪作，"对于这六幅册页，不但已经看出不是石涛真迹，也看出是张大千先生的手笔"。翌年，傅申先生在《故宫季刊》第九卷第三期发表《鉴别举例——知伪以鉴真》一文，更为细致地对这六开册页的构图、笔墨及技法进行分析，并且指出此六开张大千伪作的石涛册页有部分原稿出自大风堂藏《破墨山水册》以及二十世纪三十年代日本出版的复制品《石涛山水画谱》中的构图与章法，表现形式具体采用的是：改变画幅的形式和比例（由横幅改成直幅）；改变题句（将此诗改成他诗，或由无诗而题上石涛或古人的诗）；改变原画的印章；从两三幅真迹中抽取拼凑而成一幅新的构图；增删原迹（即化繁为简，或化简为繁）；将水墨改成设色，等等。傅申先生在《大千与石涛》一文中认为："在传世的石涛画迹之中，真伪参半，如果不能将混淆其间的鱼目加以区别，就无法见到石涛的真面。而在历来的伪迹中，要以大千的手法为最高、最难分辨，所以从研究大千的笔性来入手，是鉴别石涛真伪的捷径。"

在 1974 年出版的《鉴别研究》一书中，傅申先生讨论了经李瑞清、张大千递藏，后归沙可乐收藏的《石涛致八大山人函》与另一件日本永原织治收藏的复本，并从书写结构与笔性以及书函范式角度考证，最后得出后者系张大千伪造的石涛信札，同时指出日本永原织治藏石涛《石供山水册》（十开）系大千伪作石涛的"精品"。《石供山水册》所仿石涛之原作来源于 1930 年由中华书局出版的《石涛和尚山水集》（二），该集中注明所收作品是张善子、郑午昌鉴定，大风堂收藏，"原迹是长方形的竖册，大千都改成为方形。因此在构图上，或把原画缩短，或将石涛原迹的上端截去。原册皆无诗无款，只有'原济石涛'的一对连珠印。大千则在伪作上，每页各加诗句，并配以不同的印章。从画风看，这一伪册乃出于大千伪作石涛的后期，故极为成熟，用笔流利，设色明媚。反观石涛的原迹，用笔生辣，故一般观赏者极易为大千的笔墨设色引入彀中"[2]。

张大千对石涛作品心追手摹，惯于参考石涛原作，主要得益于他在二十世纪二三十年代已收藏有丰富的石涛作品。民国时人熊弗西在《评论报》发表《全才画家张大千》时即已指出张大千"对于大涤子作品的收藏之富，在国内堪称第一"。俞剑华在所撰《全国美展中之名迹》一文中即提到大风堂张善子、张大千

---

[1]　这套六开册页，原与八大山人的六开册页组成为一套，之后王方宇先生购藏了其中八大山人的六开册页。

[2]　傅申：《大千与石涛》，《雄狮美术》，1983 年第 5 期，页 63。

兄弟"素以藏石涛、八大著名海上"[1]。吴湖帆 1933 年在为现藏于美国波士顿艺术博物馆的石涛《水墨山水卷》（又名《寿桐君山水卷》）题跋时，道："大千好石涛画，所收甲海内名笔，奔赴可观者几十本。"

张大千摹仿石涛，几能乱真，这是不争的事实。大千有时伪作石涛，事后他本人也在多种场合"招供"。如在傅申先生《鉴别研究》一书出版后，张大千的老友罗吉眉先生转告其伪作石涛册页一事，此得到了大千爽朗的肯定，并说明是他 29 岁前后在上海时的作品。[2] 另外，台湾李叶霜撰写的《石涛的世界》于 1973 年由雄狮美术月刊社出版后，李叶霜携此书与大千好友薛慧山一起拜访张大千，"正翻开了一页《庐山寂憩图》，一片墨气淋漓，我（薛慧山）赞叹这该是石涛得意之作。他老人家微微一笑道：'让我自己来拆穿这一个秘密罢！''这帧画本来只有两尺半，是个斗方，一位画商硬要我把它变成了中堂，非加上一尺半不可。结果，你瞧，这些松树与石，还不是我添上去的几笔！'这个秘密，假如不是他老人家亲自对我口吐真言，相信千百年后，又谁能具此犀利的目光揭破了这谜底"[3]？另外，王方宇先生在 1988 年发表的《张大千先生与八大山人》一文中也曾经披露一段趣事："有一次是在纽约华美协进会，大都会博物馆远东部李佩先生用幻灯片讲八大山人的作品，大千先生在座，李佩用英语讲，大千先生听不懂，只看幻灯片，当时放出来一张，李佩正讲得高兴，大千先生高声用中国话说：'这张是我画的。'当场的中国人都笑，外国人都不懂。"

傅申先生认为："石涛对大千先生的早期画风最有决定性的影响，而他的伪作石涛是大千对石涛钻研深入的最具体表现。因此研究大千伪作石涛和历代名家的作品，是了解他个人的画风发展最具体的线索。"[4]

1919 年，张大千在上海先后拜曾熙与李瑞清为师，[5] 并受到两位业师喜好石涛、八大山人作品的影响。张大千临仿石涛作品，除了受曾熙与李瑞清两位业师

---

[1]　见《申报》1929 年 4 月 17 日。
[2]　傅申：《大千与石涛》，《雄狮美术》，1983 年第 5 期，页 52—70。
[3]　薛慧山：《生龙活虎张大千》，《大成》总第 114 期，页 22—26。
[4]　傅申：《大千与石涛》，《雄狮美术》，1983 年第 5 期，页 5。
[5]　大多数学者认为张大千在上海拜曾熙与李瑞清为师的时间是 1919 年，但张卫武依据出版于 1918 年的曾熙题张善子《十二金钗图》中"侨居上海之三岁，季爱居门下"之句、1928 年上海烂漫社出版的张善子《十二金钗图》中曾熙序言"此十二幅较前十年所作更神妙"及张大千在《千秋万岁》六朝铜镜拓片题跋中"寿世之竟（镜），秦汉为多，六朝物仅此一见。五年前，曾以此寿梅师……壬戌（1922）五月既望，德庵先生索拓片，因识数语于此，大千居士爱"之句，推断张大千在 1917 年 7 月之前就已拜在李瑞清门下，而拜曾熙为师则会更早一些。见张卫武：《曾熙与张大千交游考——曾熙事迹考析之五》，《荣宝斋》，2016 年第 6 期，页 244—257。

的影响与鼓励，还受到收藏家庞莱臣的影响。1926 年冬，庞莱臣将石涛平生杰作《溪南八景图册》（上海博物馆藏）借于张大千临摹。之后该册因 1937 年抗日战争中浙江南浔镇沦陷而失落四页，庞莱臣遂请大千依 1926 年的临摹本再补绘四页。庞莱臣在题跋中对于大千所补绘的四页赞誉道："似与原本不爽毫发。"而张大千在 1947 年应庞莱臣之邀再观由自己补绘而成的《溪南八景图册》时，认为石涛之画"秀而密，实而空；幽而不怪，淡而多姿。清湘此景，岂易企及耶"！

对于张大千临仿或伪作石涛作品的鉴定，傅申先生总结道："如果大千在他临或仿石涛的书画上，也临仿石涛的题识和名款，或者只盖上石涛的印章，而没有加上大千自己的名款印章的话，这就是他有意的伪作。如果在他临仿的书画上，加上了他自己的款印，这就是大千的临本和仿本。"[1]

二

1987 年，时任美国华盛顿佛利尔美术馆中国美术部主任的傅申先生在接受台湾《雄狮美术》杂志编辑越洋电话采访关于"血战古人——张大千六十年回顾展"的展览计划时谈道，张大千的作伪"应该要用另一种眼光去看待，我认为这些假画都是他极力追求并消化古代大家及其作品之后的最高表现，这都是他殚精竭虑与古人血战的最佳成果，当国内外鉴赏家、收藏家以高价购入他的这些作品时，无异宣布了他与古人奋战的胜利！……不研究张大千的仿制古画，就不会真正了解他画风发展背后那种血战古人的心理动机"[2]。

对张大千伪仿石涛或临仿石涛的作品，傅申先生认为："从另一个角度看这些作品，可以了解大千如何学习石涛以及所受到的影响。当然，认识这些作品，也直接能帮助我们来判定大千的伪石涛。"[3] 张大千自己本人对于"临摹"古画就有这样的体会："临摹工夫，对于增长学力，非常重要，摹写既熟，然后对画临摹，对临有了心得，然后背着画去临，能在看过名画以后，凭着记忆，背着它画出来，笔墨位置，都能得到十有八九，能有这样的工夫，然后融合古人所长，参入自己所得，写出心目中意境，那才算达到成功境界。"[4]

张大千的"融合古人所长，参入自己所得"的艺术主张，在其长达半个世纪

[1]　傅申：《大千与石涛》，《雄狮美术》，1983 年第 5 期，页 57。
[2]　《傅申先生访问记——张大千展览计划》，《雄狮美术》，1987 年第 9 期，页 88。
[3]　傅申：《大千与石涛》，《雄狮美术》，1983 年第 5 期，页 65。
[4]　傅申：《大千与石涛》，《雄狮美术》，1983 年第 5 期，页 65。

的作品中极易看到其所融会古人笔墨之意境。傅申先生举例张大千于 1972 年 11 月在美国旧金山迪扬美术馆举办的"张大千四十年回顾展"中的几件作品，确是受到石涛的影响。其中如大风堂自藏的《山水》与《三十岁自画像》，前者"是以石涛的笔法作画，特别是图中近景的一排小竹，还有人物及山崖上的枯树老屋，皆神似石涛"，而后者"衣纹和松树全用石涛笔法"。[1]

　　傅申先生对于"大千与石涛"的研究，最先是基于其"研究绘画史"和"研究古画鉴定"的兴趣，"而大千先生一生的作品，几乎就是半部中国绘画史，自古以来，没有第二个画家可以比拟。同时，我也是研究古画鉴别的，他是伪作史上第一高手，他的仿古、伪古，我想加以澄清，并说明其本质。这就是大千对我最有吸引力和挑战性的地方"[2]。

　　傅申先生研究张大千"血战古人"的历程，除了"大千与石涛"，另外就是"大千与王蒙"、"大千与董源"这两项重要命题。清代石涛、元代王蒙及五代董源，是中国绘画史上最为重要的画家之一，尤其是石涛与王蒙，是画史中承前启后者。难怪傅申先生在所撰《大千与王蒙》一文中赞誉张大千是"画家中的史学家，其所师承的古人，虽然不能说难以计算，但绝对超过画史上的任何画家"。张大千于 1937 年在其所作《竹院访友图》中曾题云："元四家中以黄鹤山人法门为最广大，明清作者无不师之。即不羁如方外二石，亦不能越其藩篱也。"而张大千对王蒙确是钻研极深。

　　研究张大千的师承，离不开他的收藏，恰好张大千所藏作品中最多的就是石涛与王蒙。《傅申论张大千》一书第三节"大千与王蒙"一文的原文，是 1988 年傅申先生提交于台湾历史博物馆举办的"大千先生九十纪念学术研讨会"的论文《王蒙笔力能扛鼎，六百年来有大千——大千与王蒙》，文章首先指出："在大千先生所收藏的宋元人书画中，恐怕要以王蒙之作为最多，由此也可以看出他对王蒙绘画的喜好，并数度对王蒙之作学习和临仿。"继而举例详析张大千 1938 年三月、1940 年八月、1946 年五月、1946 年十一月、1947 年三月及 1950 年冬前后分别三临大风堂收藏的王蒙名作《夏山隐居图》及《林泉清集图》，于 1937 年、1947 年张大千还两度背临王蒙《春山读书图》。傅申先生同时还考证道："在清宫延春阁旧藏的王蒙画迹中，有一幅《雅宜山斋图》，著录于《石渠宝笈三编》，

---

[1]　傅申：《大千与石涛》，《雄狮美术》，1983 年第 5 期，页 68。
[2]　傅申：《血战古人的张大千——张大千六十年回顾展缘起与简介》，《雄狮美术》，1991 年第 12 期，页 135。

在过去的旧画册中常见影印本，也见于日本印的《中国名画宝鉴》一书。此画的章法结构的确是出于王蒙，可是用笔和款字都很稚弱，绝不是王蒙真迹。大千先生在 1947 年的农历四月以前，如前所述，见过和临过不少王蒙的剧迹，对于这样的伪迹当然是了然于胸的，而自己的功力，以及对王蒙的笔法特征已经全盘掌握，因此在丁亥（1947）秋天，借着这一幅旧仿的伪王蒙《雅宜山斋图》，表演了一下他'借尸还魂'的绝技，画出了一幅使王蒙复生的《雅宜山斋图》来。点染完毕，自视也颇为得意，于是题识了以下的语句：'故宫《雅宜山斋图》，用笔冗弱，定非山樵真本。予此幅参合林泉清集、青卞隐居二图为之，遂觉顿还旧观也。'此画皴点绵密，渲染秀润，笔精墨妙，不仅远胜于清宫的伪作，也是他临仿王蒙的得意之作。"对于张大千临仿王蒙之作，还不同于他对石涛作品的追摹。在"大千与王蒙"一文中，傅申先生认为："绝少见其临摹逼真的王蒙作品，而大多是他熟运王蒙笔法和章法的再创作。"

傅申先生针对收藏于美国佛利尔美术馆、一件传为宋代李公麟的《吴中三贤图》所进行的考证，则得益于其 1967 年任职台北故宫博物院时对于存世巨然画迹与一件藏于美国波士顿艺术博物馆、传为关全《崖曲醉吟图》的研究 [1]，以及稍后在普林斯顿大学师从方闻读博期间研究石涛的经验所得。傅申先生在 1968 年冬初访佛利尔美术馆时，就对时任该馆中国美术部主任的罗覃博士指出该卷《吴中三贤图》系张大千的伪作。

傅申先生在 1985 年开始仔细研究这卷《吴中三贤图》，最后直到 1989 年 9 月，研究成果才以英文发表于香港的刊物 ORIENTATIONS。[2] 文章同时指出了部分大千伪作的隋唐、五代及宋画。研究结论也指出，在张大千诸多伪古画中，此作是唯一一件能够在傅申先生"目验"之下可充分举出古今画迹作论证说明的作品，并且又能以科技分析画中颜料成分以作辅证。

三

张大千在其 1949 年所作《江雨泊舟图》上曾有一段题跋，云："昔人称吴仲圭（吴镇）师巨然得其笔，王叔明（王蒙）得其墨。予此纸以北苑（董源）夏山图笔法求之，所谓上昆仑寻河源也。"而张大千的"血战古人"之路，实则就是

---

[1]　傅申：《巨然存世画迹之比较研究》，《故宫季刊》第二卷第二期，页 51—79。
[2]　此文的中文稿同时发表于《雄狮美术》1989 年第 9 期。

一条画学之路，傅申先生在1993年发表于台北故宫博物院《张大千 溥心畲诗书画学术研讨会论文集》中的《上昆仑寻河源：大千与董源》一文中指出："二十世纪二十及三十年代，大千仿学的古画家以清和明为主，偶及宋元。在二十世纪三十年代初期，渐及董其昌和巨然，是因他在早年研习石涛、石溪和八大的过程中，分别地了解董其昌和王蒙等的重要性，指引他走向董、巨的源头。"他还认为"大千一生对古人作品的搜求、研习的精神，在画史上少与匹敌。董源的作品，他曾经收藏过的至少有四件，其他所见所仿过的又有十余件。这样的纪录，只有明末的董其昌堪与相比，如就画技的研求和大成而论，则大千且胜董其昌"。

除了元代王蒙，张大千在二十世纪三十年代曾有跨越四王而直接效法正统派画家董其昌的山水画作品，对董氏绘画的临仿也是其寻"河源"（董源、巨然）的重要途径之一。与1983年发表的"大千与石涛"及1988年前后发表的"大千与王蒙"（包括对于传为李公麟《吴中三贤图》的研究）一样，傅申先生在"大千与董源"一文中同样抽丝剥茧地解释张大千在"血战古人"的实践中追摹董巨绘画的具体表现。自1938年初见董源《江堤晚景图》，至1946年收获此作之后的十多年时间，是张大千频繁运用董巨笔法进行仿古、学古、临古的黄金时期，尤其是1946年与1950年他曾两度临摹《江堤晚景图》。这一时期，张大千从追摹黄山派过渡到董巨派，傅申先生举出数十件作品，认为张大千也"领悟到他早年景慕学习的二石，原来也是出于董源，他自题《仿二石山水》云：石涛、石溪，俱从子久上窥董源，各得一体。石溪苍莽，石涛清逸，面目遂殊，正如临济、云门，共是曹溪一滴"。

傅申先生曾经在发表的一篇文章中提到这样一件事：张大千在1930年左右有一件效法石涛的山水，原本只是一尺见方的小册页，大千却将它放大十几倍、绘成六尺巨轴。此作上有张氏的两次题诗，一作行书，一作隶书，俨然都是石涛书风的再现；不过诗后大千所钤是自己的印章并且又加题一行款识："大涤子本，大千居士临之"，清楚表明此作是大千的临本，不是一幅让人误以为真的石涛作品。三十多年以后的1964年四月，大千经过香港时，友人出示此画，见此少作，大千有感而发再题其上，云："此予卅年前所作，当时极意效法石涛，唯恐不入，今则唯恐不出。书画事与年俱异，并有不期然而然者矣。"[1] 傅申先生深谙张大千艺术生涯中的仿古历程，对张氏所言之"唯恐不入""唯恐不出"亦有

---

[1]　傅申：《大千临古 唯恐不入》，《艺术家》，1998年第8期，总第279期，页240。

所感，其在台湾《艺术家》杂志分别发表的《大千临古　唯恐不入》与《大千法古变今　唯恐不出》两文，实则总结了张大千一生的艺术创作历程。前文指出"大千从石涛、石溪、八大山人的山水画中，看出他们是从董其昌上溯黄公望和王蒙，然后根源于董源、巨然这一脉络"，"张大千的泼墨泼彩比较耐看而且有深度，正因为他是做有本的生意，并非无根之学"[1]；而后文则精彩地点评道："张大千一生最重要的'法古变今'，乃是将古人运用在花卉中的泼墨法，发展到山水画中，以及将传统山水画中的没骨法和青绿法融合而成泼墨泼彩的山水画。"[2]

　　通过对张大千追摹石涛、王蒙和董源的研究，傅申先生认为："大千在传统绘画上高出时辈的原因是多方面的，而其中之一，应是他对传统书画的真切体认与鉴识。比观中国历史上的画家，只有极少数能与之并驾，如赵孟頫、董其昌等。十九世纪的画家多半仍在清初诸大家画风的笼罩之下，原因之一是历代名迹大半集中于内府，一般画人无缘得见。到了二十世纪初期，绘画虽仍积弱不振，但渐因照相印刷术之发展以及皇家藏品的流散，使得某些画家能上窥元明，渐及南宋。而在众多画人中，只有张大千能由清而明，而元而宋，而五代，而隋唐，绝不自限，目光高远，因此他的作品也就丰富多姿，集古今之大成。"

　　傅申先生认为："通过聚焦于作为伪造者的张大千，可以更好地理解他的艺术发展。我们可以通过他临摹古画的实践来记录他的风格发展，及追踪他成为二十世纪中国画坛最具创造力的艺术家之一的历程。张大千对于古画的临摹反映了他对个人和时代风格勤奋地研习。任何对于张大千独特个人风格的分析都不能忽视这些摹本，他的伪造品中体现出的高度创造性也不能被轻视。张大千的伪造品，毫不夸张地说，也是其重要的艺术成就。'赝品'在这种语境中并不完全准确，需要作进一步解释。只在极少数的例子中，张大千直接临摹现存的古画。通常他是综合多幅绘画的元素伪造一幅新的作品，然后他在画上签上古代大师的名字，或者至少在题签条上这么认定。这种新造古画的过程比完完全全的仿造要复杂得多，尽管这两种情况中的任何一种本身就已经是一种成就。我们可以从他制造伪造品的方法中了解他理解艺术史和训练手眼的方法。"

[1]　傅申：《大千法古变今　唯恐不出》，《艺术家》，1998 年第 9 期，总第 280 期，页 256。
[2]　傅申：《大千临古　唯恐不入》，《艺术家》，1998 年第 8 期，总第 279 期，页 245。

目　录

图1　张大千晚年像　　　　　图2　曾熙像　　　　　图3　李瑞清像

　　342年前，中国绘画史上一颗明亮的彗星——石涛，在明崇祯十四年（1641）降生。到清光绪二十五年（1899），另一颗彗星张大千先生（图1）在四川出世。上距石涛之出生，两人遥隔258年，足足两个半世纪有余！

　　站在美术史的立场来看，大千先生（以下为行文简便，省去"先生"二字，请勿以僭越目之）与石涛的距离，有时实在是微乎其微；有时甚至颠倒错综，不可捉摸！事实上，凡是研究石涛书画的人，如果不研究张大千，就不能成为真正的石涛专家。反过来说，如果不了解石涛在张大千一生绘画历程中所起的作用，那么也不可能真正了解张大千。

　　大千与石涛之间的渊源，根据"张大千四十年回顾展自序"，知是在他20岁从日本学染织归国、居于上海并受业于衡阳曾熙（图2）和临川李瑞清（图3）门下时。两位老师虽是画家，但李瑞清喜画花竹松石，而酷好八大山人，曾熙则擅作山水、松梅而喜石涛。大千受到他们的影响，"乃效八大为墨荷、效石涛为山水，写当前景物，两师嗟许，谓可乱真"。由于受到师友的鼓励、推誉，大千一方面勤仿石涛，广收石涛画迹；另一方面，以伪作石涛来游戏自喜，兼以试练自己的技能。还为了直溯石涛的画源，并且遵奉石涛"搜尽奇峰打草稿"的宗旨，三游黄山。终于，把他自己变成了一个"今之石涛"。

　　大千一生虽然画风数变，复取资历代名家，并遍游天下名山胜景，皆将之收为其粉本。徐悲鸿先生于数年前即有"五百年来一大千"之语，而张氏今日之影响，更非徐氏所能梦见。然千里之行必始于足下，这人生第一步的方向，往往影响一生。

大千尝论画云："习画应先审选一家，作为楷模，从勾勒名迹入手，打定根基，渐次参考名家，以扩境界。"这无疑是大千一生的现身说法，而大千自己所"审选"的一家，就是石涛。其后虽然遍习各家，但是石涛不仅是他奠定基础和赖以成名的导师，左右着他早期的山水画风，且石涛之影响隐伏持续，直到大千晚年。

以下为行文方便，分别从大千收藏、临仿和伪作石涛等各主题逐一探讨。实际上，就大千绘画的发展而言，各方面是齐头并进的。

一、大千藏石涛画迹

自从大千受乃师曾熙的影响而爱上石涛之后，为了尽得石涛笔墨之秘，他多方面搜购石涛之画，罗为己有。

大千晚年曾告诉友人，其先后收藏过的石涛画迹多至五百件。我们知道，"五百"是大千最喜欢的数字；徐悲鸿先生推誉大千，曾说"五百年来一大千"，所以许多人包括大千自己也说是"五百年来第一人"。后来大千自序其大风堂藏画，进而云："抑知吾之精鉴……五百年间又岂第二人哉！"所以他说"五百"件石涛，当然是一个约数，但即使打六折，其数量也是惊人的！

大千曾请当时篆刻名家方介堪特为他收藏的石涛书画镌刻过两方收藏印：一是长方形朱文印"大风堂渐江髡残雪个苦瓜墨缘"，这是专用于他所藏清初四僧的书画；另一方是朱文方印"大千居士供养百石之一"，这个数字倒是靠得住的，尤其是许多石涛的画迹是册页，每册少则六开、八开，多则十开、二十开，这样算来只要有十册，也可算上百幅了。记得多年前在普林斯顿大学美术馆的库房里，我曾经展阅过大千寄存的一大箱藏画，全是石涛画迹，立轴、册页、手卷皆备，琳琅满目，其中大部分还未见于《大风堂名迹》，足见其所藏石涛之富。如果说大千是历来见过和藏过石涛画迹最多的鉴藏家，绝对不是夸张之辞。不要说当世无双，以后也不可能有。因为一大部分传世石涛画迹已散入海内外各公私美术馆，又经过两次浩劫，许多石涛画迹恐已失传了。

大千虽然早得时誉，但是经济方面，在初期可能还是多得其家庭及仲兄虎痴（张泽，字善子，或作善孖，1882—1940，图 4）之提携、扶持为多。他长

图4　张善子像

大千 17 岁，况且善子虽以画虎名世，但在山水画方面也崇尚石涛，也是个苦瓜迷；因此不难理解，大风堂初期的藏品是在两个人的名下的。

例如民国二十六年（1937），王世杰先生任教育部长，将计划中的美展安排在南京新建成的美术陈列馆，从 4 月 1 日至 4 月 23 日举行了第二次全国美术展览会。在历代书画的项目外，还借展公私藏品，展出石涛画作 10 件，其中有借自张岳军、溥心畬二先生者各一幅，借自大千兄弟者共计有六幅之多，皆注明为"张善子、张大千藏"。在这六幅作品中，名迹《秋林人醉图》一轴亦在其内，张氏后割爱于纽约大收藏家顾洛阜，其他诸件迄今下落不明。其实在这年，大千已 39 岁，画名颇盛，当然力能自购，兄弟情深，亦可于此见之。又大风堂藏品中，大千的收藏印也时常灿然满目，而其阿兄之印章亦颇多见，如石涛小楷精品《千字大人颂卷》上就有"善子心赏"一印。

大千兄弟早期的一批藏品大半原存于苏州网师园，1937 年日寇陷江南，"尽付劫遗"，很可惜当时未编目录，亦不知其中有多少石涛之作。

在民国十九年（1930）至民国二十五年（1936）前后，文明书局、中华书局影印了不少珂罗版的画册，其中就有不少大风堂收藏的石涛书画。如果有心人能从各公私图书馆中加以集录整理，也可以补充一些大千藏品的资料。

日寇陷北平，大千时居昆明湖上，1938 年之夏，其将随身的藏画约 200 件，辗转寄递，历经兵火险阻，最后运到四川成都桂王桥，在张善子过世三年之后——民国三十二年（1943）十二月，大千命门人子侄将这一批劫灰之余编了一本《大风堂书画录》，详记其尺寸、题咏。从毕宏、文同、易元吉以下，直至金农、华喦，计 194 件，其中石涛的作品就占了 40 件，为全部藏品的五分之一。在编印《大风堂书画录》十二年之后，大千时居巴西，凿池造园，作久居之计。游踪初定，于是又出其"行箧所携，益以旅途所获，自唐迄清精加别择"，在日本精印《大风堂名迹》四集，其中第二集即为清湘老人专辑，印出立轴10件，手卷5件，册页5件四十二页。此中有少数名迹也曾见于《大风堂书画录》，如《秋林人醉图》（图5），如今此作已为纽约顾洛阜收藏。清湘老人专辑中的《三绝图》（图6）及《游张公洞卷》（图7）及《松风钓艇图》（图8），先后被大都会艺术博物馆收去，《探梅诗画卷》（图9）、《千字大人颂卷》（图10）、《人物花卉册》及《石涛致八大山人函》等，则为纽约王季迁先生所收，使纽约一地成为研究石涛画迹之中心。流传海外之石涛名迹，泰半皆自大风堂中散出，如巴黎集美博物馆所藏之《费氏先茔图卷》（图11）等。笔者有机会研究石涛画迹，追根溯源，又何尝不是拜大风堂藏品之赐！

大千先生的前半生即费尽心力成为收藏石涛的大家。而他不同于一般藏家——以占有为满足，他研究石涛画迹，并成为研究石涛的专家和鉴定家，其晚年曾编印过一本《清湘老人书画编年》。他临摹石涛之作，于是这些画成了他的师友、粉本，加之他记忆力惊人，作品深印脑际，此终其一生都是他创作的源泉。

图5 清 石涛 《秋林人醉图》 大风堂旧藏

發夫髯者有鬚高興筋力
季衰不自由藜杖撤開
樽酒伴柴月閒然莉益
秋飄零故友驚相見檢
點新詩亦解蒼碧水蒼
山茫茫可得贈君圖畫與
君遊

之興日頤而阿箏前畫克不相賣矣乙酉
重九方兄生大滌堂輾轉熊思過值
滄洲道先生來自江上聚對良
溪曉雨和旭所贈與詩因想始晤
之年彼少我壯而今忽彼壯我走
矢流荒美人煙月無賴
將來庭宴葉竹之跡矣
豈可以意揣之那
豌爲有作用誌鄙懷
清湘行弟若極

图6
清 石涛
《三绝图》
大风堂旧藏

图7 清 石涛 《游张公洞卷》 美国大都会艺术博物馆藏

图8
清　石涛
《松风钓艇图》
大风堂旧藏

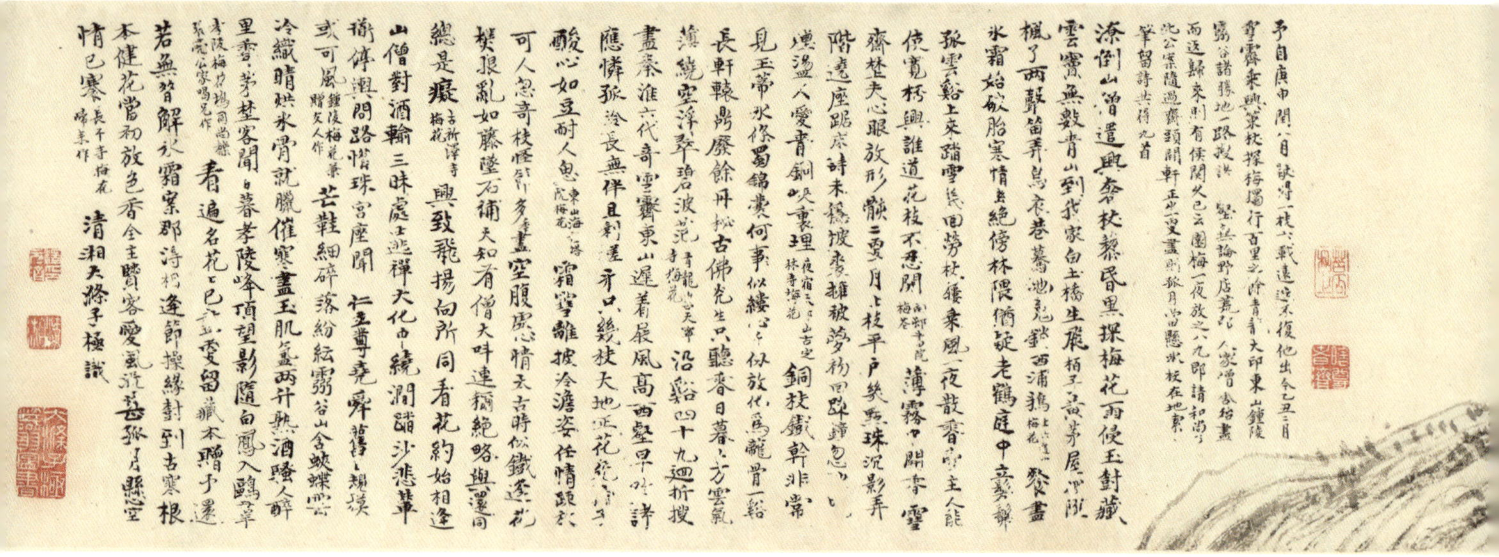

图9　清　石涛　《探梅诗画卷》　大风堂旧藏

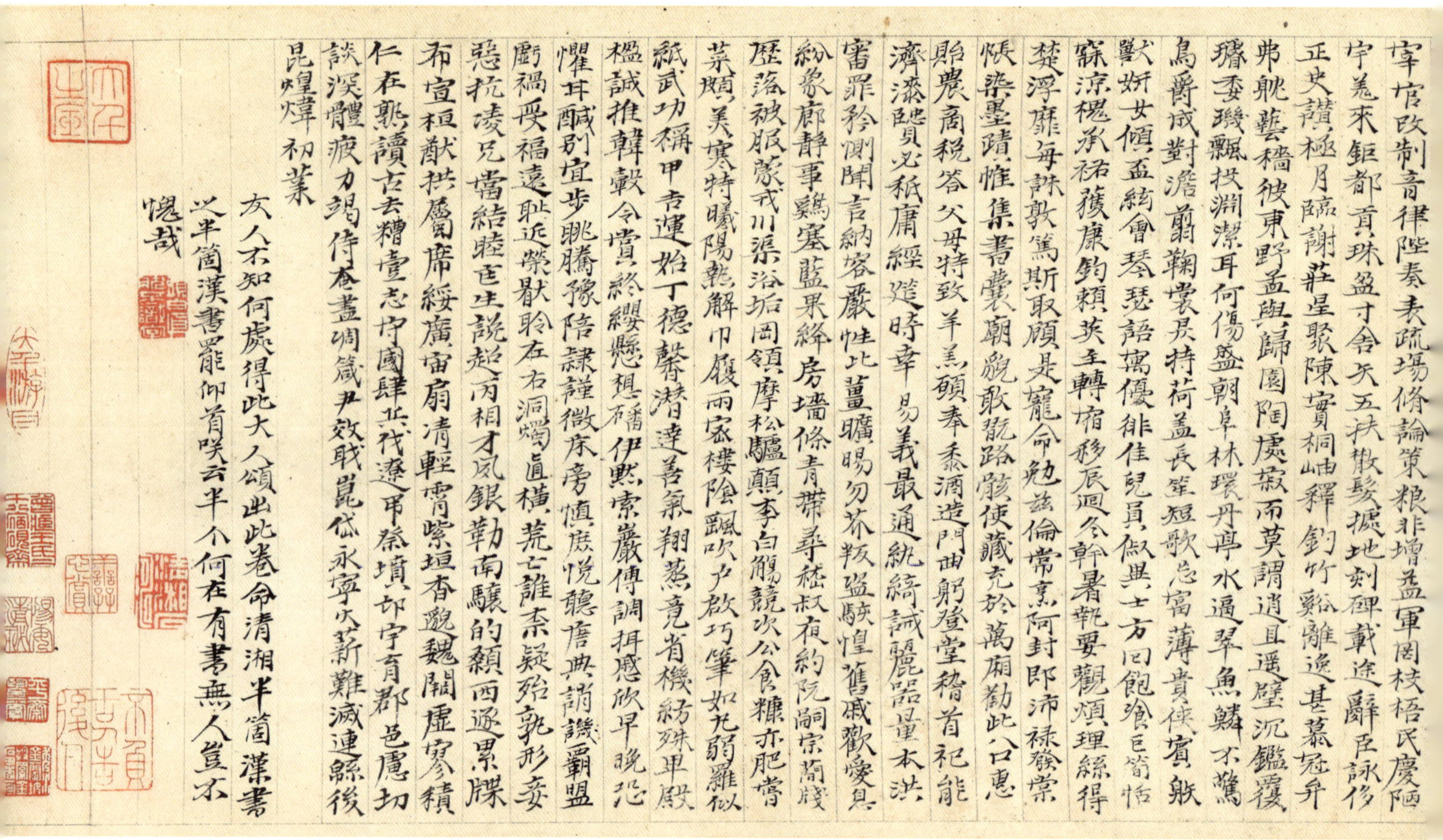

图10　清　石涛　《千字大人颂卷》　大风堂旧藏

千字大人頌

余嘗道周興嗣千字文不佳當取其原本另爲剪裂而縫綴之徐
野君頷予言而去未幾文就洮不傾闕之曰前代有作此想者
吳頷撓於人言謂桃之與楝葉桃也杷之爲田鼠也見於經子甚明
謂之何余謂桃杷二字未易離鄉竟沉吟而止今野君其
於是閉門七日作頌以示野君野君擊節稱三反爲盡周句讀
耶若者飄飄逍遙等字雖野君皆未之離余請得而離之
阿成萬變而不出吾宗之也周轉韻處亦均平亦不相閒
此四平反燕然矣彼實曰愧其一短則以余之一
七日不獻周之一夜耳野君曰是有二辦彼以君命臨之其意
迫此以遊戲行之其神眼彼作始者苟然而已踵其事競欲
過之文欲字字易也其故位是安可同日而語且夫七日而千字
就與夫十稔而三都乎枚生敏捷司馬淹子以於周創雙
美余慨然曰淹遲則誠淹遲矣頷離爲讀大人賦而嘆凌雲者

因篇首有大人二字遂名大人頌

詹文德撰

大人御天君子名世丕千秋基興諸夏利爲大起家建景閩帝二百餘
年我皇陟位河澄寶出鳳舉毛從廬雲兩旦漢日再中群黎作
又列州攸同往故士入坐新宮銘盤學湯詋鼓遒禹卿闵瀍規
俯欲縈矩勳政遒化存神姿儀豈勇陸黙池鯤躍海谷駒鳴庭
厭獻定刑勳政遒化存神姿儀豈勇陸黙池鯤躍海谷駒鳴庭
振填流弊矯矯端住俗宅落周營田趙獨莡踐籍頑情馬寰漠彎
尊黃金膳桃素木內捕秦號外斬莽操驊笑自陳毀譽空勞勞伏龍
僚組悲雁止號嶽伯分佐歲精可招恭已森爲歌身有道所求
忠貞務偁慈孝惟寫及畫閑居雅好草聖張工詩王杜妙淫渭閒朗
若王石磨爲心兕益映意指夏堅拜阜櫻訓胄孔嗣傳晉瞻畫接
隨用瞑眠物皆卒眞念匪蔼假閑賦師愚謙慕焜子曖翳翳
辨乃上下老安友信并懷少者苻城克賊而壁圖洽禮籟節也樂則和
以稼垂霜飯蘭抽露施華實等懲根蔡交寶京多淑卿縣其良牧康
恨見知退思邁辱泰階既平禪碣粖續束藕飯嬴市劍駟憤姑

图11 清 石涛 《费氏先茔图卷》 法国巴黎集美博物馆藏

二、大千伪石涛画迹逸事

如果不研究张大千就不能成为真正的石涛专家，因为大千是"今之石涛"或"石涛再世"。这话自然有好几个层面的意思，其一就是大千乃伪作石涛画迹之高手。在传世的石涛画迹中，真伪参半，如果不能将混淆其间的"鱼目"加以区别，就无法见到石涛的真面目。而在历来的伪迹中，要以大千伪造的手法为最高，亦最难分辨，所以从研究大千的笔性入手是鉴别石涛作品真伪的捷径。

至于从正面来说，石涛对大千先生的早期画风有决定性的影响，伪造石涛画迹是大千对石涛钻研深入的具体表现。因此研究大千作伪石涛和历代名家的作品，是了解他个人画风发展的最具体的线索。所以，讨论大千作伪石涛，既不是一个新鲜的话题，也不是一个忌讳的话题，更不应带有褒贬的性质。站在美术史的立场，我们只是秉持着一个实事求是的态度，去了解一切影响大千画风发展的重要因素。

即使大千先生自己，不论在早年或晚年，向不隐讳其作伪的事实，否则到现在也不会流传出这么多他早年之逸事。下文所引用的几则故事，都有相当的可靠性和事实根据，因此都可以使我们了解他作伪的动机。

陆丹林（1897—1972）是大千早年的座上客，曾经得过大千手赠的作品数

十帧，当然是大千的知友之一。他曾在 1930 年左右发表过一篇《画人张善子大千兄弟》，他说："大千临摹古画的功夫，真是腕中有鬼……尤其是仿作石涛，最负盛名。不特画的笔墨神韵和石涛真迹一样，题字图章、印泥纸质，也无一不弄到丝毫逼肖、天衣无缝。但是他当作游戏的工作，在好友前，绝没有一点隐讳。"

逸事中有一则陈半丁（1877—1970）误购大千伪作石涛画迹的故事，就是大千自己当场揭穿的，此事始末见于杜琦撰《张大千早年逸事》一文，兹摘述如下：

张大千廿三四岁，穿件蓝布大褂，留了黑长胡子（据谢家孝著《张大千的世界》，大千在二十五岁始留成胡子），到了北京，由中华艺术研究会会长周肇祥设宴介绍大千与京中画家、藏家相见，并推介他对明四僧作品很有研究，尤其对石涛造诣甚深。周氏随即夸赞座中陈半丁新收石涛画册甚精，不可不看。陈氏遂约在座二十多人明晚六时到他家吃饭看画。次日，大千急欲看画，挨到五时，终由周氏陪往，立欲索看，但陈氏长大千二十二岁，已是北方名家，未给面子，一直等到七时，客人到了十之七八，才从房内捧出。郑重开箱，装裱极精，第二页并有日本名鉴家内藤虎题"金陵胜景"。但是大千翻到画页，只瞟了一眼，即顺手地一页一页迅速地翻下去，随即把画册一掩，说："这个画册，是我三年前画的。"为了证实，还把各页的题跋和印章复述了一遍，使得画了三十年石涛的陈半丁，脸上由红而白而青，默不作声。

这一故事在时间上还需要进一步确定。照杜文推称，这一本册页是大千21岁以前所作，这可能太早了一点；而且有客人二十来人，陈氏既未给大千面子在先，似不可能由大千来当众翻阅画册，若干情节可参阅谢家孝著《张大千的世界》一书，但大千当众揭穿似是事实。

另一则故事是名画家及鉴赏家黄宾虹误以大千伪作为真的故事。据朱省斋《记大风堂主人张大千》一文：

> 名画家沈寐叟（曾植）以一页石溪的横幅山水送曾农髯，曾氏大为欣赏，很想觅一幅同样尺寸的石涛山水为配，以便裱成一个手卷。李筠庵（梅庵弟）知其事，谓黄宾虹（最近去世之名画家）藏有一页石涛山水。曾氏大喜，遂函黄恳让。不意黄宾虹竟视为奇货，坚不应允。那时恰巧大千藏有石涛山水长卷一件，因手头适有糊壁的广东旧沙纸一方，遂照摹其中一段，并仿石涛的书法题句曰："自云荆关一只眼。"同时，又用他自己所用的两方图章，一个"张"字的截去"弓"字旁一"长"字，一个"阿爰"二字的截去"爰"字留一"阿"字，凑拢来就成了"阿长"二字（石涛有一印曰"阿长"），天衣无缝地盖了上去。画成，以请正于其师，破获称许。翌日，宾虹以事往访农髯，在案头适见此画，大为赞赏，请求以他所藏的那件石涛山水尺页相易。当时农髯因不便告以实情，不肯答应。可是宾虹一再坚求，几乎伤感情。结果农髯只好勉允所请，于是皆大欢喜了！

此故事又见薛慧山撰《张大千名震国际画坛》一文及谢家孝著《张大千的世界》一书，内容小有出入。谢文记大千自述："我起初也并不是存心要愚弄前辈，原本我是要向他们讨教的。我曾向黄宾虹先生求借他收藏中的一幅精品去仔细临摹研究，可是黄先生拒绝了。我心里有些不服气，心想你不肯借我，我还是可以仿石涛的画。于是，我花费了好些功夫，仿石涛一幅手卷。由画到刻石涛的假印章，都是自己一手做的，我还在上题了：'自云荆关一只眼。'然后我把这幅画呈送给曾老师过目，我的原意不过是向自己的老师求教而已。"从此以后，大千的胆子大了，他在北平时，就专以仿造石涛、石溪、八大山人的作品为生。一时琉璃厂的买主云集，应接不暇。这时最大的买主是天津罗振玉，他买去送给日本朋友，大受欢迎。

谢家孝又记大千自述，其想试试这北方大鉴藏家罗振玉的眼力，也借以探测自己的作伪能力。他说："我想骗过罗振玉，除了仿石涛的画笔功夫而外，我还利用他心理上的弱点，颇费了一番心思。"他的办法之一是不画大中堂或手卷，而画不值钱的卧房里的炕头画，也包括了一幅罗振玉生肖的画——老虎，然后假手他人，转了几个弯，在不着痕迹中让罗氏中计。罗氏自喜价廉物美，大宴朋友，徘徊流连，待客人散尽，大千才告诉他真相。这是大千津津乐道的早年得意事。

大千老友之一的罗吉眉先生曾对笔者说，他在《秋海棠》一文内所记罗振玉误购大千伪画一则，乃是大千亲口告诉他的。因与谢文所记不同，亦节录于下：

> 罗振玉藏石涛，有数十件之多。而最珍贵，有独无偶的是八大山人行书屏八幅，欲求石涛画屏为配，而久不可得。
>
> 有一次在罗家，欣赏一幅石涛，大千表示疑义。雪堂先生指着他大骂，认为他是无知与狂妄。大千被斥后三月，上海一尘封故宅中，发现石涛山水画册八幅，这是见于著录的伟构，为古董商人居为奇货。事为罗氏所闻，即委托画商送往一看。数日后有人送去一幅，先请鉴定，罗氏见之惊为天赐，盖尺寸与八大字屏同，当时坚留送去一幅，并嘱立即续送其他七幅，最后以五千银元完成交易。
>
> 罗氏得画后，张宴赏画。酒阑人散，大千谓："这八幅石涛有点靠不住"，罗闻此语，咆哮几至动武。大千继谓："老师息怒！这八幅画稿图章都带来了，请您老鉴定。"罗氏汗流浃背，为之默然！

当时误收大千赝品的名人中，也有少帅张学良。在一次邀宴中，少帅曾幽默地介绍大千："这位就是仿石涛的专家，鼎鼎大名的张大千，我的收藏中就有好多是他的杰作。"（参见谢家孝文）至于最脍炙人口的，还是上海地皮大王程霖生广收大千伪石涛画迹的故事，被陈定山先生的一支生花妙笔描绘得有声有色：

大千偶作石涛画，并临其款识，置玉梅庵中。会霖生至，见画以为真石涛，大称赏之，必欲携去，归则费七百金酬道人，自以为豪夺。道人不能具告所以。他日出真画值七百金者令大千往致霖生。大千至，见其广厦闳崇，琳琅四壁，意复匿笑。遂说之曰："公收诸家，夥矣而不专，何不专收一家？"霖生曰："何家而可？"大千曰："公爱石涛，何不见石涛堂？此海内一人也！"霖生大乐。既而怃然曰："吾收石涛，必得其'天下第一'者。君视我堂高数仞，何求而能得此大幅石涛，悬吾中堂耶？大千以目作尺，上下忖度之。归而出古纸，闭门作一大画，长二丈四尺，署款石涛。装潢之薰炙之，既旧，乃使书画估某客搰之，往售霖生。且告之曰："必索五千金。"

客往，霖生以为真天下第一石涛画矣，乃叹曰：五千金吾不吝，但必得张大千来鉴定，吾乃购也，立命驰车接大千。大千至，略一睥睨，即曰：伪耳！某客气索舌结，目数视大千，大千扬扬若无睹，且抨击之曰：某山气弱，某树笔弱。霖生谢客曰：先生休矣，吾不能以五千金购一假石涛也。某客不知所对，悻悻然卷画出门而去，去即驰往扣大千之门，则大千已在室矣。见客大笑曰：客有言乎？趣无言，明日更往见霖生，但言张大千已买此画矣！客悟。

迟数日乃往见霖生，见但抚手荷荷。霖生曰："客何为？"客曰："无所为，但张大千已买此画矣。"霖生火怒曰：张大千欺我！又问：彼价几何？客曰：四千五。霖生曰：我倍之，必得乃已。客固有难色，曰："容缓商之。"旋复命曰：大千云前日失眼，后细看乃是真迹。今为大风堂瑰宝，固非万金莫让。霖生立以万金买得大千赝画。后建石涛堂，收藏石涛画三百余幅，而不许大千造门纵观。大千私语人曰：试揭其楮而观其后，十之七皆有我所画花押。及霖生败，大千颇收其藏，则亦非尽赝作也。

陈定山先生是大千老友，大千自有机会过目此文。虽是奇闻轶事，陈氏以小说家口吻出之，但下笔自有分寸，不会是信口开河。将此与上述诸轶事并读，可以见出一个活生生的、聪明机智的早年张大千。大千先生也曾亲口对谢家孝说：

> 你们新闻记者，见人阅世虽多，但骗人的事你可没有我见得多，我自己就是骗子！用纸用笔的骗子！

这话虽不免严重，但究竟难掩大千本色，也符合大千老友陈定山、陆丹林、朱省斋等人的记载。其中或有夸张出入，但可以肯定都是有事实根据的。

我们分析大千早年作伪石涛的心态，乃是基于主观与客观的多重因素形成的：

1. 恃才傲物，滑稽玩世；

2. 争强好胜，向鉴赏权威挑战；

3. 对附庸风雅的暴发户和权贵的讽刺；

4. 家庭经济支援断绝。

关于经济方面，张氏早年家庭甚为富裕，因张家有轮船公司、百货公司及钱庄。但在张大千 26 岁时，因撞船及公司倒闭，经济来源断绝，"只有学时髦，开画展卖钱"。虽然卖得还不错，但是大千自幼不吝花钱，又喜收藏名画，卖假石涛画迹自然得钱容易些。

大千伪作石涛画迹的行径，对其日后的发展产生了许多正面的影响：使他在青年阶段即技惊艺坛、声誉鹊起。虽然毁誉参半，但名亦随之；在经济上能脱离家庭供应而独立，购藏名迹、浪游名山胜景、经营画室、辟池造园，创造良好的绘画环境，使生活与创作合二为一；在极力临摹、作伪中，使他磨炼出了超人的技法，为他未来的创作打下无与伦比的笔墨基础；在鉴别上也使他目光如炬，不但成为石涛专家，更扩及于一般古画，建立了五百年来不作第二人想的自信。

三、大千伪石涛画迹举例

大凡品质高的伪作，多半是作伪者对该画家的作品曾下过临仿的功夫。在大千先生的画论中，他也特别强调临摹的重要性，如《大千居士画说》云：

讥人临摹古画为依傍门户者，徒见其浅陋。临画如读书，如习碑帖。几曾见不读书而能文？不习碑帖而善书者乎？

又云：

要学画，首先应从勾摹古人名迹入手。由临摹的功夫中方能熟悉勾勒线条，进而了解规矩法度。

这不啻是大千的自我写照，因为他不论是对石涛、八大山人、董源或敦煌壁画，都曾经下过临摹的苦功。可惜那么多的文章写大千的生平和轶事，以及编写大千的年谱，都忽略了一些直接影响他绘画风格的关键信息，如在哪年哪月大千购得了什么名画？又在何时临摹了什么名画？那时出了什么画集？哪年哪月游历了什么名山，等等。希望有心的同道，以后多多注意对上述资料的补充。

临摹是依据古人原迹之全部或局部的对临，就像学生对临老师的画稿，或临字帖一样，尽量求其逼肖原作，从此锤炼笔墨和体察原作之结构。但是对有成就的书画家来说，除了借此吸收古人的养分，还有借临本来复制和保存原作的用心。甚至还有一种是借古人的章法结构来发挥自己的笔墨技巧，有借别人的酒杯浇自己块垒的味道。譬如大千曾一再临摹其珍藏的大风堂名迹——传董源《江堤晚景图》，有的逼肖原作，有的用笔自由流利，大而化之，不受原画笔墨的束缚，一看就知道是出于大千之手。等到临摹纯熟，对于该名家的笔墨和造型有了掌握，就可以脱去依傍，画出类似该名家风格的作品来。或如大千所云："多观古人名迹，勤为揣摩，心领神会。"这就达到了另一个阶段，那就是"仿"。这一类"仿"的作品，也存在不同的程度，有的极力求似，有的因临摹纯熟而自然流露。

不论是"临"或"仿"，凡是这类性质的作品，可以因作者当时动机之不同而产生极大的区别：一是忠实的"临本"或"仿本"，一是伪迹，其间的区别只有一线之隔。这可以用另一则广为流传的大千轶事来说明：

抗战前一年，高剑父在上海举行画展，某君宴客，饭后，先请剑父与大千合作一幅。剑父素来最怕即席挥毫，表示谦逊，不肯动笔。大千却乐于当众表演，先作花卉，树干奇挺，配以枯枝败叶，斜阳衰

草，纯用剑父笔法，看者莫不叫绝！剑父也说好极。大千随即署款
"剑父"，与高的字迹一式一样。大家看了，都以为：如非亲眼看到，
谁能辨别真伪？剑父却略皱眉头！大千乃从壁上取下画来，即在题款
处补成："戏仿剑父先生笔法，愧未能得其万一为憾，大千居士。"众
为之叹服！

可见真伪之间，相差极微，仅在画家一念之间。现在让我们回到大千和石
涛的论题。如果大千在他"临"或"仿"石涛的书画上也临仿石涛的题识和名款，
或者只盖上石涛的印章而没有加上大千自己的名款、印章的话，这就是他有意
的作伪。如果在他临仿的书画上，加上了他自己的款印，这就是个人的临本或
仿本。以下先谈大千的伪作。

频年读画，对大千所作的历代伪画，笔者颇多留意，要讨论起来，颇费篇
幅，拟写专文。在大千所伪历代各家之中，要以伪石涛之作为最多，自然不是
短文所能概括。拙著《鉴别研究》一书曾讨论大千伪作石涛山水册六开，因为
这一册具有代表性，故先将中文稿（《故宫季刊》第九卷第三期）节录于后，
另再补充其他的实例。

（一）沙可乐藏石涛山水册

沙可乐的收藏中，有一套石涛的册页，原来是八大山人、石涛合册，但现
在已分藏两处。这六开假石涛画迹在展览的时候，也不知迷惑了多少观众。因
为这些画的用笔是那么遒劲俊秀，设色那么柔美鲜丽，书法那么流动自然，难
怪有很多人以此为真迹了。

但是，毕竟他们两位不是同一时代的画人，相距足足两个多世纪，而且他
们两人的个性和才情也有不同。大千先生长于爽利秀挺，石涛长于凝涩蕴藉。
而且毕竟一是原作，一是仿本，原作是出自画家创作时的种种凝聚而后发自肺
腑的一种表现，仿作虽然尽量地"将他人的肺腑安入自己的肠腹"，作最大限度
地感情移入，但终究是有限的。即使功力相当，也不可能将自己完全脱化成另
外一个人，所以终究要露出一些自家面目，而为精鉴者识破。

对于这六开册页，笔者不但已经看出不是石涛真迹，也看出是大千的手
笔；而且这六开册页的出处都找到了。其中四开的章法是出于大风堂旧藏的石

图12-1
《秦淮天印》

涛真迹《破墨山水册》，另两开是出于一本石涛早期的册页。以下将逐图说明：

1.《秦淮天印》（图 12-1）

题曰："秦淮水落石头出，天印山高明月留。"钤 "瞎尊者"朱文印。此图原稿出于大风堂旧藏《破墨山水册》中的《登眺图》（图 13-1）。原图并无题诗，只有一方"原济"白文印。

石涛原作为横幅，大千先生将之改成直幅，并将原作下方的"实"起改成了"虚"起，同时将江面拉开，使仰头远眺的高士在开阔的水面上更为突出。若看整幅画面的效果，大千之作实不下于原作。但从笔墨上看，石涛那种"如锥画沙"的用笔和沉厚的皴擦，在大千的画里都变成了轻灵流利的笔调；人物

图12-2
《白鹭穿田》

右方的层层沙嘴，大千画的稍微机械、规律了一些。至于远山平涂的用笔，石涛是笔笔沉实，墨色透纸的；而大千画作中远山的用笔，不免轻怯浮薄了一些。

2.《白鹭穿田》（图 12-2）

原题曰："虹霓散雨深松峡，白鹭穿田碧水潭。"钤一"赞之十世孙阿长"朱文印。

此图原稿出于一本石涛早年的册页，对开均有何绍基（1799—1873）题字（笔者见到的是二十世纪三十年代的日本复制品，标题是"石涛山水画谱"，原作下落不明）。石涛原作本为直幅，故二者章法大致相同，唯石涛题诗作："路曲松杉回，田平菜麦肥。石涛济。"下钤"原济""石涛"连珠印。此册所用画法仍多石涛金陵时期或稍早时的干笔法，多隶法。

大千仿作中以花青染松针、屋顶，坡石则以线皴为主，坡石与水田对照分明，确实较原作更吸引人。但是他把水田画得太规则了一些，失去了石涛原作中的拙朴自然之趣。笔法尖利，用墨、设色略有燥气。

3.《三径高士》（图 12-3）

题曰："三径久荒高士菊，不材老树一枝安。"钤一"膏肓子济"白文印。此图原稿出自《破墨山水册》之《长松觅句图》（图 13-2），原作无诗题、款识，钤一白文印"老涛"。

大千此仿作，虽设色较他幅为沉着，但没有前两幅成功。原因是其省减了原作中巨石左后方层层推出的土坡、亭子、丛树和远山，因而减少了画面空间层次；同时大千用的是熟纸，墨色浮薄而不入纸，巨石既平扁没有重量，轮廓也不够显著，因而与平扁的远山黏搭在一起，窒闷而不透气。画中的陶渊明也增加了原作所无的眼、鼻、须等细部，更多透露出大千的本色。

4.《罗浮峰前》（图 12-4）

题云："罗浮四百峰前月，赤石矶头腕下风。"钤"原济""石涛"连珠印。此件石涛亦出于那本石涛早年的册页（图 14），原诗为："吟（？）诗（？）空林响，萧疏落叶声。石涛。"钤"原济""石涛"连珠印。

此图大千化简为繁，与图 13-3 的削繁就简刚好相反。石涛早年原作虽然不够成熟，右下角的大树干和节瘤也没有处理好，但老柯擎天，衬在淡皴的远山之前，极为有力。大千虽花了许多时间画出繁枝密点，又与浓重的山头长皴黏在一起。树间布满平铺的"介"字形竹叶，与满山的苔点都充塞在同一平面上。山石又重施赭红，与那些焦墨聚在一起，有燥热的感觉。

5.《城头鼓角》（图 12-5）

隶书题云："城头鼓角悲风起，塞上烽烟壮士休。"钤"大涤子"朱文腰圆印。

此开在六开中最为有趣，最能表现大千的才智和技能，也最能显露他自家面目。原稿是由他所藏的《破墨山水册》中的两开拼凑而成：画面中央的城楼和山头以下，是出于《破墨山水册》中之《江城》（图 13-3）的左半部，上方左右两边的远山则出于《破墨山水册》中《冻雨图》（图 13-4）的上半部。但

图12-3
《三径高士》

图13-4
《罗浮峰前》

图12-5 《城头鼓角》

图12-6 《湖头艇子》

是全幅的效果，因大千运用了大片平涂的渲染法，而与他1960年前后的泼墨作品极为接近，与《冻雨图》中的用水用墨、留空布白无不神似。画上所题的两句诗，大概是在画成之后，阴暗的画面以及左上方的泼墨远山，使大千先生想起了"悲风"和"塞上烽烟"，要不然，石涛的作品很少涉及这一类的意象。

6.《湖头艇子》（图12-6）

题云："湖头艇子回青幛，山下人家尽夕阳"，钤一"大涤子"朱文腰圆印。此图原稿出于《破墨山水册》中的《富春一角》，原作无诗题，钤一"原济"白文印。

与《秦淮天印》（图12-1）相似，此作中大千将水面加宽，并在远处添上两叶小艇，二高士转头仰视在原作中没有的扑扑而飞的水鸟（山间的小点为水鸟）。满山赭红，一片夕阳之色。又在题诗的下方、村舍的上方，加一层原作中没有的山头，用简单的一笔勾成一座远山，只染而不皴，如果照临，恐不讨好，所以又将原作右上方的远山搬了过来。在笔墨方面，因石涛所用的是棉性极好

图13-1　清　石涛《破墨山水册》之《登眺图》　大风堂旧藏

图13-2　清　石涛《破墨山水册》之《长松觅句图》　大风堂旧藏

图13-3　清　石涛　《破墨山水册》之《江城》　大风堂旧藏

图13-4　清　石涛　《破墨山水册》之《冻雨图》　大风堂旧藏

图14
清　石涛
《山水册》八开之一
上海博物馆藏

的皮纸，他又使用了湿勾或湿染的技巧，使坡石和丛树的墨色有一种蓊蓊郁郁的感觉，这是石涛画作的特性之一，大千就只好避而不用了。

虽然只是小小的六开，但是大千不似一般的作伪者只知死板的临摹，他能灵活运用各种方法。在这六开中，他所用的方法有：

1. 改变画幅的形式和比例：由横幅改为直幅；

2. 改变题句：将此诗改成他诗，或由无诗而题上石涛或古人的诗；

3. 改变原画的印章；

4. 从两三幅真迹中抽取、拼凑成一幅新的构图；

5. 增删原迹，即化繁为简或化简为繁；

6. 将水墨画改成设色画等。

因此确实能扰乱一般鉴赏家的耳目，使之查考困难，判断不易。又由于其作品的高水准，以及此册中的"无一笔无来历"，使得多少收藏家、鉴赏家"走眼"。人生的得意乐事，对他们来说恐怕也没有多少能逾于此者，这就是米元章、张大千他们游戏翰墨的真正动机了。

此外，再谈一下大千先生所仿的书法。为了研究他伪作石涛画迹，笔者曾特别留意张大千早期的作品，看得愈多，体会愈深，对他的游戏之作就愈能辨认。不仅要看他的字形，更主要在笔意和精神。因为大千先生的本领是：当他写自己的字的时候（意指他署名张爰或张大千的作品）是一种用笔结字法，而当他仿石涛时又是另外一种用笔、结字法，两种习惯各不相混。有时你明明看出伪石涛的字迹是大千的笔意，但是当把它和大千署自己款字的作品放在一起比较，其又并不像想象中的那么像，很难得找到一两个字与大千的亲笔是形神俱似的！而他不但能模仿石涛，又能模仿金农、八大山人、唐寅、石溪等，这种本领，也真不愧是"五百年来一大千"了！至于这六开中的书法，因为时期较早，用笔、结字都趋于清秀，除了隶书没有得到石涛的古朴而不甚近似，其他行书都很灵动而神似。不过，如能细心探索，在字里行间还是能寻觅出大千青年时代的那一股颖秀之气的。就我对大千先生各时期画风的了解，对其仿作此册的时间作了一个推论，认为是其二十世纪二十年代到三十年代初期的作品。

在拙著出版之后不久，由大千先生老友罗吉眉先生的帮助，这一推论得到了大千爽朗的肯定，并说明这是他29岁（1927年）前后在上海四马路时的作品。

（二）永原织治藏《石供山水册》

在许多人的文章中，每每提到大千先生乱真的伪石涛作品，云其流往日本甚多，凡选印在《南画大成》及《名画宝鉴》等书中所谓的真迹，"大半为其手笔"，或谓被日本人认作"国宝"云云。这些话是过甚其辞或没有根据的。查《南画大成》中所收的众多石涛作品，其中伪迹虽然不少，但是大千的伪作恐怕是绝无仅有。至于《名画宝鉴》一书，其中影印的石涛画迹一共只有六幅，其中绝没有一幅是大千的伪作，这是可以肯定的。

图15-1　张大千伪作石涛《石供山水册》之《沿江景物》

图15-2　张大千伪作石涛《石供山水册》之《千山连彩》

图15-3　张大千伪作石涛《石供山水册》之《地削芙蓉》

图16　清　石涛　《山水册》三开　大风堂旧藏

　　再者，日本文化财研究所登记的"国宝"中，不要说绝没有大千的"伪石涛"，就是"真石涛"如《庐山图轴》《黄山八胜图册》以及《黄山图卷》等显赫名迹，也只被列为"重要文化财"而已！顺便在此澄清，以免道听途说，以讹传讹。

　　日本收藏家中收藏大千伪作最多的要数永原织治，1961年东京圭文馆出版了一本他的藏画集，书名为《石涛·八大山人》，其中收录了一些伪八大山人、伪石溪画作，而以伪石涛之作为最多。伪石涛画中至少有三四人的手笔，其中又以大千先生的仿作最为精妙，且包括了他早期和成熟时期的风格，这都是研究大千画风的重要资料。其中《小山水卷》《溪山轴》《观瀑山水轴》《溪山高隐轴》等都是大千所作，其中尤以《石供山水册》十开最为精彩。兹举此册中三开为例：

　　1.《沿江景物》（图15-1）

　　2.《千山连彩》（图15-2）

　　3.《地削芙蓉》（图15-3）

　　此三开皆是依据大风堂旧藏《石涛和尚山水集二》（民国十九年[1930]中华书局初版）中的三开（图16）伪造的。原作是长方形的竖册，大千都将之改为方形。因此在构图上，或把原作缩短，或将石涛原作的上端截去。原册皆无题诗、款识，只有"原济""石涛"一对连珠印。在伪作中，每页各加诗句，并配以不同的印章。从画风看，这一伪册的绘制时间乃出于大千伪作石涛画迹的后期，故极为成熟，用笔流利，设色明媚。反观石涛的原作，用笔生辣，故一般观赏者极易为大千的笔墨设色引入彀中。

（三）朱省斋藏《探梅联句图》（图17）

大千向不讳言他的伪作，有时与老友翻阅石涛的画册，也会指出这一幅或那一幅是他伪仿的。但这只是一晃眼的事，既无录音带也无录影，后来经过辗转转述，即使没有差误，也已失去证实的价值，何况没人能保证没有误传。

这种口头证据，比较可靠的如上述沙可乐藏石涛山水册，以及现存日本的《石涛致八大山人函》，除此之外，一般的口头传说是"口说无凭"的。所以，严格地说，大千自己承认而有确证的"伪石涛"是少之又少的，就我所知只有一幅《探梅联句图》，大千曾在画幅本身再题，指证是他早年的"狡狯"之作。这一故事见于朱省斋《艺苑佳话》一文：

> 客冬偶访黄般若先生于思豪画廊，适有一人携来苦瓜和尚《探梅联句图》一轴求售，审视之下，断为大千所作，遂笑而购之。月前大千海外归来，因出以示之，果其旧作也。相与抚掌之余，并承加题画端曰：有人携此求售，省斋道兄一展阅便定为余少时狡狯，且为购之。一发猨臂之矢，遂中鱼目之珠，敢不拜服！辛卯二月同客香港，大千张爰。（1951年4月17日香港《星岛日报》）

这是有时间、地点的大千亲笔指证，像这样有确证的"伪石涛"是极为难得的例子，所以这一轴《探

图17　张大千伪作石涛《探梅联句图》　朱省斋旧藏

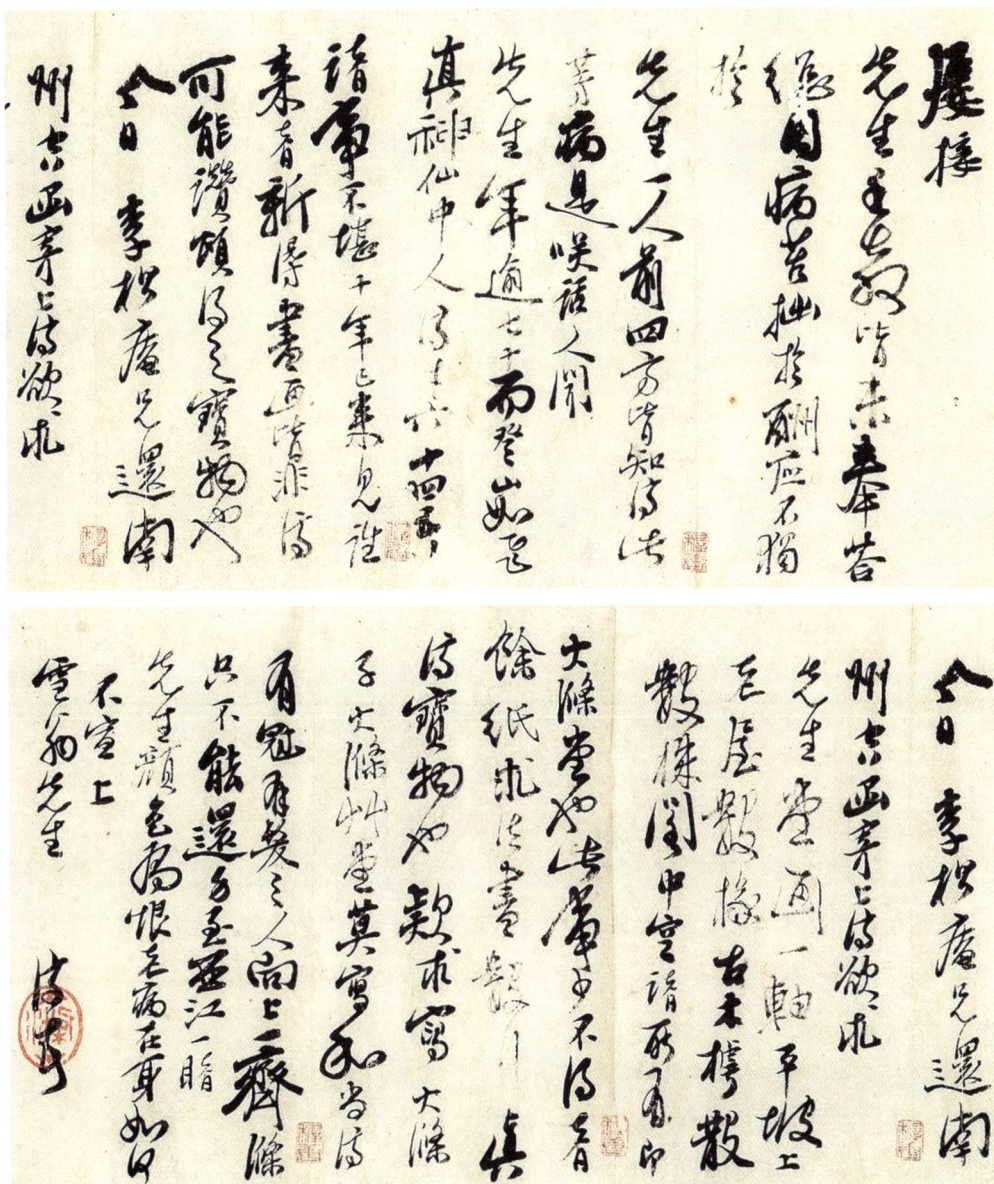

图18 张大千伪作《石涛致八大山人函》 永原织治旧藏

梅联句图》便是我们研究大千伪作的最佳范例。

（四）永原织治旧藏《石涛致八大山人函》（图18）

大千的伪石涛画作虽然不少，但由此所造成的问题都只限于真伪之辨。但他所伪造的一通《石涛致八大山人函》，在石涛生卒年问题的大论战里，其为美术史界制造了很大的混乱。像徐复观教授那样的学者，竟为大千的伪迹蒙蔽了一生，足见大千的伪作伎俩之高。

《石涛致八大山人函》传世还有一件（图19），曾为大千所藏，见《大风堂名迹》，今为纽约沙可乐氏所藏。二函文字大同小异，仅前后内容有颠倒，最大的不同和争论的焦点是与年龄相关的石涛生年问题：

> 大风堂旧藏本："闻先生（八大）花甲七十四五……济将六十。"
> 永原织治藏本："闻先生年逾七十，……济才六十四五。"

关于二函的真伪，详见拙著《鉴别研究》，此处长话短说，仅举证数点以明孰真孰伪。

1. 从石涛书函中的自署习惯看：石涛名"济"，大风堂旧藏本凡自署"济"字，皆比一般的字为小，而且在行中略向右偏，这一习惯，合于所有石涛真迹书函的通例；可是永原织治藏本则否，凡逢"济"字，皆与上下字在同一中轴线上，不合于石涛书函之通例。这一习惯是代表尊重对方，自我谦逊。对石涛来说，这是日常的习惯，不会有错；可是对作伪的人来说，精神注意力主要在于笔法、结构是否近于真迹，以致忽略了这一细节。

2. 从石涛自署"济"字的草法来看：大风堂旧藏本"济"字右半部草法皆作三曲折，合于所有真迹；永原织治藏本中则只作二曲折，此习惯与真迹不同。

3. 从尊称对方"先生"二字的书写习惯来看：大风堂旧藏本凡称对方为"先生"时，除了另起一行，还抬头书写，高于其他各行约一字或半字，这不但是石涛真迹书函的通例，也是当时的通例，传世八大山人的书函也是这一格式。而永原织治藏本不合此通例，各行是平齐的。

4. 从通篇书法看：大风堂旧藏本合于石涛真迹，用笔丰肥近隶，永原织治藏本合于大千用笔习惯，瘦劲近篆。

以上的证据，尤其是前三条，都是一种解说，其中任何一点都具有足够的价值，可单独判定孰真孰伪，更何况各证据间互相联系而能相互加强。

这些浅显的论证，都已见于《鉴别研究》，可是徐复观教授大概不耐烦看英文，因此始终坚持己见。他论鉴别方法，最注重的是所谓考证法。比如说，在他看到张大千先生时，大千曾亲口告诉他，永原织治藏本是其伪造的。然而徐先生偏不信，还要用他的考证法去推翻大千自己的说法，这种奇特的方法反映

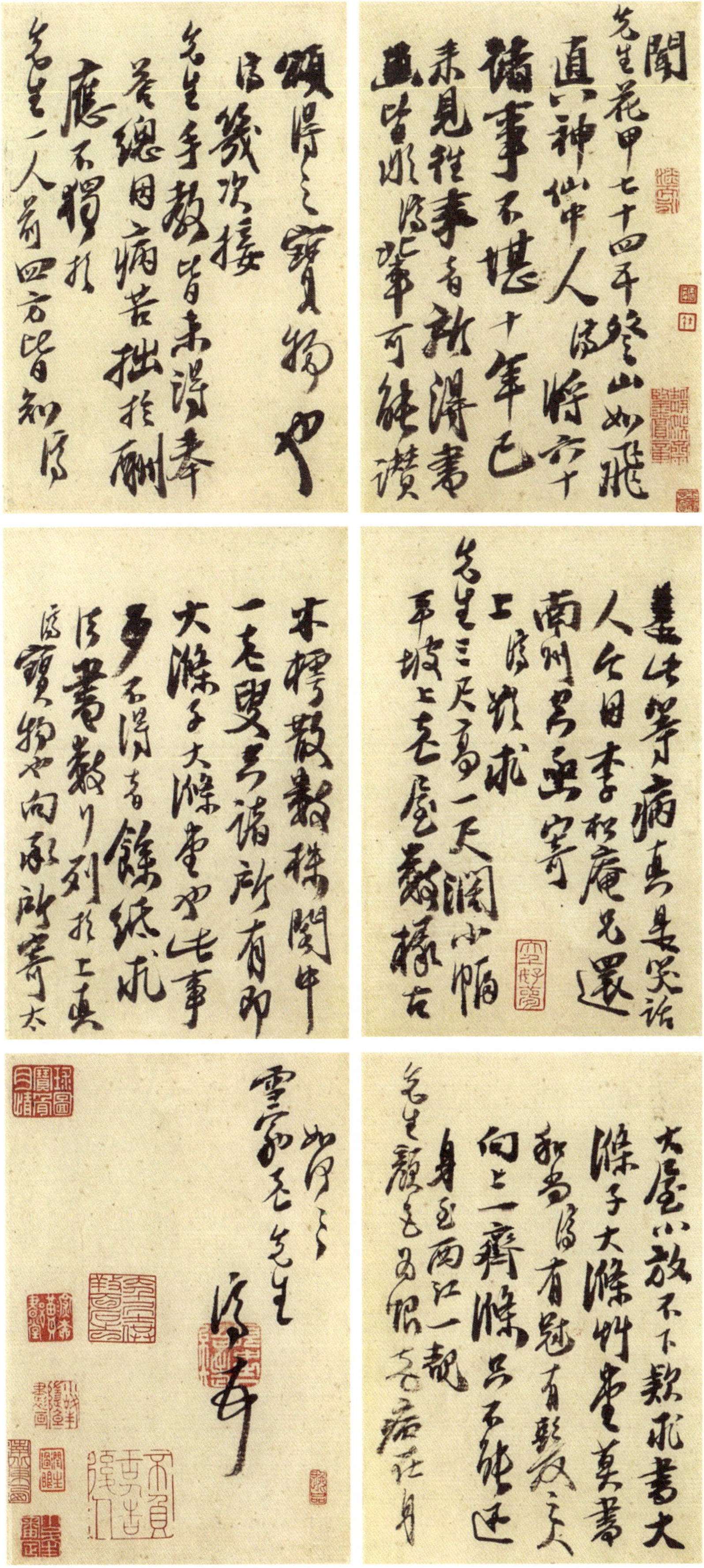

图19
清　石涛
《石涛致八大山人函》
大风堂旧藏

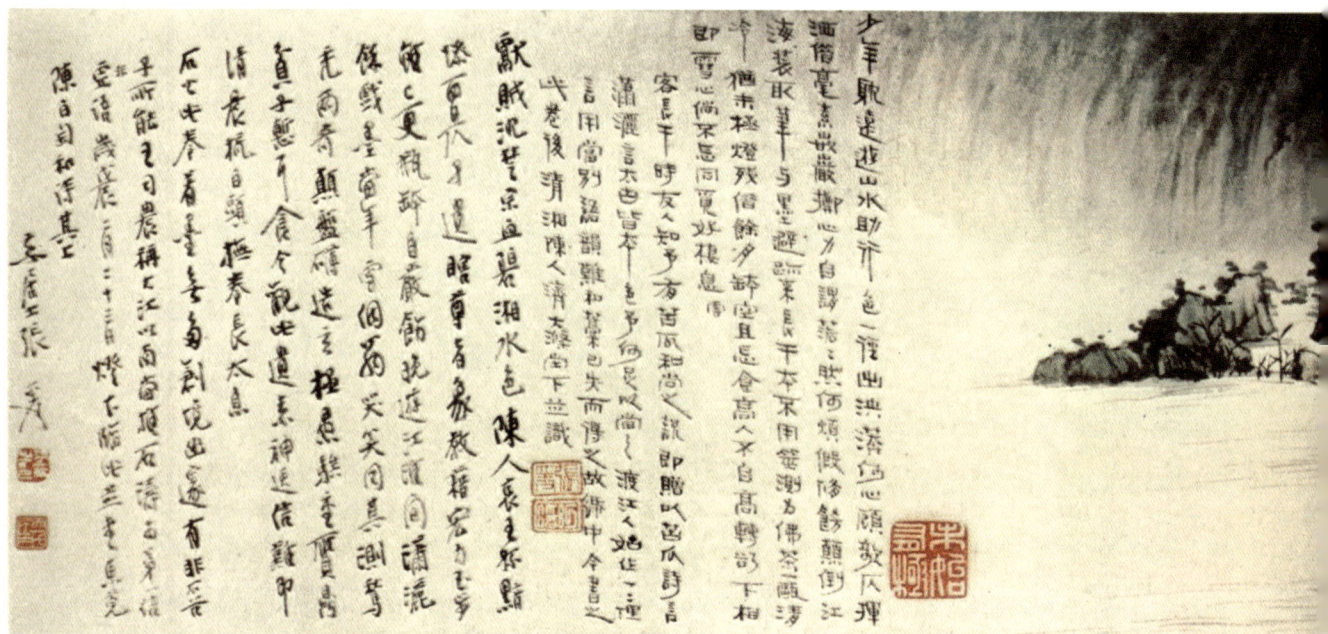

图20 张大千 《临石公山水卷》

了他固执的个性！我并不反对考证法在鉴别上的效用，因为我自己也常用考证法。但是考证并不保证客观和正确，徐先生所用的无疑是"主观考证法"，因此结论往往是错误的。

四、大千仿石涛画迹

前面说过，大千的伪石涛画迹与其临本或仿本，只有一线之隔，那就是在署款上的不同。此处所要谈的是大千临、仿石涛作品而署有自己名款的画。此外也包括他晚期无意临仿石涛之作，但石涛之影响自在其中的作品。因此，从另一个角度看这些作品，可以了解大千是如何学习石涛的。当然，认识这些作品也能帮助我们来判定大千的伪石涛之作。

大千临石涛真迹而有其自署的作品极少，1936年中华书局出版《张大千画集》，其中有一幅是石涛《艺菊图》的临本，大千题曰："丙子三月，穿窟山游归，友人从海上携大涤子《艺菊图》来共赏，遂临此幅。入春以来第一快事也。"尝见石涛原作影印本，知大千此图乃忠实临本，然图版不甚清晰，亦不知存世与否。

大千临石涛画迹中最有代表性的要数旧金山迪扬美术馆于1972年举办"张

大千四十年回顾展"中的第一幅。这是幅设色的《临石公山水卷》（图 20），此作所据之石涛原迹，笔者虽未见过，但是从传世许多其他石涛真迹来衡量，这是一幅极为逼真的临本。但是对原作中石涛的题字，大千并未用石涛的笔法去照"临"下来，而是用他学清道人李瑞清的字体"录"下来。并且在此款识下，盖上了大千自己的印章"张爰"和"阿蝯"。紧接着，又以大千早年的本家字体录下了原卷上的题诗。最后又加上一段大千自己的跋语和款印：

> 石公此卷，着墨无多，创境幽邃，有非石谷子所能。王司农称：大江水南当推石涛为第一，信非虚语。岁戊辰二月二十三日灯下临此，并书东莞陈白訇和诗其上。大千居士张爰。

下有二印："张爰之印""大千居士"。"戊辰"是民国十七年（1928），大千29 岁，其已经对石涛钻研有年，所以能做到形神俱似。此画今为大千夫人所珍藏，自然也是大千的得意之笔，为传世大千临石涛的代表作之一。

在当时，若大千照临石涛的题字，盖上石涛的印章，此画就成了一幅令人难辨真伪的石涛之作。大千先生无意作伪，所以特别用自己的字体来抄录石涛

的原题，又盖上自己的印章，并且每一段题字
之间不留空隙，似有意预防将来为别人割去大
千的题识和款印，用以冒充真石涛作品。此卷
与上述《艺菊图》临本，二画皆有"苦瓜滋味"
腰圆印一方，似是大千临石涛画迹的专用印。

以下再谈大千仿石涛的作品。因为"仿"
的范围比"临"宽广得多，所以这一类的例子
随处皆有，尤其在大千较早期的作品里。

有的画大千在自题中已点明是仿自石涛，
例如1935年11月集粹山房出版的《蜀中张
善子大千兄弟画册》中，其中一些兄弟合作
的"黄山图卷"皆有其题识，如第八图《百步
云梯卷》："以大涤子雨点皴法合作此卷"，第九
图《云谷寺卷》："以大涤子青绿法点成之"，第
十三图《师林精舍卷》："合郑慕倩、大涤子两
家笔法写之。"此外如"张大千四十年回顾展"
中第十一图——1935年11月画的《黄山九龙
瀑图》（图21），也题明："以大涤子法写。"

大千虽然对石涛的画作临摹、伪仿不计其
数，但其极少论石涛之画，除了上引大千《临
石公山水卷》中谓其"创境幽邃"，大千喜将石
涛与王翚作对比，因为当时江南画坛多有宗"四
王"者。在"张大千四十年回顾展"中第二图
的题识里，其含义更为明显：

>　石涛之画，不可有法，有法则失之泥；不
可无法，无法则失之犷；无法之法，乃石涛法。
石谷画圣，石涛盖画中之佛也。

此语当然意指石涛之画于当时流行的王翚
画风之上，隐然有挟石涛以自傲之意。而这一

图21　张大千　《黄山九龙瀑图》　1935年

幅大千山水轴，其意亦在仿石涛的风格。如果大千再用石涛的字体，并加上石涛的名款，又会是一幅令鉴赏家头痛的"伪好物"了。

薛慧山在《张大千法古变今》一文中记，1932 年春天，他访大千于苏州网师园，见其作画情形："那时他才三十四岁，已蓄着那一把大胡子，两眼炯炯，谈笑爽朗。打开石涛的一轴画来，挂在壁上，先对画中全局玩索再四，于古人精神流动处，静静地心领神会，久之，才拈起笔来向纸上直笔空勾，飕飕地如虫食叶，似乎得心应手，神而化之。因为他临石涛并不太求形似，随时有所删略，有所发挥，有所创造。"这里生动地记录了大千如何利用石涛之画来触发他的灵感，这样产生的作品就属于仿本。

在大千早期的山水画中，最多的一类作品就是：在自题中找不到石涛的名号字样，而画风确是受石涛影响。举例来说，在"张大千四十年回顾展"中，如：

第三图：大千《三十岁自画像》（图 22），衣纹和松树全用石涛之笔法，此亦大风堂自藏。

第七图：癸酉（1933）三月作《山水小轴》（图 23），是以石涛的笔法作画，特别是图中近景的一排小竹，还有人物及山崖上的枯树老屋，皆神似石涛，唯题字避用其法。此图为大风堂自藏，是大千得意之作。

第十图：《忆写新安江所见》（图 24）。虽然此作布局不似石涛，但近景树石、半帆及画面正中的一块突兀巨石，都是标准的清湘法，其余则参用他家笔法，这是他能脱离石涛束缚、不拘于一家的例子。

再有一类画，全幅以仿他法为主，如"张大千四十年回顾展"中第十四图《黄海松云图》（图 25），作于 1938 年。全幅用朱、红、赭、绿诸色及白粉，采用没骨法，大千题云："仿张僧繇笔。"相传张僧繇以没骨设色山水名世，所以此幅不论是画面的笔法、色调，还是大千的自题，都找不到石涛的影子。但如果将目光移近，细看下半幅近景的松石，一立一坐的二高士以及露出白云端的一片松梢，就令人想起石涛的名迹——现藏日本的《庐山观瀑图》（图 26），只是大千改变了画中之笔法和用色。这是大千活用古人——将六世纪的没骨法和十七世纪末的石涛画风不着痕迹地熔铸成一幅他自己创作的范例。

以上所摹，都是他 1940 年远涉敦煌以前的早期作品，是他致力于石涛并受其影响的时期。大千自敦煌归来后，直至二十世纪五十年代，其受董巨派画风影响最大，也包括后期董巨派的名家如王蒙、龚贤、石溪等人，他们都是大千

图22
张大千
《三十岁自画像》
1929年

图23　张大千　《山水小轴》　1933年　　　　图24　张大千　《忆写新安江所见》　1935年

图25 张大千 《黄海松云图》 1938年

图26 清 石涛 《庐山观瀑图》 日本京都泉屋
博古馆藏

图27 张大千 《丹林寂坐图》 1958年

图28 张大千 《山水清音》 1959年

取法的泉源，于是大千的画变得蓊蓊郁郁、磅礴厚重、浑厚华滋，力矫其早期用笔之轻巧，章法之奇险。但是石涛的影响仍然会不时出现于其笔端，如1958年画赠张岳军先生之《丹林寂坐图》（图27），就是从大风堂收藏石涛名迹《秋山红树图》简化而来。又1959年作《山水清音》（图28）、1959年秋作《山园骤雨》（图29）、1959年秋作《清溪艇子》（图30）、1959年秋作《松石幽居》（图31），无一不是从石涛绘画的造型结构变化而来。1963年作《秋荫闲坐》（图32），图中的狂枝大点，不就是借助石涛的《万点恶墨卷》（图33）来壮胆的吗！至于其病目后的晚期作品中，仍然不时怀念其黄山之游，而用石涛法作画，1970年6月作《黄山光明顶》（图34），大千题云："以二石笔写之。"1980年作黄山

图29
张大千
《山园骤雨》
1959年

图30
张大千
《清溪艇子》
1959年

图31
张大千
《松石幽居》
1959年

图32 张大千 《秋荫闲坐》 1963年

图33 清 石涛 《万点恶墨卷》局部 苏州灵岩山寺藏

图34 张大千 《黄山光明顶》 1970年

云门峰山脚的云中人物以及全幅章法都得石涛绘画的神韵。

由此可见，石涛的笔墨、章法和气韵贯穿了大千的一生。即使在大千独创的泼墨泼彩山水画中，也可以见到石涛的影子。至于大千的墨荷，我们一般都认为是从八大山人来，大千自己也如是说。但实际上其是兼采八大山人的荷叶和石涛的荷花，从八大山人画中得气，自石涛画中取韵，因而自成一家。不识此秘，对大千的画终只得其皮相而已。

陈定山先生概括大千一生的绘画成就说："张大千是一个聪明人，他从石涛起家，又把石涛一口气吞入腹中，捣个稀烂，吐得出来，化作唐宋元明千百作家。"这话说得有意思、有见识！大千既然把石涛"吞入腹中"，又"捣个稀烂"，那么不论他吐出什么来，总或多或少地沾有石涛的气味。但这个比喻，对大千中晚年的绘画更合适。至于在大千早年，不但尚没有达到把石涛"捣个稀烂"的境地，他还竭力求似。尤其是当大千临仿或伪造石涛绘画的时候，他真的能神乎其技得像巫师一般，将石涛的英灵召入自己的躯壳，与之合为一体，使石涛再现于二十世纪。（原文见台湾历史博物馆编《张大千纪念文集》，台湾历史博物馆，1977 年，页 99—115）

第二节
大千与唐寅

图1　明　仇英　《沧浪渔笛图》　大风堂旧藏　　　　图2　张大千　《临仇英沧浪渔笛图》　1947年

　　一般来说，大千早期都较为偏爱非正统派画家的山水和花卉作品，因此大千对"明四大家"中的沈周和文徵明两家都不甚注意，对仇英则偶仿之，例如他曾临仿过仇英之山水人物画《沧浪渔笛图》（图1、图2）；而大千特喜仿仇英的逸笔人物，其曾自藏仇英八尺堂幅《老媪乞书图》，与台北故宫博物院所藏《桐荫清话图》（图3）及《蕉荫结夏图》（图4）巨轴属同一风格，大千亦曾仿学。

　　可是在"明四大家"中，大千对唐寅的绘画是情有独钟的，例如他在二十世纪四十年代曾一再临仿唐寅的《薛涛制笺图》，而在四川博物院有两幅大千早期仿唐寅的作品，使吾人对大千早期绘画有更进一步的认识。

图3
明　仇英
《桐荫清话图》
台北故宫博物院藏

图4
明 仇英
《蕉荫结夏图》
台北故宫博物院藏

第一幅作品是《仿唐寅沧浪歌图》（图5），款识"庚午五月仿六如居士笔"，是1930年大千31岁时所作。这一年大千先生接母曾友贞自安徽郎溪经上海赴浙江嘉善的魏塘，在借居陈氏的来青堂时作了此图。

画幅上方裱绢上有三则题识，都是大千本人的题款，右边第一则先录唐寅原画上的题字，由此可以明了唐寅为其友人沧浪先生作画的缘起。中央的第二则录沈周题诗，两则题识均无纪年，但沈周卒时，唐寅年方四十，因此可以肯定唐寅的原作是他较早期的作品，并且通过大千在边幅上的再题，知此原作不是直幅，而是横幅手卷，并且此画也非对临，而是大千从记忆中追仿而得。

大千在长题中赞美唐寅的原作云："运笔师李唐，特多变化，其松竹皆稷稷作松风声，其人物则有飘然遐举之致。"大千有了这样的体会，所以他作此画时逸笔草草，潇洒淋漓，特别注意松树枝叶的风势，与他平日的本色画风有异，颇有唐寅绘画的韵致。

大千在七年之后，又作有《临唐寅月下独酌图》（图6）一作，该画则为"对临"，因为在

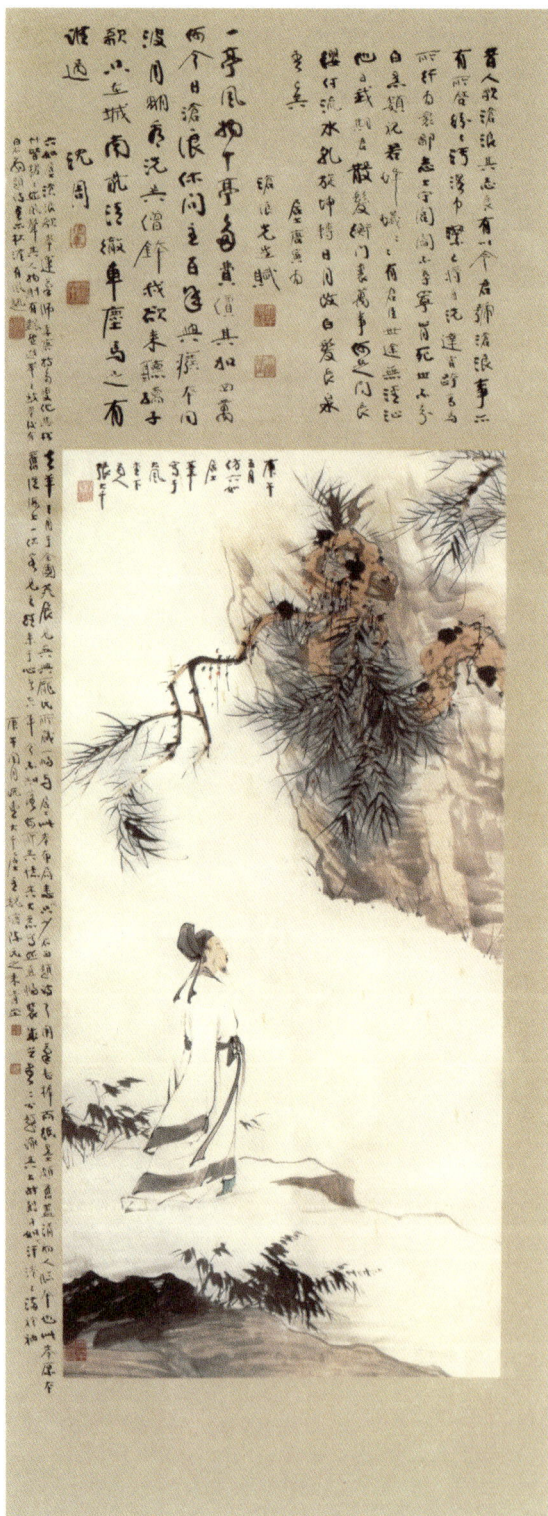

图5　张大千　《仿唐寅沧浪歌图》　四川博物院藏

图6　张大千　《临唐寅月下独酌图》　1937年　私人藏

画面的右上角有唐寅风格及款式的七绝一首，画风惟妙惟肖，非对临不能达到如此肖似的程度。在大千的长题中，亦表达了他对唐寅的敬爱与惋惜之情，他说：

> 先生（指唐寅）豪情逸气，何遽减太白哉！然太白虽颠沛夜郎……而当时犹得历玉堂排金门见知人主……先生则第以放斥终老吴趋。困穷不给，闲写青山以乞食，抑可悲也已！披对此图，潇洒淋漓之致尚勃勃从酒铛迸溢，不恨我不见六如，恨六如不与太白同时耳！丁丑春日临于昆明湖上。

再过七年，1944年冬大千又借"六如居士本"，略参用莫高窟中晚唐供养人衣饰法作《仿唐寅薛涛制笺图》（图7），可见大千在敦煌归来之后，其仕女画风已有了很大的变化，此画上方诗堂临写唐寅的一首七绝，在用笔、结字上

图7
张大千
《仿唐寅薛涛制笺图》
1944年

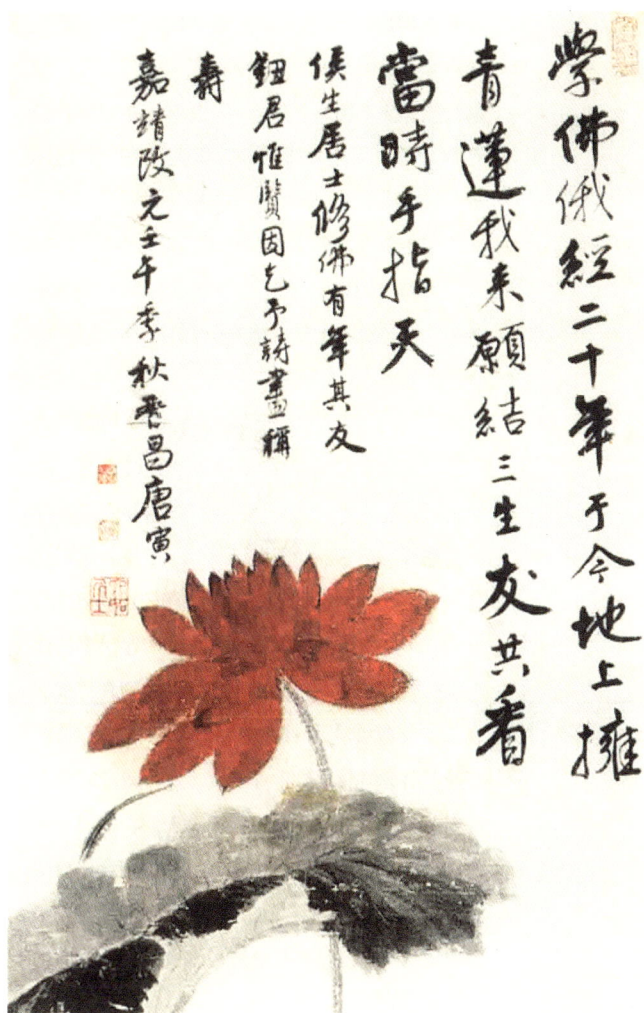

图8
张大千
《仿唐寅莲花图》

也较之前劲挺、老成。

因为有了上述两幅仿唐寅书画的作品，也更可以帮助吾人将四川博物院展出的无纪年《仿唐寅莲花图》（图8）作较为正确的断代及鉴别。

这幅《仿唐寅莲花图》以水墨浅花青作叶，以朱色作花，题字七行，占画面三分之一。大行书三行写七绝一首，接着四行较小的行书，最后一行年款为："嘉靖改元壬午季秋晋昌唐寅。"由于题字是标准的唐寅风格，结字与行气都甚自然，最重要的是在唐寅的题款旁钤盖了三方唐寅的常用印："唐寅私印""唐伯虎""六如居士"，外加右上角引首一印"南京解元"。此外并无大千本体字的题识，也无大千自用的印章。大千一生画荷极多，但笔墨、章法均与此不类，如将此画混入古画中，其实并不容易觉察这是大千的作品。因此这一幅作品的本质实与上述三幅是有差异的。

第一例《仿唐寅沧浪歌图》上，只有大千本体书风的题字，并说明"仿六如居士笔……张大千"，因此绝无混淆之处，这是大千的仿本。

第二例《仿唐寅月下独酌图》上，虽有唐寅风格的题字，但唐寅的名款下并无其印章，却盖了一方"大风堂"白文印。此外，大千以本体字长题，结尾云："临于昆明湖上，蜀人张爰并记。"故而这是大千的临本。

第三例《仿唐寅薛涛制笺图》，在诗塘上有临仿逼真的唐寅书风的七绝一首，但是名款下方却盖了一方"大千豪发"，告诉世人这是大千的临本，何况大千又在画幅的左上角以本体字题识，再加纪年："甲申嘉平，阿爰"，并说明此作以唐寅之画为稿本，但是在衣饰上参用了唐人法，是活用唐寅原作的例子。

至于最后一例《仿唐寅莲花图》则全图临仿，包括字、画与印章，亦无本款题字及印章，因此作这画的动机也不同，此是一幅大千早年的游戏伪古作品，是向收藏家与鉴赏家挑战的作品，大千或借以探测自己在书画上的火候，也满足他的好胜心理。至于这样一幅没有大千痕迹的作品，如何能重新断定为大千的作品，这中间存在一定的难度，这得从两个最基本的方向去认知。首先，从大千早年画荷风格的全面发展来看，大千画荷主要从八大山人与石涛两家来，但是他对陈淳、陈汝循及徐渭几家都有心得；而传世或著录中的唐寅画迹，几乎也没有荷花作品可以与之比对，所以从绘画上来鉴定此幅，难度甚高，倒是从书法上略为容易。除了上述两幅有大千印章、可肯定为其仿唐寅书风，也可将此与大千临仿元人或赵孟頫书法作对比，在结字与韵度上可以领略大千书法的气息。综上，断定这幅莲花图乃出于大千之手，至于成画的年代，从书、画两者的用笔均稍稚嫩来判断，此幅应比 1937 年所作的《临唐寅月下独酌图》略早，所以暂定为 1934 年前后，应相去不远。（原文见傅申著《从四川省博物馆藏品看张大千早期绘画》一文之第二章"大千与唐寅"，参见台湾历史博物馆编《往来成古今——张大千早期风华与大风堂用印》，台湾历史博物馆，2002 年，页 114—116）

第三节
大千与王蒙

当己未年（1919）大千先生刚从日本游学归国后不久，时才 21 岁，拜在曾熙和李瑞清两位书法名家门下习书作画。是年秋，他随侍二师前往当时上海大书画收藏家狄平子的平等阁观画，看了一百数十幅宋元明清时期的作品。这些作品，直至二十余年之后，大千先生的记忆犹新，他说："皆一时妙绝之尤物，王叔明青卞隐居尤为惊心动目！"[1] 可见这一幅被董其昌评为"天下第一王叔明"的画，对青年时期的张大千的确产生过难以忘怀的震撼力。这一震撼，当时虽然没有对大千先生的学习产生强烈的反响，但隐伏持续，待到二十世纪三十年代至四十年代，他才大量学习和临仿王蒙的作品。

对于一个生活在二十世纪的中国画家而言，可以取资或学习的古代典范，往往数倍甚至数十倍于古人。从正面来说，经典之营养极其丰富；而从反面来说，则其包袱亦异常沉重！包袱愈重，就愈不能脱出古人的牢笼。当然，有许多画人置古人优秀的传统于不顾，自我作古，根基浅薄，所造不深；也有许多画人，孜孜一生，学习前人，因未得法，往往不得其门而入！入且不能，谈何能出？因此，对近代画家而言，丰富的传统往往也造成了很大的压力和矛盾。

大千先生是画家中的史学家，其所师承的古人，虽然不能说不计其数，但绝对超过画史上的任何画家。过去笔者曾做过大千与清初画家石涛、八大山人、石溪、弘仁的研究，已发表的只有《大千与石涛》一文。石涛可以说是大千先生致力最深的古代画家，而在元代画家中，大千先生喜好、推崇并学习的画家虽不少，但除了赵孟頫能够列入他所酷好的画家，则非王蒙莫属！（据大千自题《临王蒙林泉清集图》）其酷好王蒙的原因，乃是大千在 1937 年时，就认为王蒙在元四家中的本领最大、功力最深，亦最值得取法；并且认为明清以来的大家，几乎没有例外，他们都曾经学习过王蒙的绘画；甚至于大千先生最为推崇的方外画家——石涛和石溪，虽特立独行，却仍不能跳出王蒙的影响（丁丑秋大千自题《临王蒙竹院访友图》），这是大千先生为什么在中年时期不断临仿王蒙绘画的原因。

事实上，在元代画家中，最适合大千先生审美趣味的是王蒙的绘画，他最喜好的是王蒙之作，收藏最富、功夫下得最深、得益最多的也是王蒙之作。

为了分清眉目，以下先谈张大千的收藏，再谈其临本和仿本。实际上，这些活动，均是在先后之间交互进行的。

---

[1] 见《张大千遗作选》，1945 年题《仿南唐顾闳中斗鸡图》，四川美术出版社，1985 年。

一、收藏

我们研究一位书画家的师承，大概都不会忘记去了解他的老师是谁。不过，大部分人都只注意到他实质上的老师，而往往忽略其他的诸多因素。对于大千先生而言，李瑞清和曾熙对其影响虽然很大，然而从他一生的发展来看，他们是有局限的。大千先生敏学强记，其所见所闻丰富，他对不惜重金所搜购而得的古人名迹，更是心摹手追！我们都知道张大千是近代大收藏家和鉴赏家，而他与一般藏家最大的不同，那就是他不但要研究古代画家间传承源流，更要扩展自己的视野，扩展师承的对象，使这些古代名家都成为他的老师。因此，要研究大千先生的师承，就不能不研究他的收藏。

王蒙，字叔明，在中国画史上他向来被尊称为元季四大家之一，与黄公望、吴镇、倪瓒齐名。因为他晚年隐居浙江杭州附近的黄鹤山，故自号黄鹤山樵，后人往往只称其自号而不用其名，大千居士的题跋中亦是如此。王蒙的母亲是元代大书法家赵孟頫和管道昇的女儿、赵雍的妹妹，家学熏陶，其诗、书、画都有很高的成就，而其中尤以绘画上的成就最高，影响也最大。

王蒙传世作品并不多，然而在大千先生所收藏的宋元书画中，恐怕要以王蒙之作为最多，由此也可以看出他对王蒙绘画的喜好，并数度对王蒙之作学习和临仿。兹将目前所搜集的材料，以时代先后列述于下。

（一）《草篆山水图》（又名《大茅峰图》，图1）

这是大千先生较早收藏的一幅作品，其曾将此图出示吴湖帆，吴氏题跋纪年壬申（1932）冬至，这时大千先生才34岁。至次年癸酉（1933）六月，大千在重装之后也加上了题跋：

> 南天青卞美连城，北地林泉拱众星；
> 更向九州数光怪，大风惭愧草堂灵。
> 予生平所见黄鹤山樵精品青卞隐居、林泉清集外，无逾此者。

由此题语可以看出，大千不但在21岁时已经见到过前述的《青卞隐居图》，而且在他35岁前，也已见过曾为明末大鉴赏家董其昌所称赞过的《林泉清集图》。大千至友谢玉岑在这幅《草篆山水图》上也题了长跋，推崇王蒙以篆书笔

幼興丘壑未忘情萬疊
青山照眼明偶尚畫圖
深廢住一簷隠日聽松
聲
遂昌尚左生

玄洲别島樹鬱山龍從滿
谷蟉雲護萬松擬借一
籠爲洞東與若來往
大芳峰
錦樹山人錢仲益

黃鶴山中人王蒙畫

法作画，此也代表了大千的看法。此画现藏上海博物馆，有珂罗版小裱轴出售，未见于其他画集。

（二）《竹院访友图》

大千居士在丁丑（1937）春日偶临山樵真迹，题云："大风堂所藏此幅，亦是山樵平生合作。"（图2）然而大千先生并未指出王蒙此作的画名，从章法上看，此作却与所见王蒙传世画迹皆不相同。画中作一高士在近景乔松下欲渡石桥，前往左岸之竹院、石墙瓦屋，此景为王蒙画中所无。院后重泉叠壑，有山寺高踞崖谷中。中景则为崇山峻岭，右方为溪谷，临水置桥梁房舍，都有人物点缀其间。此王蒙原迹，不知下落，连印刷品也未见，图名亦为笔者依内容杜撰，尚待来日更正。

（三）黄公望、王蒙《合作山水》（纪年至正辛巳〔1341〕）

（四）《夏山隐居图》（纪年至正四年〔1344〕）

以上两图原本目前均不知下落。大千先生自敦煌归成都，在桂王桥借居时，命门人子侄辈编印了一本《大风堂书画录》，只有文字，没有图片，序文的纪年在癸未（1943）十二月，以上两图即在其中。序中并说明："斯卷所列，俱随予宇旧京，戊寅（1938）

图2　张大千　《临王蒙竹院访友图》　1937年

之夏，间关还蜀，冒锋镝，历险阻，寄迁辗转，始得附于行迈。"可见这两图都是他早年藏品，入藏时间至晚也在 1938 年夏天之前，是由北平运至成都的。

（五）《夏山隐居图》（图 3）

此图与上图为同名异本，今存美国佛利尔美术馆。画幅右边有"张爰""大千""南北东西只有相随无别离"等收藏印。查该馆记录，此作入藏于 1959 年。这两幅画，图名虽同，但从《大风堂书画录》的文字记录以及佛利尔美术馆的实物相比，可见有诸多不同之处，兹列表（表 1）如下：

表1 两件《夏山隐居图》异同表

画名	藏地	材质	款识及书体	款印	收藏印	尺寸
夏山隐居（仅见著录）	不明	纸本	至正四年夏日写黄鹤山樵王蒙（篆书）	王蒙	公绥 竹痴鉴赏 平斋审定等	高 3.3 尺 宽 1.7 尺
夏山隐居（画家自题）	佛利尔美术馆	绢本	至正甲午暮春吴兴王蒙为仲方县尹作夏山隐居（小楷）	无	二酉、南北东西只有相随无别离。张爰、大千等	高 56.8 厘米 宽 34.2 厘米

两者一为纸本，一为绢本，画家的自题和收藏印都不一样，可见分明是两幅不同的作品。纸本画作作于至正四年（1344），绢本画成于至正甲午（1354），时间也有十年之差。前者在 1938 年前归大千所有，后者最晚也在 1947 年入藏，至 1959 年已转归美国佛利尔美术馆，为传世王蒙纪年中最早的作品，是一幅极为重要的真迹。

（六）《林泉清集图》（图 4-1）

此画传于今世者有多本，大千本得自胡冷庵（佩衡），为高手旧摹本。此图原本与《青卞隐居图》曾为明末董其昌极度推崇，在原迹及缩临本《小中现大册》上题有："此吾乡朱司成文石家藏也。司成元画以此为第一。后归顾光禄，转入吴江邹比部云鹏，余从邹之客得之，足称墨宝，当在青卞图之右。"可见对此画评价之高。因此，当此画之另一本为大千之友胡冷庵在 1946 年所得后，大千即向其借来，并临摹了两本：一作于五月，一作于十一月。三年后，当大千再临此画时，从大千先生的自题"吾友胡冷庵……知予酷好山樵，遂举以为赠，南北东西携在行笈"句，知此画在民国时期进一步的流传情况。兹录于后：

至正甲午暮春吴兴王蒙为
仲方县尹尊观作夏山隐居

图3
元　王蒙
《夏山隐居图》
美国佛利尔美术馆藏

图4-1 元 王蒙（传）《林泉清集图》（大千本）

图4-2 元 王蒙 《林泉清集图》（真迹，俞廪轩旧藏，后归张学良收藏）

> 山樵此图与青卞隐居并称，张汉卿得之山阴俞氏。中日战起，为日人所劫，既而日本投降，胡冷庵乃以贱值收得。知予酷爱山樵，远以见贻。青霜因临此本，苍苍莽莽，真如唐摹宋榻，所谓下真迹一等也。（香港董氏藏）

末段对蒋氏临本夸赞备至，其实只要将大千的自临本与之相比，就知蒋氏临本的笔墨单薄多矣。而这一幅《林泉清集图》后来即归蒋谔士所有。1971年，此作连同蒋氏所藏其他明清书画曾在巴黎的东方美术馆展出，并出版图录。

然而，如前所述，此画传世有多本，目前所见两本，二者极为相似，但收藏印却有不同。最显著的是在画面左上角主峰的左侧的那一枚收藏印：大千本是一个方形的朱文小印，而另一本则为一圆形的白文印，刻有"丹诚"二字，此乃清代著名收藏家耿昭忠的收藏印。另外，此画的山头已略有裁切，不像大千本的山头上方还有一段余纸，可见这是两个不同的本子。

经过研究，左上角有"丹诚"圆印的一本（图4-2），即如大千跋中所云，在清末为俞廙轩中丞所有，己巳岁（1929）为张学良先生所得。但是此本并未如大千先生所云"为日人所劫"，也并不是由胡冷庵"以贱值所收得"的这一本。目前我们虽只能看到这一本的照片，但是比较两本之笔墨，可知有"丹诚"圆印的一本才是真迹。

至于大千本，原来为清末民初的端方所有，端方虽曾收藏过赫赫有名的青铜器，但对书画鉴赏并不专精，其收藏的王蒙《林泉清集图》乃是明清人的临摹本。胡冷庵收得此本时，可能即被画贾讹传为张学良藏本，以致以讹传讹，大千先生遂亦以此本为真迹。不过从印刷本来对校，大千本在形貌上实在与张学良真迹本相去无几，不知后来大千先生是否察觉其所藏乃是旧摹本。对于善学的大千，倒是无关宏旨了。

（七）《仿董源太乙观泉图》

根据大千先生自题仿王蒙此画，知其曾经收藏过此图："太乙观泉图，旧传山樵仿北苑此图，在宋楮上，乱后失之。"（图5）虽在传世的王蒙画中未见此图，然而由大千先生多年后想象背临的本子中亦可知其大概。

图5 张大千 《仿王蒙太乙观泉图》 1961年

图6 元 王蒙 《修竹远山图》 瑞典东方博物馆藏

（八）《修竹远山图》（图6）

大约在1953年，当大千先生寄寓九龙的亚皆老街的一座花园洋房时，有一位日本收藏家因为急于用钱，愿意将他所藏的王蒙《修竹远山图》廉让。这幅原作，大千在日本时是曾经目验过的，而且早就想购为己有，无奈藏家不急需用钱，高价亦不卖。现在自动廉让，却遇大千手紧，最后他托人把所藏的一幅宋画卖掉，才购得此画。关于大千购此画的经过，刘太希氏有《湖海豪情的张大千》，以及谢家孝氏记述大千先生自述购买此画的经过，二文均有生动的描述。此画曾经纽约王季迁氏之手，最后归于瑞典东方博物馆，确是王蒙传世真迹之一。

（九）《西郊草堂图》（图7）

这一幅王蒙画，根据朱省斋《省斋读画记》所云，原是大风堂所藏王蒙画五幅之一，然而笔者尚未见大千先生的临本、仿本，或仅是附述所及。此图影印本见《省斋读画记》，图上已有金匮陈仁涛氏的收藏印。陈氏藏画多得自大风堂，此其一也。今此画已入藏北京故宫博物院。

此外，《省斋读画记》中述大千先生所藏王蒙画中尚有《夏日山居图》。按此画是王蒙传世名迹之一，旧藏寓居上海的收藏家庞莱臣氏处，大千居士曾有临本（见下文），但其题语中未云此为大风堂藏品，盖王蒙画迹中，画名多大同小异，而大风堂藏品中确有王蒙《夏山隐居图》，与《夏日山居图》仅一字之差，却未见朱氏列入，故笔者断定此是朱省斋的笔误，记此以待考。

根据上述统计，大千先生曾先后收藏过的王蒙作品至少在九幅以上，不但在历代画家中所无，即使比较明清以来的大收藏家，恐怕也是列于前茅。

二、临本

在目前所见到的二十世纪二十年代大千的早期作品中，尚未见其临摹或仿学王蒙的画作，可能因为在那一阶段，大千先生的兴趣比较倾向明清以来的逸笔写意风格绘画，其心性尚未达到细密严谨的阶段。所以，即使在二十世纪三十年代初期，大千先生收藏了一幅王蒙的《草篆山水图》，但到目前还没有见过他在二十世纪三十年代初期临仿王蒙的作品。

纵观大千先生的绘画发展趋向，其早年受到王蒙《青卞隐居图》的震撼，似要到二十世纪三十年代，随着他对

图7　元　王蒙　《西郊草堂图》　北京故宫博物院藏

宋元名家的追求，才渐渐引发共鸣；一直到二十世纪四十年代的末期才到达了他临仿和学习王蒙的高峰。

以下仅就大千先生临仿王蒙的作品，依时代的先后来说明、介绍。这一类的作品中又分两类：一类是大千在题跋中说明是临自王蒙的作品，其所据的王蒙原迹则有目前能见者，也有目前不知所在者；另一类是大千并未题明是临本，但根据王蒙的传世画迹，可以断定是临自王蒙某一图者。所有这些临摹的作品，其章法、布局都应与原作极为接近，可以作为下真迹一等来看待的。

（一）《临王蒙竹院访友图》（见图2）

丁丑（1937）春日，大千临其藏王蒙《竹院访友图》，其上又题七绝一首，同于其所藏《草篆山水图》。题识中论王蒙画云：

> 元四家中以黄鹤山人法门为最广大，明清作者无不师之。即不羁
> 如方外二石，亦不能越其藩篱也。

这一则题语使我们了解大千先生对王蒙的看法，他认为在元四家中王蒙的本领最大，所以影响很大，连清初的二高僧——石涛和石溪，也都不能超越他的范围。

在二十世纪三十年代，正是大千致力于师法石涛和石溪的时期，他讨论石溪画法的渊源，常说石溪是兼学子久、山樵以成家，因此当他临仿石溪画作时，也时常参用山樵的笔法。

（二）《临吴历仿王蒙陶圃松菊图》（图8）

丁丑（1937）春日，与《临王蒙竹院访友图》作于同一时期，大千先生又破四日之功临了一幅清初六大家之一的吴历（渔山）仿王蒙法画的《陶圃松菊图》，大千题诗及跋语中皆道及王蒙：

> 漫拟山樵晚兴好……黄鹤山人有破窗风雨轴，不知尚在人间否？
> 想即渔山所师也。生平见渔山画十余幅，无有神妙过于此者，恐遂为
> 海内第一。

图8
张大千
《临吴历仿王蒙陶圃松菊图》
1937年
私人藏

图9-1 张大千 《仿王蒙春山读书图》 1937年　　图9-2 元 王蒙 《春山读书图》 上海博物馆藏

表面上，大千先生临的是吴历之作，实质上却是在研究王蒙。

（三）《仿王蒙春山读书图》（图9-1）

仍然是在丁丑（1937）春日，大千居士在昆明湖上的颐和园内，很用心地临了另一幅王蒙的传世名迹《春山读书图》（图9-2），此画原作现藏上海博物馆。将大千的临本与原迹并列，除了山树的比例略有差异，布局和位置都很准确，而皴法和松针都要比原作绵密，唯茅屋、草亭的屋顶稍失于光直单薄。大千先生临毕，也没有照录王蒙的两首七律，而录了另外一首王蒙晚年时的论画诗：

老来渐觉笔头迂，写画如同写篆书；

黄鹤一声山馆静，道人正是午参余。

此黄鹤山樵题画诗也，古人称画法兼之书法，吾于山樵征之。

王蒙这一首诗，论以写篆书的笔法来写画，此正是由其外祖赵孟頫处得来，盖赵氏有论画诗句云：

石如飞白木如籀，写竹还应八法通。

大千先生受曾、李二师之影响，向来服膺以书法作画的理论，因此对王蒙这一首论画诗也声应气求，引为同调，并以之作为临摹学习的目标。当他题录了如上的诗跋，意犹未尽，在末尾又添了两行论画语：

戴文节云：王叔明千笔万笔不嫌多，倪元镇三笔五笔不为少。是两家知己。

大千居士此画，细皴密点过于原作，而观者不觉其繁，不嫌其冗，真可谓之善学。至于论以书法作画，在大千于 1932 年前所得的《草篆山水图》上谢玉岑等人的题画语中已有发挥，并非五年之后题此画时大千才有此观点也。

（四）再临《春山读书图》（图 10）

距前一次的临本整整十年，当丁亥（1947）嘉平（阴历十二月），大千居士又在潇湘画楼临了一本《春山读书图》，画面较第一次的临本为整肃，其上又题了大千常用的句子："王叔明为赵文敏之甥，故能酷似其舅，观其用笔，纯师右丞，若非远师古人，焉能近似文敏也。"此一论点，也代表了大千崇古、宗古的思想。

（五）《临王蒙清浟垂钓图》（一作《临王蒙夏山隐居图》，图 11）

戊寅（1938）三月，大千先生在北平郊外昆明湖上的颐和园，为范竹斋画了一幅黄鹤山樵《清浟垂钓图》，题云：

图10 张大千 《临王蒙春山读书图》 1947年

图11 张大千 《临王蒙清溪垂钓图》 1938年

君家清浄上，垂钓绿荫中；露湿芙蓉月，香生菡萏风。

移舟入烟渚，横笛坐花丛；自识忘机客，无心问塞翁。

此画乃大千为天津范竹斋仿宋元山水、人物十二条屏之一，并且题明是临王蒙的《清浄垂钓图》，但传世王蒙的作品中并无此画，而观其章法、结构，全同于大千先生旧藏的《夏山隐居图》绢本小幅，只是将画面拉成窄长的条幅而已。由于画面近景右角有一钓艇，于是就借录了著录于《式古堂书画汇考》廿一卷（或《珊瑚网》名画题跋卷二及《佩文斋书画谱》卷八六）内《清浄垂钓图》的题画诗，使人不易与《夏山隐居图》作直接的联想。此一王蒙的原画乃大千先生自藏，故曾临之再三，就笔者所知，又有以下两本。

（六）二临《夏山隐居图》（图12）

庚辰（1940）八月所作，此幅虽仍是窄长的条幅，但较之范竹斋本的比例稍宽，大千的题诗也换了一首：

水阁清凉午睡余，湖光潋滟雨晴初。持杆偶爱闲标格，又被人呼作老渔。

这是大千先生在青城山中的作品，与前年那本相比，此本自运的成分较多，用笔比较自由，近景的杂树也改成了松树。不过基本的章法不变，所以很容易看出是同出一源的。

（七）三临《夏山隐居图》（图13）

七年之后即丁亥（1947）三月，大千先生又将自藏的《夏山隐居图》临了一本，在以上三本之中，要以此幅为最接近原作，主要是画幅宽度与高度的比例也悉依原画。所题的诗则是借用他十五年前题自藏王蒙《草篆山水图》的原句。王蒙原作虽是小幅，但作于盛年，气象开阔宏大，有董巨之遗风。

（八）《临王蒙清溪载鹤图》（图14）

在辛巳（1941）秋日，大千居士临此画并题云：

图12　张大千　《临王蒙夏山隐居图》
1940年

图13　张大千　《临王蒙夏山隐居图》　1947年

清溪载鹤图，山樵晚年作也，运笔如草篆。

大千先生说明这是"临"的，想必在当时有此一本传世，运笔以篆书中锋法，但飞动如草，使大千又一次印证了王蒙"写画如同写篆书"的高论，于是迅笔临此，他借此机会发挥了一下他 20 余岁时在篆书上所下的功夫。

图14 张大千 《临王蒙清溪载鹤图》 1941年

图15 张大千 《临王蒙淞峰书舍图》 1945年

图16　张大千　《临王蒙林泉清泉图》　1946年　上海博物馆藏

（九）《临王蒙淞峰书舍图》（图15）

乙酉（1945）春日大千"临"王蒙此画，并大书画题，似乎是照本对临而成，然原画迹亦未见传世。此画在章法上，却与前述1941年秋日所临《清溪载鹤图》极为近似。尤其是画面中央、两峰夹峙处，都是房舍纵横；云气之上，皆有一峰独立。两画间最大的不同，只是后者将所有林木改成松林，又以高士取代了载鹤的小舟而已。因此这两幅"临"本，大千先生所根据的原作也是有密切关系的。

大千先生题此画云："细观其笔法，纯师右丞"，很可能是因为董其昌题王蒙《松山书屋图》时说山樵的画"以右丞为师"而受到的启发。然则失传的《松山书屋图》（台北故宫博物院有此画之旧仿本），也有可能是此图之所本。此外，在台北故宫博物院所藏的《秋山草堂图》上，王蒙自题云："画于淞峰书舍"，则又可知这是王蒙的另一斋名了。

（十）一临王蒙《林泉清集图》（图16）

前面已介绍过《林泉清集图》是传世王蒙绘画的剧迹，在丙戌（1946）五月，大千曾临一本。其题识中只述此画之评价及流传：

> 此图为王烟客所藏，董玄宰题云当在青卞隐居之右，后归俞赓轩中丞，己巳岁复归张汉卿。山樵为赵文敏之甥，故能酷似其舅，细

观其笔，全学王右丞，若不远师古人，焉能近似文敏也。

此画原作是水墨，但大千先生在松身和茅屋上都施以赭石，故画面清新醒目。前文已经说明王蒙《林泉清集图》传世有两本：

> 甲（真迹本）：清末俞虞轩——张汉卿
> 乙（旧摹本）：端方——胡冷庵——张大千——蒋谔士

因此大千先生临此本时，虽然只提到张汉卿先生，但实际上并不是向张氏借临的，他所据的本子仍然是乙本。

（十一）二临王蒙《林泉清集图》（图17）

六个月之后，大千先生在昆明湖上的颐和园借居，又临了一本。这一次则说明是向胡氏借临的：

> 黄鹤山樵林泉清集，王烟客旧藏，董文敏所称当在青卞隐居之右者，近归北平胡冷庵，因得借临之。

1986年11月，此画曾在香港苏富比公司拍卖，画用熟纸，用笔灵秀。1947年五月，上海成都路中国画苑举办张大千近作展，中有四幅临王蒙的作品，其中那一幅《林泉清集图》想必就是此本或五月间临本。

（十二）三临王蒙《林泉清集图》（图18）

目前所见此图之大千最晚临本，则是始于己丑年（1949）的冬天，当时他在台北，到次年五月才完成，大千在画上自题临画经过：

> 山樵林泉清集，董思翁极赞赏之，称在青卞隐居之右者，二十年前为张汉卿所得，日本既降之明年，从沈阳散入关内，吾友胡冷庵得之，知予酷好山樵，遂举以为赠，南北东西，携在行箧，己丑冬日客台北临此，越半岁始成，因并识之。庚寅五月。

图17　张大千　《临王蒙林泉清集图》　1946年

图18　张大千　《临王蒙林泉清集图》　1950年

这一临本曾在二十世纪五十年代初期某夏展出于香港，朱省斋曾于《省斋读画记》中大加赞赏："不特几可乱真，抑且神采过之，允称全场各画之冠！"笔者未见原作，但从印刷品来看，此本笔墨较前为圆浑厚重，是参用了巨然笔法所致。

（十三）《临夏日山居图》（图19-1）

《夏日山居图》（图19-2）也是传世王蒙的真迹精品，为上海藏家庞莱臣所收藏的名迹，根据大千先生在临本上的自题，乃是其在丁亥（1947）年三月背临而成：

> 夏日山居，黄鹤山樵此图全师巨然，苍苍莽莽，当与青卞隐居、林泉清集同珍也。藏南浔庞氏，曾往数观之，忆其盛概，背临此，树身略施赭石，则我法也。

1946年，大千先生自成都来上海，曾与庞莱臣数次往来，庞氏曾为大千题所画《九歌图》卷及所藏董源《江堤晚景图》、刘道士《湖山清晓图》，至丁亥（1947）闰二月，又为大千题《韩熙载夜宴图》。按是年闰二月，庞氏在苏州，曾招大千前往，"日夕出所藏名画共欣赏，叹为平生眼福，得未曾有"（题石涛《溪南八景册》），故至三月间大千背临此作时，印象尤深。临完之后，大千在树身上以己意略施赭石，这是大千临王蒙画时常用的方法，如1946年五月所临的《林泉清集图》本来也是水墨画，但他也在树身上加赭石色，有清新脱俗的效果。不过，这画虽说是"背临"，但位置和细节都逼似原作，不应该完全是靠记忆临出，至少是有照片或印刷品在旁作为参考的。

（十四）《临黄鹤山樵夏山高隐图》（图20-1）

王蒙《夏山高隐图》（图20-2）为绢本设色，是夏山楼主韩慎先的镇库之宝，韩氏斋名即以此图为名，原作现藏北京故宫博物院。丁亥（1947）四月大千临此巨作题赠李秋君女士，自是其精心之作。若与原作比较，临作也有若干变动，最大的不同是将近景的空间距离延伸了，中景的山和泉又拉近了，流泉扩大成布网状，山石的造型和皴法也有细微的变更，林木屋宇也都参有己意。因此，严格来说，这是借用了王蒙作品的章法、结构而自运而成的作品。1947年五月

图19-1 张大千 《临夏日山居图》 1947年

图19-2 元 王蒙 《夏日山居图》 北京故宫博物院藏

图20-1
张大千
《临黄鹤山樵夏山高隐图》
1947年

图20-2
元　王蒙
《夏山高隐图》
北京故宫博物院藏

图21-1 张大千 《临王蒙雅宜山斋图》 1947年

图21-2 元 王蒙（传）《雅宜山斋图》（《石渠宝笈三编》著录）

大千先生在上海举行近作展，其目录之七十九号即为《夏山高隐》，或即此图。

（十五）《临王蒙雅宜山斋图》（图21-1）

在清宫延春阁旧藏的王蒙画迹中，有一幅《雅宜山斋图》（图21-2），著录于《石渠宝笈三编》，在过去的旧画册中常见影印本，也见于日本印的《中国名画宝鉴》一书。此画的章法、结构的确是出于王蒙，可是用笔和款字都很稚弱，绝不是王蒙真迹。大千先生在1947年的农历四月以前，如前所述，见过和临过不少王蒙的剧迹，对于这样的伪迹当然是了然于胸的，而自己的功力，以及对王蒙的笔法特征已经全盘掌握，因此在丁亥（1947）秋天，借着这一幅旧仿的伪王蒙《雅宜山斋图》，表演了一下他"借尸还魂"的绝技，画出了一幅使王蒙复生的《雅宜山斋图》来。点染完毕，自视也颇为得意，于是题下了以下的语句：

> 故宫《雅宜山斋图》，用笔冗弱，定非山樵真本。予此幅参合林泉
> 清集、青卞隐居二图为之，遂觉顿还旧观也。

此画皴点绵密，渲染秀润，笔精墨妙，不仅远胜于清宫的伪作，也是大千临仿王蒙的得意之作。

大体来说，1947 年是大千致力于临仿王蒙绘画的高峰，在这年十二月，其曾再临《春山读书图》，以及 1950 年初第三次临《林泉清集图》之后，绝少见其临摹逼真的王蒙作品，而大多是他熟运王蒙笔法和章法的再创作。不过，在他中晚年的作品中，有一件临本是与王蒙有关的，那就是《丘壑鸣泉图》。

（十六）《临王蒙丘壑鸣泉图》（图 22-1）

在前述临摹王蒙作品二十年后，在 1967 年三月，大千以 69 岁的高龄临了一幅大约有六尺高的设色山水大轴。在大千的题识中并未述及此画的所本：

> 千山渴雨秋如赭，万木含霜叶更娇。
> 剪取银河三百尺，老夫箕踞听江潮。
> 五十六年三月，大风堂写并题，爰皤年六十有九。

但是此画的章法，在传世所谓的王蒙画迹中，有一幅王世杰先生旧藏的《丘壑鸣泉图》（图 22-2）与之完全吻合，该图有"黄鹤山人"款，因此在许多重要著作中都将此画归入王蒙名下，如瑞典学者喜龙仁将此作印入其名著《中国绘画史——名家与技巧》中，此作也曾出现于《中国名画宝鉴》一书中。留心古画的大千当然知道此画原署的标题和名款，何况在己丑之春（1949）曾题其仿王蒙画风的作品为《丘壑鸣泉图》（图 27），因此大千先生此画必出于此图无疑。

然而这一幅有王蒙款的《丘壑鸣泉图》，笔者在 1970 年研究王蒙画迹时即已发现该画不但是伪迹，而且肯定是出于明末画家宋旭之手，并曾于 1978 年在

图22-1　张大千　《临王蒙丘壑鸣泉图》　1967年　图22-2　元　王蒙（传）《丘壑鸣泉图》　王世杰后人收藏　硅谷亚洲艺术中心供图

澳大利亚悉尼举办的中国画讨论会上宣读过论文。因此，笔者认为大千先生在临本上并未题明这是出于王蒙款的《丘壑鸣泉图》，是因为他也并不认为这是王蒙的真迹。

　　当我们将大千先生的临本与宋旭原本并列，就可以看出大千绘画的笔墨浑厚，设色精到，只是在山石的结构上稍嫌程式化，而有堆砌的感觉，然而其林

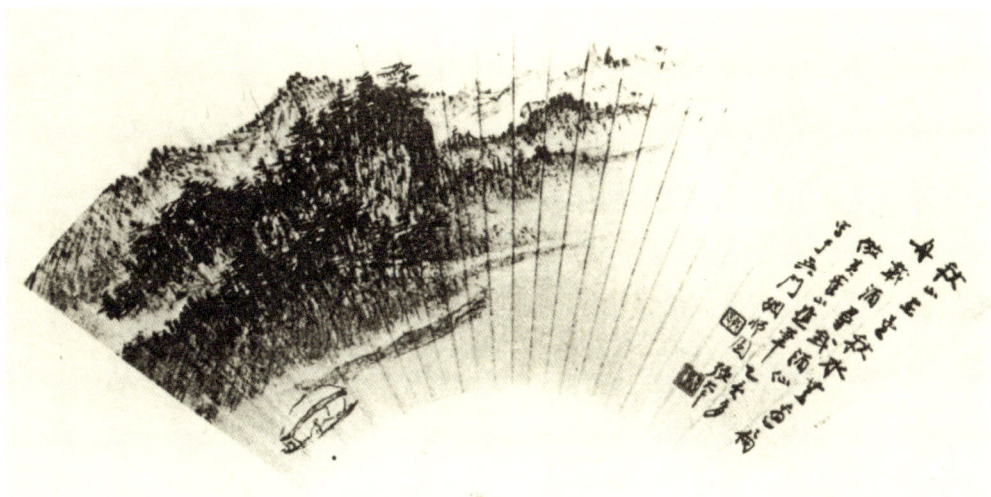

图23 张大千 《仿黄鹤山樵山水扇》 1935年

木、人物、桥梁等都远胜于原作。

三、仿本

以上所举，都是与王蒙原作极为近似的临本。通过临摹，能使学习者从一点一线到树石的造型结构，以至于全体的章法布局，全盘地了解所临对象的特性以及创作过程。若学者仅止于临摹形似，而不能心领神会，终究类似复制机器而已。

临摹的最终目的是要使古人之法为我所用，而不成为古人的奴隶。而自我解放、活用古人之法的第一步就是脱开样本，役使古人的笔法，这就是仿本。仿作等于是临场实习，是进一步学习古人的自我锻炼，是活用古人、走向独立创作的过渡阶段。在大千先生学习王蒙的作品中，除了前面介绍的临本，还有不少仿本，都展现了他在各阶段学习、活用王蒙之法所作的努力。这一类的作品数量甚多，而且也不易厘定界限，其中有近似于王蒙原作的，而大部分则是运用王蒙笔法的再创作。兹依作品年代先后，聊举若干代表作品，以进一步说明大千先生一生学习和吸收王蒙画风的过程。

（一）《仿黄鹤山樵山水扇》（图23）

在乙亥年（1935）的五月，大千住在苏州的网师园，以仿王蒙的笔法作一山水扇，这是他较早学王蒙的作品之一。细皴密点，略得仿佛，笔法上与他日

图24
张大千
《仿黄鹤山樵山水》
1940年
四川博物院藏

后认真临摹王蒙之作有所不同。

（二）《仿黄鹤山樵山水》（图 24）

此作完成于庚辰（1940）孟夏，作一高士坐近岸双松下，隔水有崖石壁立，其山巅隐于雪雾中，一水空阔，远山天际；近景松石苔点，是标准的王蒙法。其上题语："黄鹤山樵乃赵文敏之甥，故酷似其舅，细观其笔法，纯学右丞。若不远师古人，焉得近似文敏也。"此乃大千屡题再三者，而目前所见，似以此幅为最早，其误以王蒙为赵孟頫之甥，亦早见于此。

（三）《新安江一曲图》

这是一幅未纪年的山水轴，由书画风格而定，大约作于1940 年前后，自题云："以山樵林泉清集图淡设色法写之。"此画前景的松树全学王蒙，而全图布局则与《林泉清集图》无关。

（四）《合子久、山樵法作石溪》

在二十世纪三十年代至四十年代，大千很喜欢仿石溪的山水，而他对石溪画法的渊源，王蒙是一个重要的因素，例如他自题《仿石溪山水》（图 25）云：

石溪浑朴，盖合子久、山樵以成家也。

因此，在二十世纪三十年代，虽然大千很少专门临仿王蒙的作品，但是在他众多仿石溪或合石溪、石涛两家画法的作品中，都不时运用王蒙的树法、石法和点苔法。

（五）《仿王蒙山水轴》（图 26）

乙酉（1945）冬大千仿王蒙山水，又借录黄鹤山樵晚年题画句题其上：

老来渐觉笔头迁，写画如同学篆书；

图25 张大千 《仿石溪山水》

图26 张大千 《仿王蒙山水轴》
1945年

黄鹤一声山馆静，
道人正是午参余。

（六）《丘壑鸣泉图》（图27）

己丑（1949）之春，大千先生借用了传世一幅伪王蒙的画题来仿王蒙绘画的树法和点苔法，作成此画，而其结构、章法均与该画（见图22-2）无关，这是大千先生的自我作古。

（七）《仿王蒙深山寻幽图》（图28-1）

己丑（1949）年的闰七月，大千先生作了一幅山水轴，在其诗跋中并无一语述及王蒙：

凝碧丛丛接九阁，染花乔木识灵根；登山高思如云暖，浅笑虚堂梦里痕。己丑闰月大风堂写并题。

然而全画的章法和笔法，显然是脱胎于大千早就在狄平子平等阁中见过并且为之惊心动目的王蒙名迹《青卞隐居图》（图28-2），尤其是上半幅的山石结构，二者基本上完全一致，只是将山顶的矾头简省，又将山左的村舍移往画面中央的半山窝里。

图27　张大千　《丘壑鸣泉图》　1949年

图28-1 张大千 《仿王蒙深山寻幽图》 1949年
罗家伦旧藏

图28-2 元 王蒙 《青卞隐居图》 上海博物
馆藏

变化较多的则在下半幅，大体上省略了近景的水口、矶石，又将林木削繁为简，排点密叶，却又在丛树顶的小山上，添画了一座茅棚，其造型采自大千曾见并作过仿本的《雅宜山居图》。可见大千此幅，就像蜜蜂酿出蜜一般，从他所见、所藏的王蒙画迹中酝酿而成。

（八）《仿王蒙会稽书屋图》（图29）

己丑年（1949）的冬天，大千先生又拟画了一幅王蒙的《会稽书屋图》，并题七绝一首：

> 松阴滴翠织烟重，归兴斜阳似酒浓；欲绾青云作螺髻，自裹十二碧芙蓉。王叔明有会稽书屋，此图拟之。

此画近景的夹叶树和密排的松针都展现了王蒙绘画的特色，只是在皴法上较为简化，没有常见的牛毛皴和解索皴。不过，从整体来看，此作仍是王蒙的风格。按此图原作曾著录于李日华的《六研斋笔记》，曾为陈仁涛氏引录于《金匮藏画评释》一书中，李氏描述此画云："树石酣郁，云气蓬勃，如在千岩万壑中，忽一段开霁处，作精屋

图29 张大千 《仿王蒙会稽书屋图》 1949年

数十间；屋左右儳削之石，飞溅之流，若相映带。"今观大千此画，除了没有云气，略得其仿佛。

（九）《拟山樵山居图》（图30）

甲午年（1954）二月，大千居士用王蒙的笔法作此小幅，并在题语中再论王蒙的笔法特征：

黄鹤山樵无笔不曲，盖从大篆得笔。其题所作画有云：老来渐觉迁，写画如同写篆书。此真金针度人语也，学山樵画当知此。

由此一论点，就可知凡是大千用曲笔法作的山水，其本意或都是在用王蒙的笔法写画，而不必每一次都要在题识中明白地指出。这一类的画，可以用大千为张目寒先生画的《移居图卷》来代表。

（十）《仿雅宜山居图》（图31）

甲午年（1954）夏日，大千在巴西的摩诘山园，想起了二十年前在北平所见到的王蒙《雅宜山居图》，纸本小幅，"全师北苑，与青卞隐居同一妙境"，因此就记忆所及，作了一个仿本。前文介绍过大千临王蒙的《雅宜山斋图》，与此画章法完全无关，且有一字之差，似乎传世的王蒙作品中，真有此图。唯此图中的茅棚，亦曾见于大千仿《青卞隐居图》的《深山寻幽图》中，二者似都出于其曾收藏过的《草篆山水图》。

（十一）《仿王蒙太乙观泉图》（见图5）

大千先生曾经收藏过王蒙仿董源的《太乙观泉图》，但此作却在战乱之中失去。当辛丑（1961）春日，大千居士在日本自制仿宋的罗纹纸，此纸极能发挥墨韵，于是他乘兴画了一幅《太乙观泉图》，崖石的皴法运笔都是屈曲的篆书法。

（十二）《槟榔屿松园》

癸卯（1963）清明的前日，大千与高岭梅夫妇等同游马来西亚槟榔屿的松园，大千"叹其盛概，有王叔明林泉清集意致，因拈小诗并图，以记斯游"。此图画的是海滨，用的却是写意笔法，在画面上并不能看出王蒙的影响，但读了

图30 张大千 《拟山樵山居图》 1954年

图31 张大千 《仿雅宜山居图》 1954年
美国高居翰旧藏

画上的题识，方能知晓王蒙的《林泉清集图》对此画所具有的启发作用。

（十三）《仿王叔明笔山水小幅》（图32）

在大千先生所作的山水册页中，为了求各幅间的变化，时有王蒙笔法的出现，例如1954年五月为罗吉眉先生作山水册中一页，牛毛细皴，屈曲如篆，外加浓墨大苔，题"戏效王叔明笔"，同年又为李顺华先生画一大册页，题"顺华贤侄效王

图32 张大千
《仿王叔明笔山水
小 幅 》 1972年
罗刘先收藏

叔明"，这一类的作品从二十世纪三十年代起直至晚年，各阶段都不乏其例。

（十四）《修竹远山图》（图33）

前文曾记大千先生于二十世纪五十年代收藏王蒙《修竹远山图》的经过，该画早已易主，但直至大千先生84岁高龄时，仍然对此念念不忘。数十年后，闻此画已入藏瑞典东方博物馆，快慰之余，又用逸笔画了一幅他自己风格的《修竹远山图》，与原画所作平远景的竹岸、茅亭、远山迥异，其上长题诗跋，颇为可诵：

> 修竹远山吾旧物，卅年易米落夷荒；
> 近传神物仍好在，积习蟠胸总未忘。
> 王叔明修竹远山图真迹，寒斋旧物，投荒易米，时不去心，近知
> 尚在人间，庋藏瑞典皇家博物馆，快慰予心，遂作此图。老太婆娑，
> 未能步武，聊寄仰止。壬戌中秋后二日，八十四叟爰，摩耶精舍并记。

这可以说是大千特意仿学王蒙的最晚年之作，这时人画俱老，早就脱略形似了。

图33　张大千　《修竹远山图》　1982年　图34　张大千　《仿王蒙画江之岛》　1951年

（十五）《仿王蒙画江之岛》（图34）

虽然大千先生的题画语一般都作谦辞，但是他对仿古向来是很有自信的，故偶尔也有豪言壮语。当他经过了十多年的临仿自运、对王蒙画法已经能充分活用之时，在1951年他以王蒙法画了一小幅横滨西南方的名胜——江之岛的奥宫外景，颇为自得，题云：

以山樵法写之，非倭画师所能梦见也。

这是借用元李四大家中王蒙的诗画友倪瓒自题《狮子林图》的戏谑语："非王蒙所能梦见也。"虽然大千先生对王蒙钻研极深，但从未见他敢于直用此语，足见其一生对王蒙倾倒备至；而偶以山樵法写日本名胜，便能在众多日本画中脱颖而出，令"倭画师"一开眼界。（原文见台湾历史博物馆编《张大千学术论文集》，台湾历史博物馆，1988年，页129—174）

第四节

大千与李公麟

张大千是中国绘画史上最不同寻常和多产的人物之一，令人惊奇的是对其全部作品还没有系统的研究。本文是弥补这一缺失的初步尝试，我将证明美国佛利尔美术馆所藏的《吴中三贤图》是张大千的伪造品，但是过去它在很多方面让人信以为真，以至于直到现在才发现其真实的历史。

通过聚焦于作为伪造者的张大千，可以更好地理解他的艺术发展。我们可以通过他临摹古画的实践来记录他的风格发展，及追踪他成为二十世纪中国画坛最具创造力的艺术家之一的历程。张大千对于古画的临摹反映了他对个人和时代风格勤奋地研习。任何对于张大千独特个人风格的分析都不能忽视这些摹本，他的伪造品中体现出的高度创造性也不能被轻视。张大千的伪造品，毫不夸张地说，也是其重要的艺术成就。

"赝品"一词在这种语境中并不完全准确，需要做进一步解释。只在极少数的例子中，张大千直接临摹现存的古画。通常他是综合多幅绘画的元素伪造一幅新的作品，然后他在画上签上古代大师的名字，或者至少在题签上这么认定。这种新造古画的过程比完完全全的仿造要复杂得多，尽管这两种情况中的任何一种本身就已经是一种成就。我们可以从他制作伪造品的方法中了解他理解艺术史和训练手眼的方法。

1991 年十一月中旬，笔者筹划多年的张大千大展正在布展的最后阶段，每幅画按照设计被小心地挂进橱柜，添印说明文字，安装玻璃，灯光组的照明师依据各博物馆及私人规定的灯光强度一一调整、打匀灯光，并尽量避免反光。开幕的请柬已经寄出，细节尚待安排；记者招待会的简介讲词尚未完稿；学术讨论会讲演用的幻灯片仍待补足、整理；与会者的登记及接待工作亦作最后的调整……每天忙到午夜后方才就寝。

十一月十四日晚，为了准备次日上午在马利兰大学的讲演——"张大千的绘画艺术"，我到十五日凌晨二时才就寝。至五时余，睡得正熟，却被台北的记者长途电话吵醒，朦胧中惊觉我那一年半前就脱稿而现在早已置之脑后的大展研究画目——散存世界各公私机构收藏的张大千伪作隋、唐、五代及宋朝的画目，其中所列台北故宫博物院收藏之诸伪画，竟然在台湾引起了一场不小的"震撼"！本来以为大千伪作历代古画是学术界共知的事，却知事实不然。

笔者先后与打来长途电话的赖素铃、李梅龄两位记者稍稍表达了我的意见，个人只希望改变记者们对台北故宫博物院伪画的注意力。因为我个人先后服务于台北故宫博物院四年（1965—1968、1971—1972），它是我研究美术史的起点，且与台北故宫博物院的诸位院长、同仁都有很深的私交。我既无意贬低台北故宫博物院的崇高地位，亦无意损及私人情谊；唯对学术研究成果的发表，不论作品由何人、在何处收藏，我既不会偏袒，也不会独摘。

但有的记者指摘我只有结论，而没有论据。为了对自己的言论负责，我将对"研究画目"中所列的作品，进一步提出论证。早在 1967 年，我在台北故宫博物院研究巨然的时候，对于作为造假者的张大千就产生了浓厚的兴趣。在我的研究过程中，我发现两幅传巨然的作品和一幅传关仝的作品都是张大千伪造的。后来在普林斯顿大学研究石涛的时候，我对作为临摹者和造假者的张大千有了更多的了解。而且为了表示我的客观态度，以及研究上的方便，我选择我曾服务过的佛利尔美术馆所收藏的一件传为宋代的《吴中三贤图》（图 1）说起。

一

我在 1968 年冬初访佛利尔美术馆时，就对当时该馆的中国美术部主任罗覃博士指出这件作品是大千先生所作。1979 年夏，我辞去耶鲁大学教职，应佛利尔美术馆罗覃馆长之聘；迟至 1985 年才开始详细研究这件《吴中三贤图》，并证明此作出于张大千之手，直到 1989 年九月，研究成果才以英文发表于香港的刊物 *ORIENTATIONS*，文章同时指出了部分大千伪作的隋、唐、五代及宋画。研究结果也证明，在张大千诸伪古画中这一件是唯一一件能够在我的目验之下、充分举出古今画作论证说明的作品，并且又能用纯科学的方法作有力的辅证。

1957 年初，《吴中三贤图》通过纽约东方画廊的日本艺术品商人濑尾梅雄（Joseph Seo，1911—1998）送到佛利尔美术馆，并且于同年七月永久入藏佛利尔美术馆，编号"57.15"，意即此作为该馆购于 1957 年的第 15 件作品。

此卷经日本装裱师精裱，用的是日本古色古香的织锦和牙签。这幅画的不同寻常之处是它没有卷首，画心纵 44.4 厘米，横 149.0 厘米，绢本，色灰暗，多断裂竖纹，上下边缘更残破如缺齿，然人物画面大体完好无损。卷中画三高士席地坐兽皮或方毡上，其上各有所谓的"郓王"题诗一首。由于三高士皆为吴人，所以名之为"吴中三贤图"。自右至左，首为范蠡（前 536—前 448），其侧身左向坐在豹皮上，左手持纸，右手执笔书写，左腿后露小几，盘中有二手卷，旁置一砚，右方置布履一双。传统的记载说越人范蠡与其王勾践谋划二十年打败吴国。事成后，勾践奖励高官，却被范蠡拒绝，其称勾践只可同患难，不可共富贵。他离开越国周游，后定居于齐国，更名为鸱夷子皮（生皮袋）。居住在齐国的时候，范蠡发了大财，但是他却把钱财散去，宁愿居住在穷人中间。后搬迁至陶国，他再次更名为陶朱公。他又一次发财，陶朱公就成为巨大财富的代名词。

范蠡画像右上角有题诗云：

> 已将勋业等浮鸥，鸟尽弓藏见远谋。越国江山留不住，五湖风月
> 一扁舟。

往左去，第二位高士是张翰（258—319）。他着露臂长袍，坐白兽皮上，右手托荷叶形盘支于右膝，左臂直撑兽皮上，左向，露七分脸，前有布履一双。张翰，吴郡人，有文才，本性独立不羁，至孝。被齐王征召，担任高官。张翰一日见秋风起，想到故乡吴郡的菰菜、莼羹、鲈鱼脍，于是一时兴起，叫上马车带他回家。张翰像左侧题诗云：

> 西风渐渐动高梧，目送浮云悟卷舒。自是归心感秋色，不应高兴
> 为鲈鱼。

最后一位高士是陆龟蒙（？—881）。他朝右向，露七分脸，侧坐方毡上，右手支地，左手持卷于膝上，布履在后。像张翰一样，陆龟蒙也是吴郡人，有文才，性孤僻，不与俗人游；生活节俭，常常驾着一叶小舟穿行在水路上，使得他获得了"江湖散人"的别号。根据传统的传记资料，他常常睡在船上，迷恋写诗和钓鱼。他常在船底铺开一张薄薄的席子，拿出一捆书。他有一个小炉子用来煮水沏茶。事实上陆龟蒙也是著名的品茶专家。曾经有一很有权势的人物想请陆龟蒙做他的幕僚，陆拒绝了，他偏爱自己独立的生活。陆龟蒙像右侧有题诗云：

> 杞菊萧条绕屋春，不教鹅鸭恼比邻。满身花影犹沉醉，真是江湖
> 一散人。

在手卷最后有一则简短的题跋，笔迹与题诗相同。题跋如下：

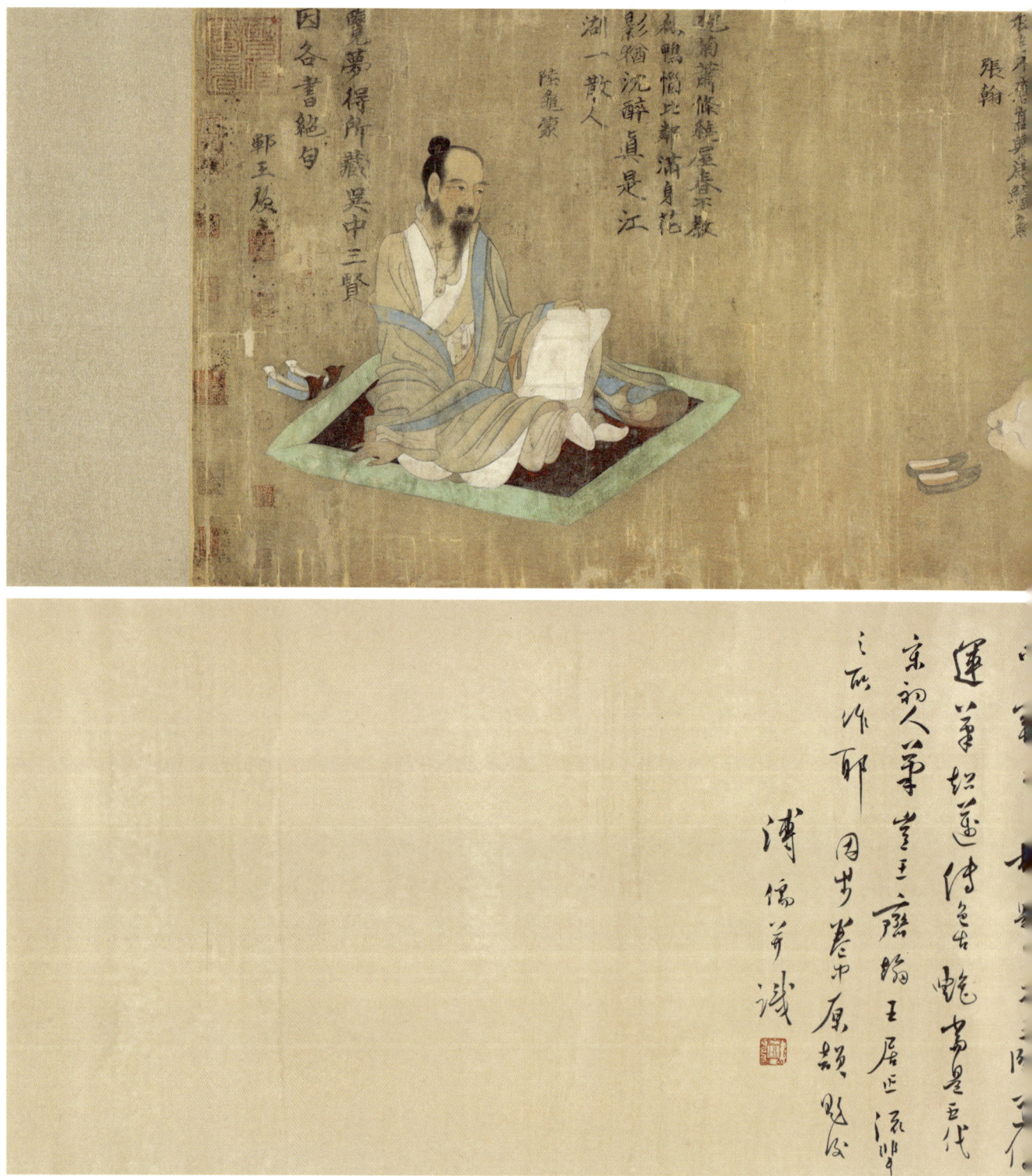

图1 张大千伪作李公麟《吴中三贤图》 美国佛利尔美术馆藏

己將勳業等浮鷗鳥盡
弓藏見遠謀越國江
山留不住五湖風月一扁舟
范蠡

霸越功成逐海鷗五湖
一生但自謀鑄金寫像千
何事千古名隨片葉舟
古柏彥輝

風起秋聲荻井榜江東帆空
宮情舒羅官迴池北閣酒邃
去越名誰為之里
右　張翰

山色雲光豈潭春故情孫鶴
結為鄰羽湖沉張詩咸後
真似羲皇以上人
右　壹花蒙

　　览梦得所藏李伯时画《吴中三贤》因各书绝句。郓王焕。

　　知三首诗和题跋是郓王赵焕所写，按郓王乃宋徽宗之第三子，1118 年进士，初名赵焕，后改名赵楷，封魏国公，后封郓王，性极嗜画，颇多储积，善画花鸟，极为精致；又善墨花，但用墨粗，欠生动耳。郓王赵焕是有名的绘画收藏家。

　　在《吴中三贤图》卷首尾，收藏印累累，印主主要有两人，一为明初太祖第三子朱棡，封晋王，其印有三：“乾坤清玩”“晋国奎章”及“晋府图书”。另有小印二十八枚，均属明末收藏家项元汴，兹不一一列举。此外尚有古印一，半印一，不知属谁。卷首右下角又有项元汴编号“蘩”字。卷后拖尾另纸上有溥心畬抄录范蠡、张翰和陆龟蒙的诗及其题跋：

　　　　霸越功成逐海鸥，五湖一去但身谋。铸金写像干何事？千古名随片叶舟。

　　　　风起秋声落井梧，江东帆去客情舒。罢官避地非关酒，遁世逃名岂为鱼。

　　　　山色云光笠泽春，放情猿鹤结为邻。花间沉醉诗成后，真似羲皇以上人。

　　　　宋郓郡王楷题《吴中三贤画像》。运笔超迈，傅色古艳，当是五代宋初人笔。岂王齐翰、王居正流辈之所作耶？因步卷中原韵题后。溥心畬并识。

　　溥心畬在题跋上用了两方印章，一方是方形的白文印“溥心畬”，另外一方是长方形的朱文印“寒玉堂”。

　　《吴中三贤图》最初归为李公麟名下，是根据清代卞永誉《式古堂书画汇考》卷十二和《石渠宝笈续编》的著录，两书都记录了李公麟名下有《吴中三贤图》，且都有郓王题跋。后者所录不可能是佛利尔美术馆的这一卷，因为其尺寸为宽约 22.5 厘米、长 97.8 厘米，表明其是比较窄、比较短的一幅画。另外，尽管后者著录的诗与佛利尔美术馆画卷上的一样，但郓王题款是在画后的别纸上，不像此本全题在画心上，那本又有乾隆御题以及清代内府的收藏印，此可以证明这件《吴中三贤图》并不是乾隆收藏的那一卷。

　　《式古堂书画汇考》中所记录的诗和题跋与佛利尔美术馆这卷上的相同。不过该书提到的郓王印鉴，佛利尔美术馆的画卷上却没有。然而有著录的这两件《吴中三贤图》与佛利尔美术馆藏卷的区别很小，如果不作仔细的比较，很容易被忽视。因此佛利尔美术馆将此卷定在李公麟名下，或有其根据。就画论画，此画的衣纹描法相当流畅有力，但是比较起传世李公麟的真迹《五马图》中的人物，两者风格甚异，因此此卷与李公麟的关系实在并不密切。

根据风格分析、印章鉴别和技术考量，下面的讨论将证明《吴中三贤图》出自张大千手笔。

二

《吴中三贤图》卷上每一人物旁附有所谓宋徽宗之子"郓王"的题诗，诗是否为郓王所作，姑且不论，因为即使能证实诸诗确为郓王所作，亦不能证实诸诗为其手书真迹。至于"梦得"其人，因为这是宋代常用的字号，亦不能确定其为何人，而且在真伪问题上也无关宏旨。重要的是这些诗的书风并不合于北宋末、南宋初的时代风格，因为当时的书坛主流全在蔡襄、苏轼、黄庭坚、米芾、蔡京等人的影响之下，与此书风全无渊源。再者，宋徽宗是郓王之父，高宗是郓王之弟，其书风也与此全不相关。最主要的还是这些字不但与张大千所作的其他伪迹上的字体同出一手，而且可以证明是出于张大千之手。世界各地博物馆和私人所藏的张大千伪造的作品包括：

传五代关仝《崖曲醉吟图》，波士顿艺术博物馆藏（图2）
传唐代无名氏《维摩诘菩萨》，波士顿艺术博物馆藏（图3）
传五代巨然《茂林叠嶂图》，大英博物馆藏（图4）
传五代巨然《阔浦遥山图》，台北故宫博物院藏（图5）
传唐代韩幹《圉人呈马图》，法国赛努奇博物馆藏（图6）
传唐代张萱《明皇纳凉图》，东京私人藏（图7）

这六幅画上的题跋均以类似风格书写，接近宋以前的书风，结构有意趋向古朴，字体拙腴。这六幅画所声称的创作年代分别是唐、五代和宋，那么它们的题跋也应该展现出不同的书法风格，不应该都是宋代以前的书风。相反，它们展现的却是一种单一的个人风格。逻辑推理的结论是郓王的署名和题跋都是由同一个人伪造的，这个人就是张大千。

图2　张大千伪作关仝《崖曲醉吟　图3　张大千伪作《维摩诘菩萨》　美国波士顿艺术博物馆藏
图》美国波士顿艺术博物馆藏

图4　张大千伪作巨然《茂林叠嶂　图5　张大千伪作巨然《阔浦遥山图》　台北故宫博物院藏
图》大英博物馆藏

图6　张大千伪作韩幹《圉人呈马图》　法国赛努奇博物馆藏

图7　张大千伪作张萱《明皇纳凉图》　日本东京私人藏

确实，张大千为人所知的书法风格与这些画上朴拙的书风不大一样，人们提出的解释是张大千可能训练他的第三位夫人杨宛君——一位技术娴熟的画家和书法家——来写这些题跋。但是更可能的是张大千自己为了造假而采用了一种不同的书写风格。

为了解决这个问题，可以将《吴中三贤图》及其他六幅作品上的书法与张大千署名的其他作品上的书法进行比对。例如，它们与张大千二十世纪四十年代画的一幅《朱繇北方天王像》（图8）上的书法风格就一样，张大千在这幅画左下角署名"蜀郡张大千敬摹"，此提供了无可辩驳的证据，即这幅画卷上朴拙的书法风格是张大千对一种古老书法风格的演绎。

图8
张大千
《朱繇北方天王像》

三

鉴定中国绘画的一些关键的因素是画家和收藏家的印鉴及题跋，它向我们讲述了一幅画的历史，然而它们也会被造假。

大部分宋代手卷上都会有同时代的名人和后代文人鉴赏家所写的题跋。相比之下，佛利尔美术馆所藏的《吴中三贤图》上却只有溥心畬一人的题跋。早期的画卷有时候缺乏题跋是因为它们被后人割去，但是溥心畬的题跋虽然是真的，却是写在一张被有意染色以显得古旧的新纸上。

溥心畬年长张大千3岁，在二十世纪二十年代晚期与张大千成为朋友。二十世纪三十年代早期，张大千住在颐和园昆明湖边的听鹂馆，溥心畬此时亦住在同一个园子里。两位画家常常互访，并且合作绘制了大量带有人物的山水画。

张大千的后半生，无论他在北京还是后来去往海外，他继续请溥心畬为他写题跋，但张大千的这一举动也会惹恼溥心畬。据一位作者说，溥心畬感觉张大千是在利用他们之间的友谊，特别是当张大千请溥心畬为溥氏没有看过的古画写签条时。例如，当溥心畬住在台北时，有一次他收到张从南美写来的信，请他在随信寄来的一张纸条上写"董源《重林叠巘》，无双神品"，张还要求溥心畬在签条上签名、钤印。溥心畬说："谁知道这幅画是真是假？"但他又不好意思不写（此事见朱省斋《画人画事》）。张大千所藏很多绘画都有溥心畬所写的题跋和签条。在1946年，张大千买了一幅据说是董源真迹的画作，他立即请溥心畬以规规矩矩的楷书书写"大风堂景仰南唐北苑副使《江堤晚景》，无双珍品"，这个题跋后被装裱在画上。张大千在他造假的赝品上使用溥心畬的题跋无疑是为了提高作品的可信度，他看重溥心畬鉴赏家的名声和旧王孙的地位。溥心畬作为旧王孙不仅获得了一些皇室内府旧藏，还获得了研究这些旧藏的权利。

《吴中三贤图》上的题跋也是张大千劝说溥心畬为他写题跋的一个例子。从题跋内容看，溥心畬一定看过这幅画。因为《吴中三贤图》上没有画家的签名，他可能根据笔墨有古气而作出断代。他提出此作可能是王齐翰所作，然而他也接受其他的可能性，并且提出为王居正所作也是一种可能。

然而通过比较佛利尔美术馆这幅画与传统上被认为的王齐翰的作品，如《勘书图》（南京大学考古与艺术博物馆藏，图9）或者传王居正的作品《纺车图》（图10），相似性是如此的微小，因而没有什么说服力。另外也不知道溥心畬的评论"当是五代宋初人笔"一语，是他的真实看法还是应张大千之请而写的陈述。

溥心畬为《吴中三贤图》所写题跋的措辞与他为张大千大风堂收藏古画所写

王齐翰妙笔

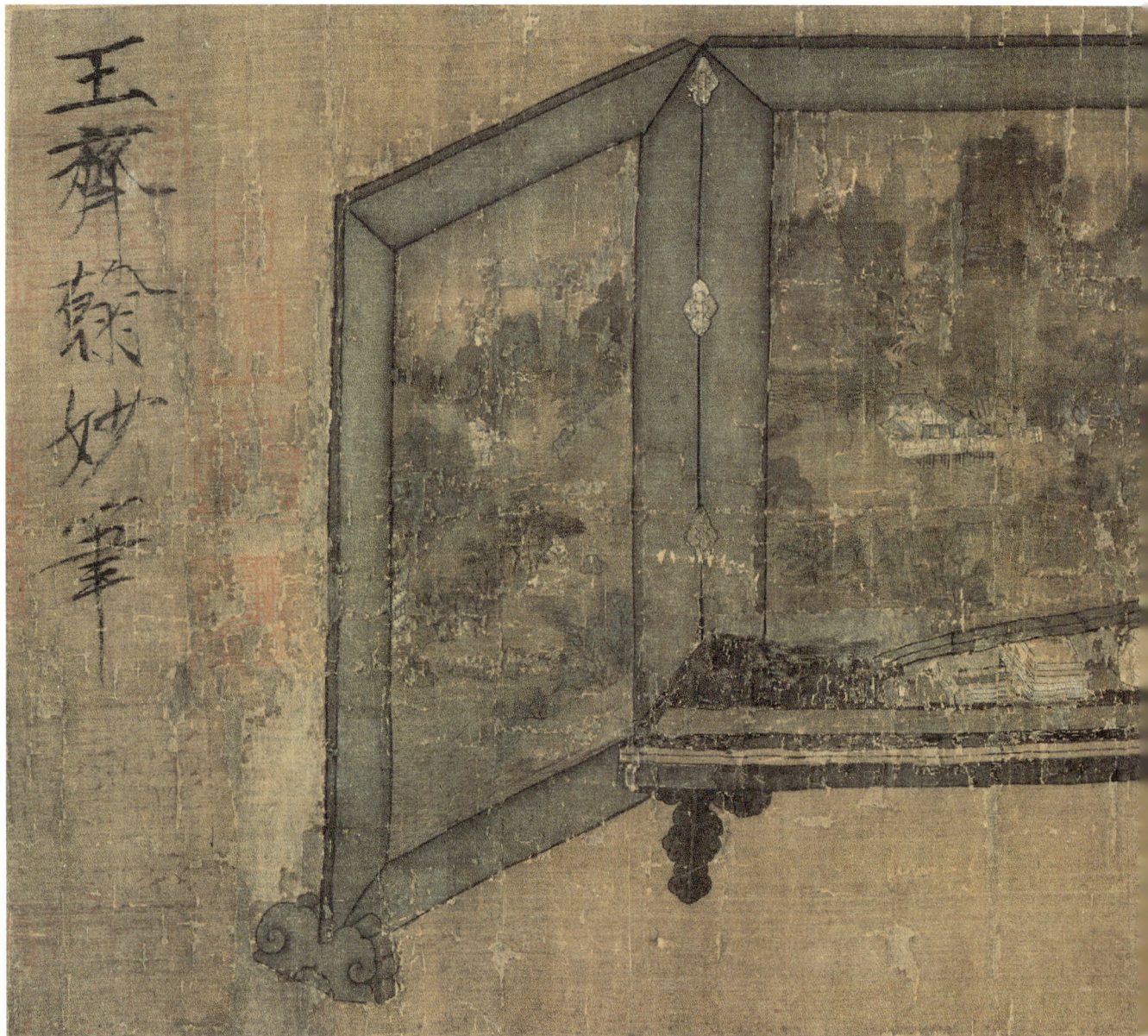

图9　五代　王齐翰 《勘书图》 南京大学考古与艺术博物馆藏

的典型题跋还有一个重要区别：在真迹上，张大千总是要求溥心畬提到大风堂，然而溥心畬为张大千的伪作所写的题跋却不提大风堂，可能是张大千想避免伪作与其大风堂的收藏以及他自己作为鉴赏家的名声有任何联系。值得注意的是，溥心畬在《吴中三贤图》上的题跋既没有提到张大千，也没有提到大风堂。

　　《吴中三贤图》上的收藏印猛然一看似乎是真的，但是细细审视会发现一些不同于真印章的地方：印泥色泽暗淡且不自然；项氏编号"蘂"字，亦非项氏真迹。而且一般情形中，凡有编号者卷后拖尾当有项氏一两行亲笔题记，以证明其收购此作时所费的金钱，但此卷则无。因此，从收藏印上就显示了此画的可疑。

张大千本人不仅是优秀的篆刻家，也与一些著名的篆刻家熟识，如陈巨来和方介堪，他们也给张大千刻印。张大千研究过前代收藏家的钤印以及不同时期印泥的色泽，他收藏的画上有很多早期的印鉴可供他研究和仿造，或者根据原有的印鉴伪造出新的印鉴。值得注意的是，当张大千伪造一幅古代作品时，他从来不钤自己的收藏印，因为他不想留下任何与他作伪相关的线索。此画上明代晋王朱㭎的收藏印以及项元汴的二十多方收藏印，印文样式均有根据，但是细较传世真印，都有少许差异，而且这些伪收藏印也曾出现于大千所伪作的其他画迹上。

《吴中三贤图》为绢本，虽然颜色沉暗，但其与一般古画用绢的色感不同，

图10　宋　王居正　《纺车图》　北京故宫博物院藏

灰而无光泽，绢质亦较粗。如果在暗室以紫外线灯光照射，显示画卷上使用了一种赭色颜料，这可以证明绢色不是自然的陈旧，而是染旧的。再者，此画相当残破，上下纵裂甚多，但除了边缘如缺齿，画面损伤较少，而绢由于长期接触光和空气所导致的自然变黑此处也不明显，并且画上的残破与一般因自然古旧而脆裂的情形不同，是人为加工做成。如果与张大千所作的其他伪迹，如日本大原美术馆所藏《五牛图》（图11）、波士顿艺术博物馆藏《维摩诘菩萨》等比对，可以看出伪造的技法相同。而且就绢色及画面的整体色调而论，它们也都具有共同特点，可以证明这些古画全是出于同一人伪造。不像更古老的考古材料，中国画较难通过碳十四检测断代，主要原因之一是检测所需要的样本量在很多情况下会损毁绘画本身，因而它们的断代和作者推定主要靠艺术史分析，就像鉴定《吴中三贤图》一样。幸运的是，在这里也可以用科学证据来证实我们的判断。

在本研究的最后阶段，我得知佛利尔美术馆的保护与技术分析实验室在1962 年曾应当时中国美术部主任高居翰的要求，对此画所用的颜料进行过分析化验，于是我调阅了当时的报告。该报告中指出此画中的各种颜料，如蓝、绿、红各色可能是古代的，唯独白色颜料不是传统中国画中习用的蛤粉或铅粉，而是用一种现代的二氧化钛做的钛粉。这种白色颜料，根据科学家卢瑟福·葛腾思和乔治·斯通尔特的研究（*Material：A Short Encyclopaedia*，纽约，1949），这种颜料在十八世纪时已经为人所知，但是直到二十世纪早期提纯和制造的困难被攻克后，才得以进入商业市场。大约在 1916 年至 1919 年间挪威和美国的几家公司突破了纯化钛元素的技术困难，将钛制成了白色颜料。一旦商业化供应，钛粉就被大多数艺术家所接受，相对于传统颜料，他们喜欢它的稳定性和不反光。张大千在京都艺术学校学习时一定有机会了解二氧化钛及其在绘画上的应用，彼时是日本迅速学习西方技术的时期，而新的钛粉颜料有很好的声誉，

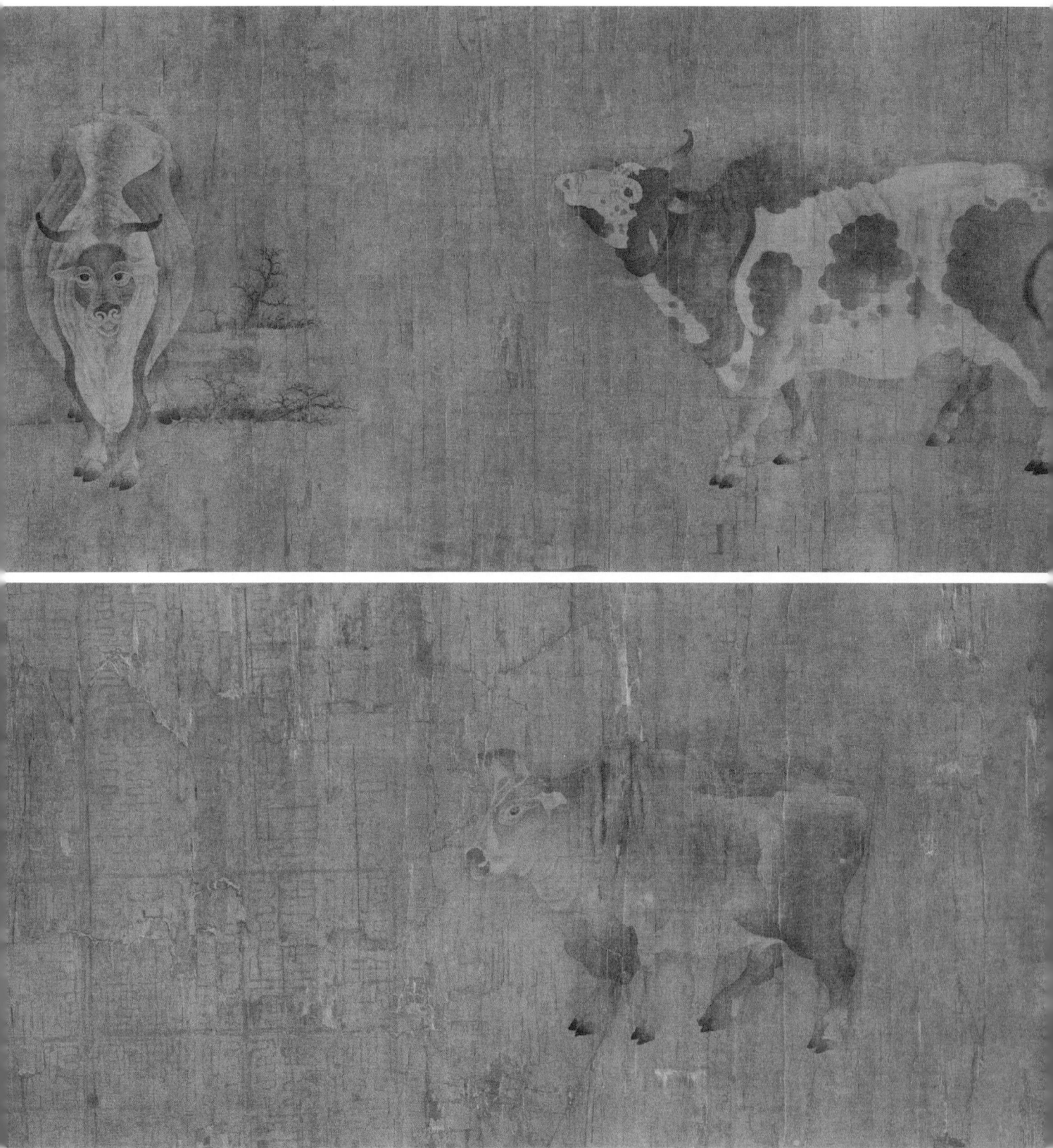

图11　唐　韩滉（传）《五牛图》　日本大原美术馆藏

一定会在日本艺术学校中使用。

　　1916 年，张大千 17 岁时，他进入日本京都的一所商业艺术学校学习纺织染色。这一段时期正巧前述钛粉的试制成功，并广泛地用作绘画颜料。张大千一度开玩笑说："我系统学习了纺织品染色，但是后来却从来没有用上。丝绸不是我想染色的，我想染纸。"虽然张大千从来不曾在商业上将纺织品染色，但他在日本学习的染色知识却使他能够对仿造品进行很专业的做旧，此迷惑了很多鉴赏家。当时的日本正急于学习西方，大千是专门去学习染织的，这种具有革命性的白色颜料的性能之优已达到毫无瑕疵的地步，必定会成为绘画或工艺专门学校采用的颜料。而且，在大千回国后，直至 1941 年去敦煌之前，他至少有两次前往日本，所以这一时期（或者稍晚一段时期）他对这种新兴的白色颜料必定会有所采用。

　　由高岭梅编纂、香港东方艺术公司 1961 年出版的《张大千画》一书中讨论了张大千的一些基本绘画技巧和方法，其中论"仕女"一节曾提到白色颜料：

> 白粉，古人用车磲粉，牡蛎粉（通称珍珠粉），历久不变。近世多用铅粉，一遇盐卤的气立变为黑，慎不可用。化学有钛粉，永不变色，可以采用。

　　很明显，张大千曾经使用过二氧化钛，并且很喜欢。因此，《吴中三贤图》中所用的颜料，居然有这种近代才出现的白色颜料，根据以上的史实判断，这一幅画无论在外表上看起来有多么古旧残破，其绘制年代亦不可能早于二十世纪初期，更不用说宋代的李公麟了。

四

　　谈到绘画风格，《吴中三贤图》中三高士的古貌古装，以及席地而坐的姿态等，的确都不是元明清绘画中所习见的，与五代、宋代的人物画却很相似。但由于笔者向来对张大千的画风甚为熟悉，所以在佛利尔美术馆见到此画时我立刻注意到了该画卷与张大千人物画风格之间的密切关系。画中两个细节与张大千的其他古代人物画相似：人物的相貌神情和流畅光洁的衣纹，这完全不像举世公认的李公麟真迹《五马图》中所展现出的风格，却与大千的仿古人物多有神似；图中人物的造型，亦并不吻合各人的生平与性格。为了提供更具体的证据，笔者找出大量署有大千自己名款的真迹作品，一方面探究他人物画的发展轨迹，另一方面寻找与《吴中三贤图》有直接关联的作品，以确证这是大千的手笔。现将张大千《咏柳图》（图12）、《松下高士图》（图13）、《松下沉醉图》（图14）三幅作品与《吴中三贤图》进行比对，以进一步确定张大千就是传为宋代李公麟《吴中三贤图》画卷的作者。

《咏柳图》画柳下一高士，侧背观者，左向题诗，其姿态与《吴中三贤图》中右方第一人范蠡除了状貌略有小异，以及将豹皮改成了方毡，二者的姿态、章法、线条以及附设的凭几、手卷、砚石、二履等，全都相似。不但可以看出两者同出一源，而且出自同一手笔。值得注意的是，《吴中三贤图》中陆龟蒙所坐的方席与《咏柳图》中的方席相似，《松下高士图》中高士席地侧坐、右向持卷、二履在后的姿势与《吴中三贤图》中陆龟蒙的形象也相同。

至于《吴中三贤图》中张翰的形象也与张大千《松下沉醉图》中士人之衣纹、姿态及所举荷叶状酒碗饮酒的形象相似，只是鞋子换了方向，衣带颜色改变，胡须减少而已。然而《吴中三贤图》中张翰的面部表情却描绘得比这幅画中的更好，《吴中三贤图》中张翰有更加浓密的胡须，更具有表现力的眼睛，更有说服力的人体结构。从风格上看，《松下沉醉图》与佛利尔美术馆所藏的《吴中三贤图》几乎作于同一时期，或者前者稍早。

此外在张大千极晚年的作品中有一幅《松寿图》，图中画一高士举杯，坐方毡上，侧背观者，用笔简劲，虽造型不同，但其与《吴中三贤图》中所绘张翰仍有神似之处。因此在隐约之间，仍然可以看出大千竭精殚思的伪作对他的个人风格产生的影响。尽管《吴中三贤图》是作为伪作绘制的，但也显示了张大千所认真考虑的画像类型，因而这些画像图式在他的本款作品中再次出现也不会让人感到惊奇。

张大千的早期人物画以轻盈、流动的笔墨绘制，显示出他曾受人物画家任颐、华喦和张风等人的影响。后来张大千通过学习更早时期的大师来提高他的画技，他研习了明代唐寅、仇英，元代赵孟頫、钱选、张渥以及宋代李公麟的风格。

1937年夏天，张大千绘制了一幅树下人物画作品，他在上面所写的一则题跋有助于我们理解他对人物画的看法：

顾长康画世已无传，吴道玄、阎立本间有刻石，尚可想象典型；李龙

图12　张大千　《咏柳图》　约1948年　　　　图13　张大千　《松下高士图》　1948年

眠、赵鸥波、张叔厚、唐子畏、仇实甫、张大风、华秋岳皆一家骨肉，面
目虽异，神理自同。故画人物当从此入，不得强分派别也。

　　1939 年，张大千获得传为赵孟頫作品的《九歌图册》（图 15），卷首为其
密友李秋君女士所写，现藏于美国大都会艺术博物馆。

　　《九歌图册》并不普遍被认为是赵孟頫真迹，但是此册对张大千的人物画有影

图14 张大千 《松下沉醉图》 1949年

响。张大千于1957年除夕在画册上写了一则题跋：

> 至其画笔高妙，上追吴生，
> 平揖伯时，奴时后来，则又不待
> 予之赘述也。

通过对《九歌图册》的学习，张大千绘制衣纹褶皱的方法与华嵒的风格渐行渐远。在他从敦煌回到四川之后，他绘制一幅白描《九歌图》手卷，里面的人物画法与他更早的作品完全不同，甚至连个别笔触也改变了。

人们高估了张大千在敦煌临摹唐代佛教壁画对其后来艺术的影响，其实对唐宋世俗绘画的临摹对他有更大影响。因为敦煌的壁画和旗幡描绘的是佛教题材，它们有严格的图像规则，甚至连服饰的细节都由规则决定，因而张大千不能轻易地将这些范例运用于他喜爱的人物画题材中。他转而集中精力学习存世的唐宋大师的人物画，通过对士人的描绘来寻找人物画的新方向。敦煌之旅对张大千的人物画影响仍局限于画家对人物面部、手部和衣服皱褶的笔墨表达，其使得张氏笔下的人物有了新的质感——微妙、精致的线条取代了他早期较细弱的线条。

至于李公麟对张氏的影响，除了张大千对李公麟的传世名迹《五马图》（图16）极为赏爱，曾经一度想购入大风堂收藏，对他影响较大的作品可能是他在去敦煌之

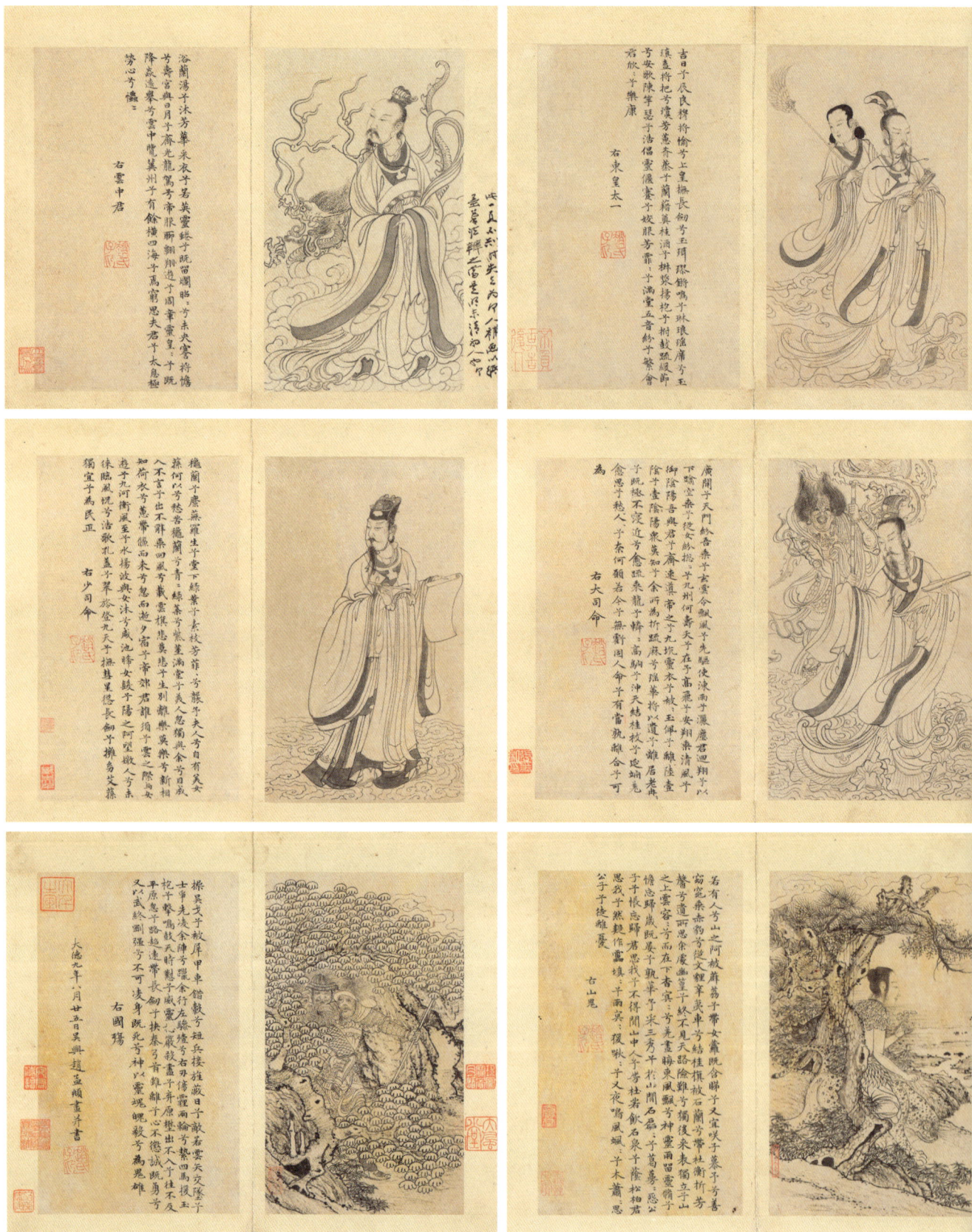

图15　元　赵孟頫（传）《九歌图册》　美国大都会艺术博物馆藏

屈原像

屈原既放　游於江潭　行吟澤畔　顏色憔悴　形容枯槁　漁父見而問之曰　子非三閭大夫歟　何故至於斯　屈原曰　舉世皆濁我獨清　眾人皆醉我獨醒　是以見放　漁父曰　聖人不凝滯於物　而能與世推移　世人皆濁　何不淈其泥而揚其波　眾人皆醉　何不餔其糟而歠其醨　何故深思高舉　自令放為　屈原曰　吾聞之　新沐者必彈冠　新浴者必振衣　安能以身之察察　受物之汶汶者乎　寧赴湘流　葬於江魚之腹中　安能以皓皓之白　而蒙世俗之塵埃乎　漁父莞爾而笑　鼓枻而去　乃歌曰　滄浪之水清兮　可以濯吾纓　滄浪之水濁兮　可以濯吾足　遂去不復與言

元趙文敏九歌書畫冊
珍藏伊余曾畫發
明蔣詧盤和題玉山蕭氏

大風堂藏趙文敏九歌書畫冊
大風堂所藏尤物之一
葉恭綽題

趙松雪九歌書畫冊

大千兄屬
己丑十一月李秋君題

奉　宗國威靈均楚些悲吟託水濱芳草
王孫誰寫照至今遺恨舊宗臣
題趙松雪書畫屈子九歌
張爰

帝子降兮北渚　目眇眇兮愁予　嫋嫋兮秋風　洞庭波兮木葉下　登白薠兮騁望　與佳期兮夕張　鳥何萃兮蘋中　罾何為兮木上　沅有芷兮醴有蘭　思公子兮未敢言　荒忽兮遠望　觀流水兮潺湲　麋何食兮庭中　蛟何為兮水裔　朝馳余馬兮江皋　夕濟兮西澨　聞佳人兮召予　將騰駕兮偕逝　築室兮水中　葺之兮荷蓋　蓀壁兮紫壇　播芳椒兮成堂　桂棟兮蘭橑　辛夷楣兮藥房　罔薜荔兮為帷　擗蕙櫋兮既張　白玉兮為鎮　疏石蘭兮為芳　芷葺兮荷屋　繚之兮杜衡　合百草兮實庭　建芳馨兮廡門　九嶷繽兮並迎　靈之來兮如雲　捐余袂兮江中　遺余褋兮醴浦　搴汀洲兮杜若　將以遺兮遠者　時不可兮驟得　聊逍遙兮容與
右湘夫人

君不行兮夷猶　蹇誰留兮中洲　美要眇兮宜修　沛吾乘兮桂舟　令沅湘兮無波　使江水兮安流　望夫君兮未來　吹參差兮誰思　駕飛龍兮北征　邅吾道兮洞庭　薜荔柏兮蕙綢　蓀橈兮蘭旌　望涔陽兮極浦　橫大江兮揚靈　揚靈兮未極　女嬋媛兮為余太息　橫流涕兮潺湲　隱思君兮陫側　桂櫂兮蘭枻　斲冰兮積雪　采薜荔兮水中　搴芙蓉兮木末　心不同兮媒勞　恩不甚兮輕絕　石瀨兮淺淺　飛龍兮翩翩　交不忠兮怨長　期不信兮告余以不閒　鼂騁騖兮江皋　夕弭節兮北渚　鳥次兮屋上　水周兮堂下　捐余玦兮江中　遺余佩兮醴浦　采芳洲兮杜若　將以遺兮下女　時不可兮再得　聊逍遙兮容與
右湘君

與女遊兮九河　衝風起兮橫波　乘水車兮荷蓋　駕兩龍兮驂螭　登崑崙兮四望　心飛揚兮浩蕩　日將暮兮悵忘歸　惟極浦兮寤懷　魚鱗屋兮龍堂　紫貝闕兮朱宮　靈何為兮水中　乘白黿兮逐文魚　與女遊兮河之渚　流澌紛兮將來下　子交手兮東行　送美人兮南浦　波滔滔兮來迎　魚鱗鱗兮媵予
右河伯

暾將出兮東方　照吾檻兮扶桑　撫余馬兮安驅　夜皎皎兮既明　駕龍輈兮乘雷　載雲旗兮委蛇　長太息兮將上　心低徊兮顧懷　羌聲色兮娛人　觀者憺兮忘歸　緪瑟兮交鼓　簫鐘兮瑤簴　鳴篪兮吹竽　思靈保兮賢姱　翾飛兮翠曾　展詩兮會舞　應律兮合節　靈之來兮蔽日　青雲衣兮白霓裳　舉長矢兮射天狼　操余弧兮反淪降　援北斗兮酌桂漿　撰余轡兮高駝翔　杳冥冥兮以東行
右東君

進到鳳頭驄八歲五尺四寸
右一匹元祐元年十二月十六日左騏驥院收于闐國

元祐二年閏月九
日溫溪心進呈花白

馬好頭赤九歲四尺六寸
右一匹元祐二年十二月廿三日於左天駟監揀中秦

余元祐庚午歲以方聞科應
見魯直丈於酺池寺魯直方為張仲
謨箋題李伯時畫天馬圖魯直謂余
曰異哉伯時貌天廏滿川花放筆而
馬組矢蓋精魄皆為伯時筆
端取之而去實此一物世當作數語
記之後十四年當崇寧發未余以當人貶
零陵同與徐靖國過余瀟湘
江上同觀此公卷所親見余曰九文當
踐前言記之魯直亦除籍竄宜州過
滿川花事玄此公卷錯遷而寺延
張元覽沈舟訪劉延仲於眞如寺延
二年曾直死貶所又廿七年余將漕二浙
往途四十年憂患餘生然猶在行狸吊
知伯時一段異事也因詳敘本末不特使來者
影結著異身也且以玉駟道
延仲佩重加裝飾去空青曾紆公卷書

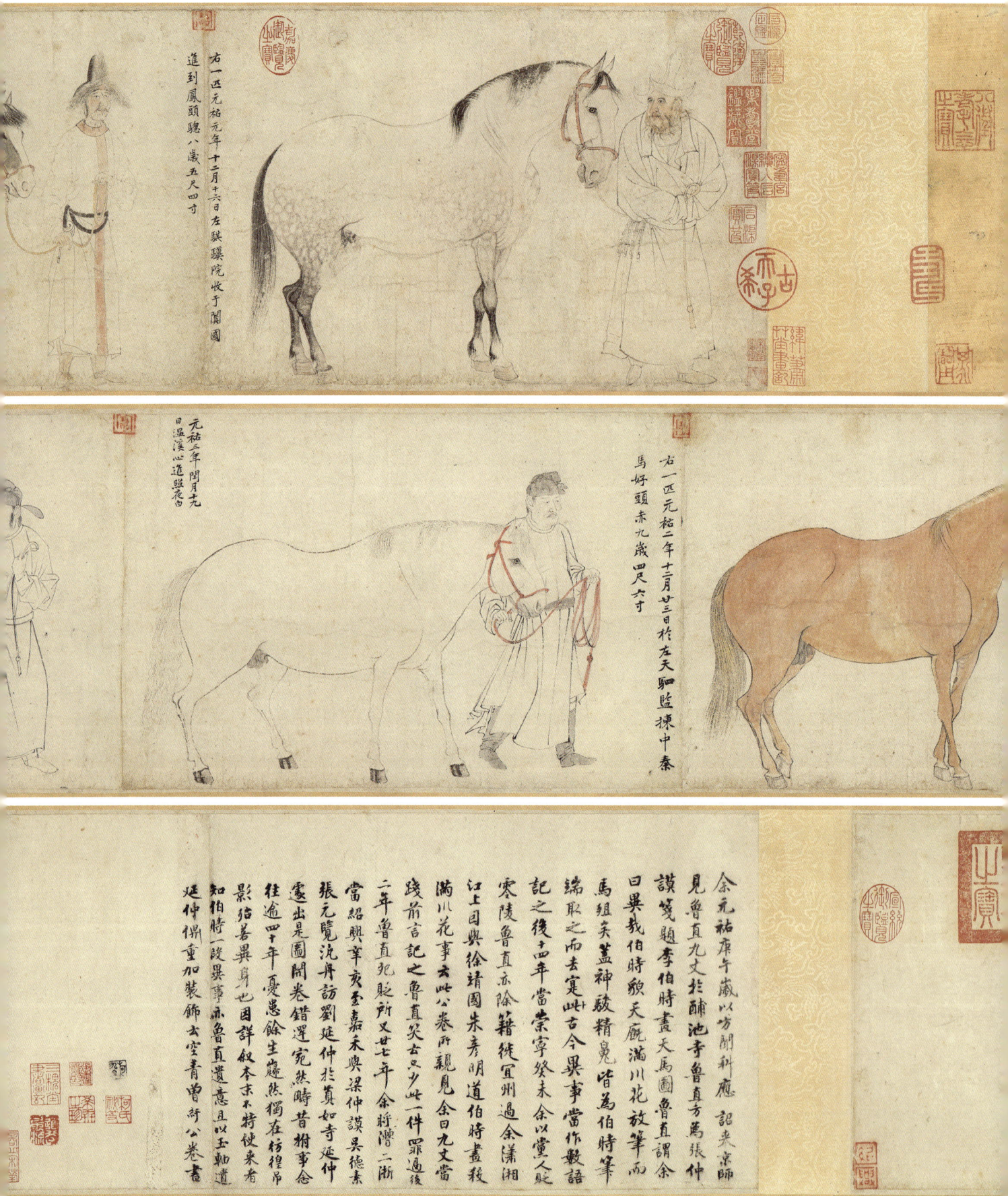

图16　宋　李公麟　《五马图》　日本东京国立博物馆藏

杜陵題畫馬不一而矣

取羲死脩辥當時此

技誰絕縢陳閎曹霸

臻神奇幹雖畫肉不

畫骨天閑萬驪皆能

師後來總者何寥寀

三百年始得伯時橫

圖迥立見五馬權奇

沛艾天英之鳳頭驄

末于灠國董穩錦膊

廟相隨天駟家毀好

頭赤照夜白傲唐名為

其後一馬失題識曾藏

殊相星瞳輝藝成放

筆一馬祖太僕惆悵

何爭著我聞元祐多

正士援茅雲路驂騮

驪伯時軒晃有弗屑

喜畫畫寫能累斯斯清

流住之裼自取姓名末

泐安民碑丹青撰

足深意同人藤結撰

應知芻秣豆飼信堪

羨那免按隊牽金羈

汽金終百秦希題

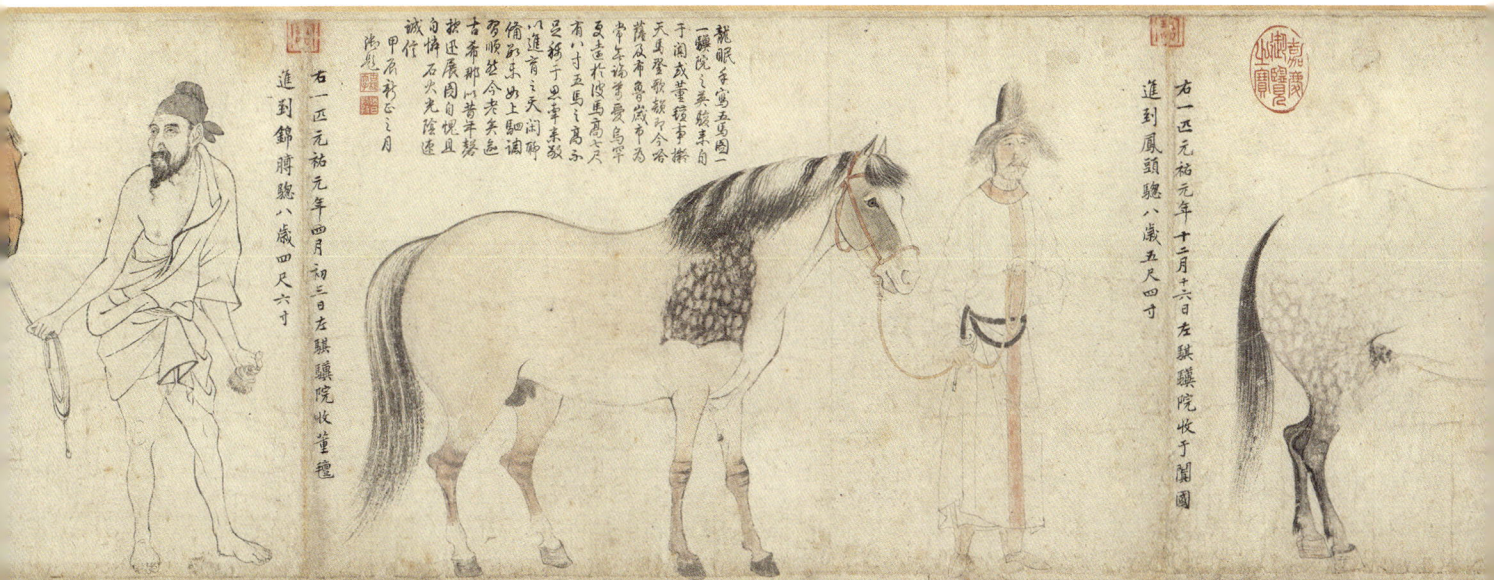

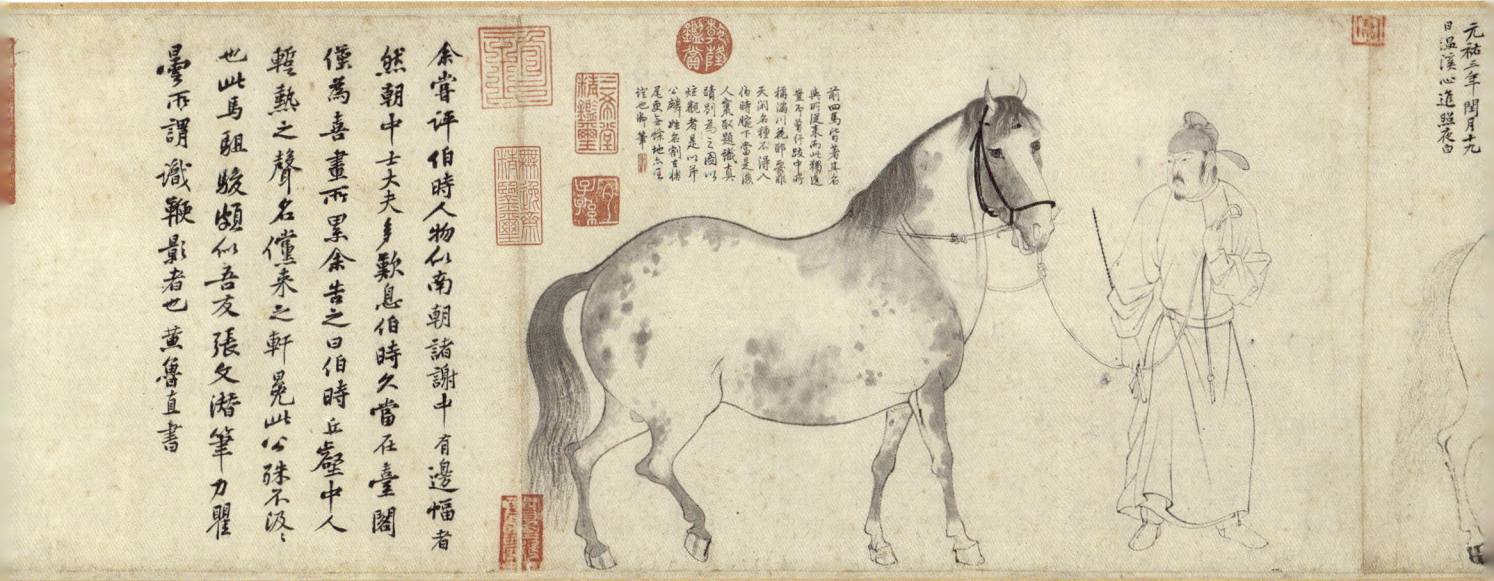

前已经收藏的《三高图》或《七贤图》。根据叶浅予所撰《张大千的艺术》一文，其讨论古代人物画家对张大千的影响时说：

　　……从唐寅的仕女，进而仿赵孟頫的九歌，李公麟的七贤，落脚于敦煌的供养人。

无论是李公麟的《三高图》或《七贤图》，均未见于《大风堂书画录》及《大风堂名迹》。笔者曾将《吴中三贤图》的照片寄给叶浅予先生，请教他此作与其文中所说的"李公麟的七贤"有什么样的关系，他回信说：

　　我于一九四五年在成都见到大千是年新作，细笔重设色，不知为何人购去，据云是仿李公麟笔。……

　　李公麟是否作过《竹林七贤》，不得而知。但大千所作是亲眼所见，用笔亦近李氏。所寄《三贤图》，既系仿作，不知所本。

可见这《吴中三贤图》与1945年大千所作的《七贤图》也没有直接的关系。辛巳年（1941）秋日大千曾背临了一幅《仿龙眠三高图》（图17）于敦煌，尽管以白描手法绘制的这幅《仿龙眠三高图》中的人物与《吴中三贤图》不大相似，但在绘制此画四十一年后（1982），大千在诗塘上所题的三首诗及题跋却值得重视：

　　龙眠三高图，徽宗之子郓王题诗其上，七十一年中秋，奉岳军大兄命移录之。

这三首诗与佛利尔美术馆所藏《吴中三贤图》卷中的题诗相同，大千居然能在84岁的高龄把这三首诗一字不差地记下来，究其原因，除了张大千拥有为人所知的惊人记忆力，他可能一度藏有题跋中所提到的李公麟作品，并且他非常珍视此画，以此画为底本绘制了很多幅作品，包括佛利尔美术馆这件《吴中三贤图》。

张大千还曾绘制了另外一幅树下三高士的作品（图18）。这是一幅原创的作品，但是却受到张大千心中的李公麟绘画风格的影响。张大千题跋如下：

　　龙眠有三高图卷藏吴兴庞氏，此师其意，大千张爰。

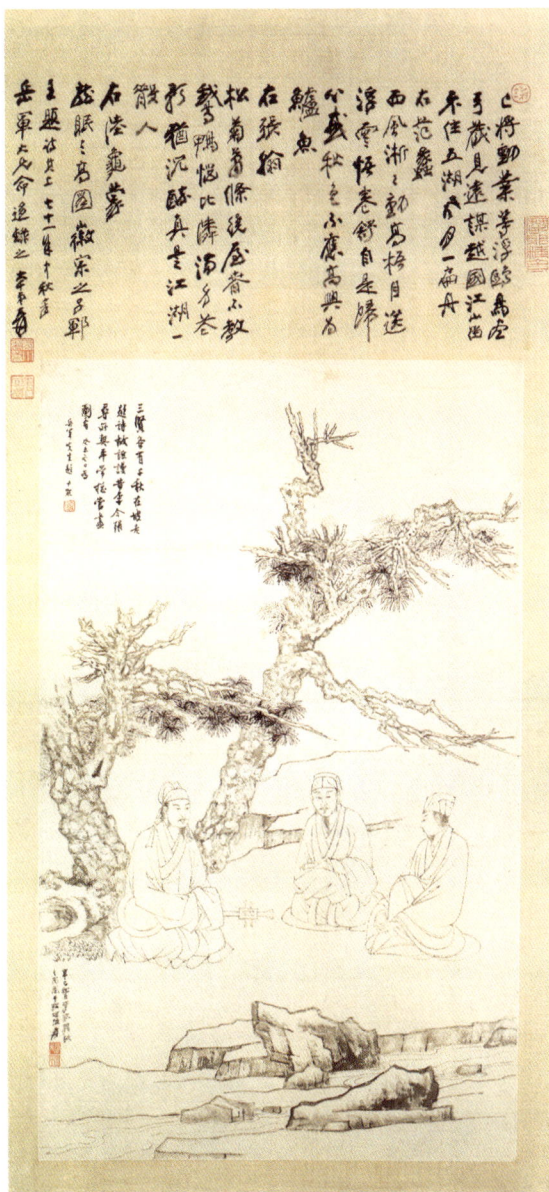

图17 张大千 《仿龙眠三高图》 1941年　　　　　　图18 张大千 《三高图》

　　尽管画中没有标明年代，从风格上看，此《三高图》可能作于二十世纪四十年代。

　　前文曾提到《石渠宝笈续编》中著录有一幅李公麟的《吴中三贤图》，此卷在宣统十三年（1922）十一月初七日为溥仪以赏赐溥杰之名，偷带出紫禁城。张大千很可能在二十世纪三十年代后期收得此本，或与此本有相同内容的别本，因为此卷上有郓王所题三高士的诗，这是佛利尔美术馆藏本上三诗的来源。但

图19 元 钱选（传）《七贤图》 台北故宫博物院藏

是图中三高士的造型，可能出自别处，因为一般情况下大千的伪作，百分之百的临本极少，大都是将古画拼凑变化而来，此作亦似运用了移花接木的手段。因为图中三人的造型，并不吻合三人的事业与个性。尤其是处于中间人物的张翰，作举大杯饮酒状，画的是酒徒之态，与仕齐的张翰"因秋风起，思吴中菰菜莼羹鲈脍，遂命驾归吴"的生平并没有直接的联系。不但如此，佛利尔美术馆藏《吴中三贤图》中的人物也另有出处，如起首的范蠡和张翰都与竹林七贤有关，这可以用现存台北故宫博物院的钱选《七贤图》（图19）为证，卷中右起第一人、露臂托杯者，即为著名的竹林七贤之首的阮籍，他"不与世事，以酣饮为常"，因此使观者一见即知其身份，而张大千却借用此一人物的造型转绘为张翰。又钱选《七贤图》右起第四位侧坐举纸书写者，张大千借用其造型并改绘为《吴中三贤图》卷中右起第一人范蠡；他们之间的姿态、衣纹都完全相同，即小几、手卷、墨砚亦一一具在，可见张大千所据的稿本与台北故宫博物院所藏之所谓钱选《七贤图》卷出于同一祖本。

　　张大千所造伪作很少是完全地、一点不差地临摹，他通常会作一些改变，而且如上所述，他常常使用多个范本。相应地，佛利尔美术馆藏《吴中三贤图》是根据多个范本的图像样式的杂糅，这部分解释了三个人物缺乏互动的原因，每个人物都孤立存在，反映了它们所依循的不同范本。

　　从姿态、服饰到衣褶，甚至到器具——盘子、手卷和砚台，其中的相似性

表明：要么《七贤图》是张大千《吴中三贤图》的直接源头，要么这两幅画有另外一个共同的源头。

值得注意的是，张大千在敦煌所作的《仿龙眠三高图》以及台北故宫博物院收藏的传为钱选的《七贤图》中的人物都被描绘为坐在地上，要么坐在方毡或兽皮上。在张大千的绘画中还有很多其他与之相似的描绘，坐兽皮者有《停琴听阮图》，画上题云："广汉邱文播有停琴拨阮图，赵吴兴尝临之，此又临赵者。"画中两人皆坐在兽皮上。至于坐方毡上者，如大千所画《咏柳图》，其人物造型与《吴中三贤图》右起第一人完全相同。

五

现在再来探究大千究竟在什么时候伪造了这幅《吴中三贤图》。从上述相关作品的年代来看，其背临的《仿龙眠三高图》作于 1941 年，前述《咏柳图》并无纪年。以风格而论，此二画较之《吴中三贤图》的时间更早。1945 年张大千购得散出的故宫名画《韩熙载夜宴图》，同年曾作《西园雅集图》八屏（图 20），1946 年作《文会图》轴，1947 年作《玉川品茶图》《临阎立本萧翼赚兰亭图》（图 21）。大约在戊子年（1946）秋见到孙位的《高逸图》，大千评此画曰：

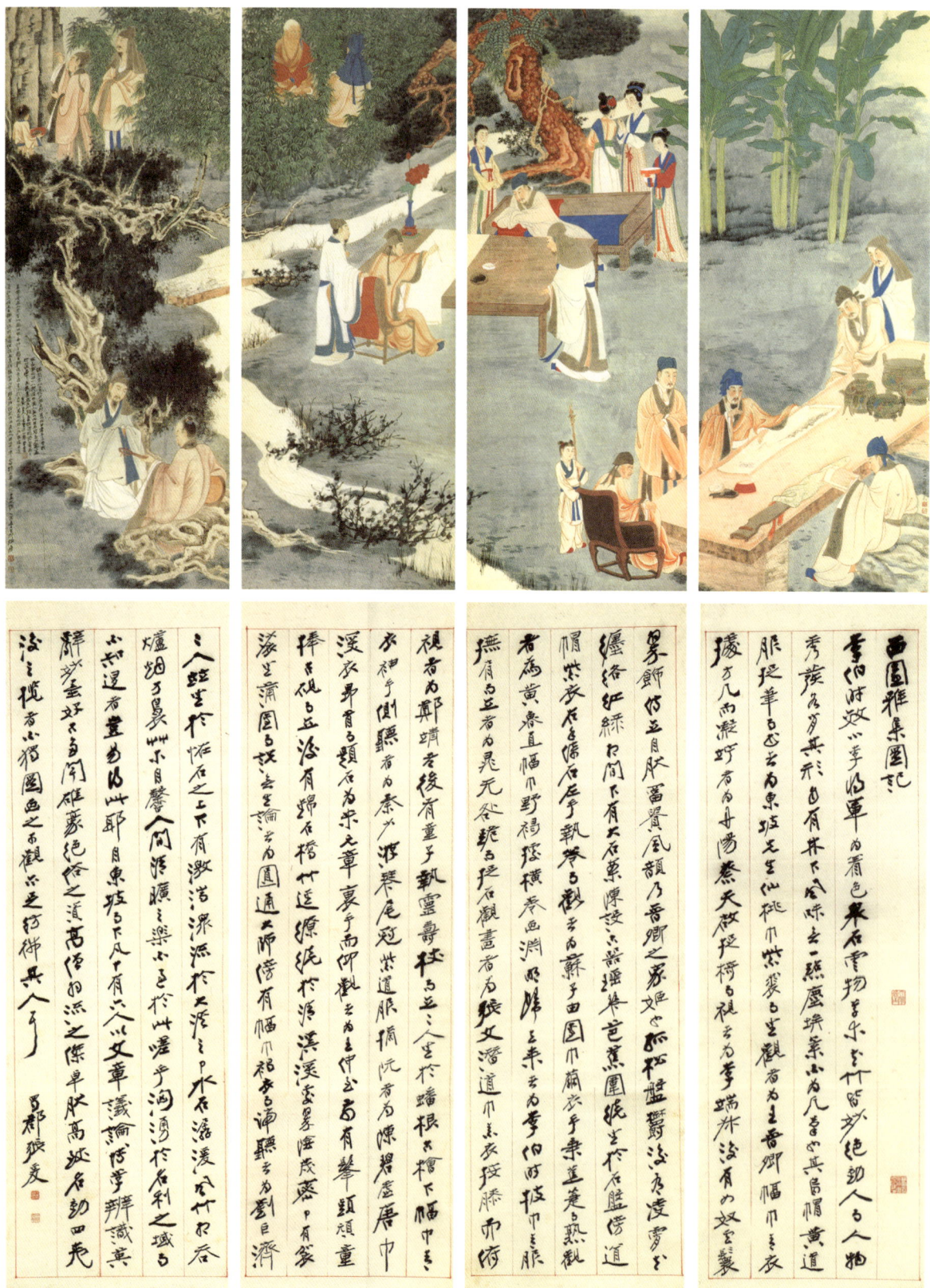

图20　张大千　《西园雅集图》八屏　1945年　高岭梅旧藏

图21　张大千　《临阎立本萧翼赚兰亭图》　1947年

图22　张大千　《李杜联吟图》　1948年

运笔如屈铁，敷色如古鼎彝，真神品也。

并拟其意作《李杜联吟图》（图22）。

我们可以看出自1944年至1948年，由于敦煌宗教人物画无法应用于大千所喜爱的高士画中，于是他又转向从传世的唐宋名家所作的人物画中寻找养分。从上举的许多人物画作品可以看出，他这几年不但勤于高士画的创作，也

图23 唐 孙位 《高逸图》卷 上海博物馆藏

可以看出他的人物画创作较之去敦煌之前，已经明显迈入了新的阶段，并持续至二十世纪五十年代初期，可以说此时是他人物画创作的巅峰时期。

在己丑年（1949）秋日，大千至少曾经临仿过孙位《高逸图》卷（图23）右起第一及第二组人物，并改制成为两幅白描立轴，其衣纹描法细如铁丝，没有粗细变化，很接近原作。但是《松下高士图》及《吴中三贤图》，用笔较为流畅飘逸，有粗细轻重变化，略近兰叶描，此为其不同之处。但是《吴中三贤图》中三人独坐、各不相涉及且没有背景的画法，却可能受到孙位的影响，因此大千伪作《吴中三贤图》的制作时间，似不能早于1948年。

在张大千的作品中，风格与《吴中三贤图》最为相近的，应是戊子年（1948）所画的《松下高士图》，大千自题此画云："拟唐人孙位《高逸图》笔"，但人物之姿态及笔法皆与孙位《高逸图》不同。画中高士右向席地而坐，左手持卷置膝上，其与《吴中三贤图》卷中最后一人陆龟蒙的外貌、衣纹完全相同，两者显然出于同一稿本。而且此一《松下高士图》，张大千曾一画再画，均在此年前

后，因此大千伪作《吴中三贤图》的完成时间大约在 1948 年或稍后。

但是如果同时考虑其他证据，则《吴中三贤图》卷也有可能作于二十世纪五十年代初期。因为张大千借居印度大吉岭期间，经济上最为拮据，却是他作画最为勤快、多产，又是目力、精力的巅峰时期，因此大千所绘多精细的工笔以及青绿绘画，然而由于当时海外华人的购买力薄弱，他自己的作品出售不多，而曾有意出让自己所收藏的古书画精品。因此这段时期，张大千很可能伪造了一批古画，经由画商向世界各大美术馆推销。支持《吴中三贤图》可能绘制于张大千居住在印度或日本时期的证据，是其为朱省斋所作的《省斋读书图》（图24），画中的士人颇似《吴中三贤图》中的陆龟蒙。这一对比把此作的创作年代拓宽了。

《吴中三贤图》最迟的创作时间自然是在 1957 年一月佛利尔美术馆接收这幅手卷时。因为张大千画完之后必须有一些时间来装裱这幅画，我们可以断定他完成此画的时间不会晚于 1956 年。

图24　张大千　《省斋读画图》　1952年

　　张大千伪造的大部分唐宋古画是他居住在阿根廷时期和初到巴西时期完成的，这也说明本文提到的张大千伪造的作品上古朴的书法一定是他自己所写，而非他的夫人。《吴中三贤图》中的书法出自张大千的手笔，也表明此画创作年代为二十世纪五十年代早期。

　　张大千具有超人的模仿能力。在整个中国绘画史上，张大千在摹古方面占据最高的地位，因而《吴中三贤图》一度被认为是宋代绘画亦并不奇怪。揭示此画实为张大千所作，不仅是对大师技术的致敬，也为我们提供了一个理解其人物画如何深深植根于古典传统的机会。

结　语

1989 年三月，为了搜集更多的资料，同时一窥大千先生在阿根廷的居所及巴西的八德园，笔者特别去了一趟南美洲。

到了圣保罗后，笔者由早期大风堂的门人孙家勤先生及张洁夫妇带领并驱车前往摩诘镇，再由大千先生的女婿李光觉先生带领、驱车前往那小镇郊外"荒废的八德园"，其时土地、房产已由巴西政府征收，工人正在伐竹砍树，因为水库坝基已完成，不久就要蓄水，八德园行将成为"水晶宫"。

我们在园门外下车后，由李先生手折树枝，在前驱蛇引路，在园中略为浏览后，即进入那门窗已破的居室及"大画室"——这恐怕是有史以来传统中国画家的最大的画室，我徘徊其中，想象大千先生在那儿绘制巨幛高屏的景象。

转到大千先生的裱画室和书房，在破纸残板中，我见到了两个长条形的纸盒，盒盖印着毛笔签条，在映入眼帘的刹那，我全身像触电一样，不仅因为我认出那是我在普林斯顿大学研究所时日本教授岛田修二郎的书迹，而且写的正是：

宋郓郡王题吴中三贤画像，岛田修署。

我急忙打开盒盖，里面赫然躺着一卷和《吴中三贤图》同样的签条，亦贴于复制卷上。盒底内贴一铅印小纸，说明"限印一百卷""收藏者：香宋楼主，出版者：梅绍光"，可惜岛田修二郎教授及出版者均未注年月，否则将有助于推断其制作的年代。

我在破败的八德园书房中无意发现的这两卷《吴中三贤图》复制品，虽然并不能为我证实此卷出于张大千之手，因为我知道那是可以有多种不同角度的解释。但对我而言，我深信这复制品在八德园出现的意义，只有一种解说：这是张大千在完成《吴中三贤图》后，请当时在日本研究中国画的权威——京都博物馆的岛田修二郎先生题签，将此作拿到美国推销之前，先在日本复印的。想当年他从日本携到南美洲的复制品，绝不止于我捡到的这两卷。

虽然我当时非常兴奋，但人不是易于满足的动物，因为我现在想来，在大千制作的那么多伪作之中，我在那废园中只发现了这一卷而已！由于当时比较匆忙，因而不能在那凌乱的破物中逐一翻寻。每一思及，尤令我对那废园和"水晶宫"幻想不已！

　　然而，这一次小小的经验，让我似乎体会到了数年前英籍考古学家斯坦因在中国西北沙漠中的居延和楼兰废墟中发现汉晋残简一般的亢奋心情。（编者按：对于佛利尔美术馆所藏传李公麟《吴中三贤图》的研究，傅申先生曾于二十世纪八十年代、九十年代先后撰写 Chang Dai-chien's *The Three Worthies of Wu and His Practice of Forging Ancient Art*［刊于 *ORIENTATIONS*，中文名《美成在久》，卷 20，1989 年第 9 期，页 56—72］及《张大千仿制李公麟〈吴中三贤图〉的研究》［载《雄狮美术》总 254 期，页 41—49］二文，本文据叶公平译稿与中文稿二文编辑而成，现标题"大千与李公麟"为编者加）

　　张大千是画家中的史学家，对于中国画史，他博学深究，寻源追宗。例如当他临摹巨然时，取法乎上，运用其师董源的笔法，这就是大千所谓的"上昆仑寻河源"的方法。他一生贯彻这种精神，终臻大成。本节则集中于他的山水画，讨论他如何竭其慧力、精力、财力和毅力上追董源，并作进一步的发展。

　　由于师承、时代风气、可见古迹以及时局等因素的影响，张大千的寻源路径也是曲折的。大体而言，在二十世纪二十年代、三十年代，大千的仿学以清代和明代画家为主，偶及宋元画家。在二十世纪三十年代初期，他渐及董其昌和巨然，是因在他早年研习石涛、石溪和八大山人的过程中，了解到董其昌和王蒙等人的重要性，指引他走向董巨的源头。到1938年才出现了他对董源和米芾的临仿，主要是该年在北京，大千初见董源《江堤晚景图》，使他在抗战期间对此念念不忘。

　　生活上，张大千从早年喜游黄山、华山，转至抗战期间的青城、峨眉，从峻峭奇险转到浑厚华滋之境，也促成了他师法的转变。敦煌巨制的历练，也培养了他大匠的气度和耐力，使其绘画最终走向五代、北宋绘画磅礴的格局。于是王蒙和董源、巨然，成了张大千二十世纪四十年代致力的主要对象。

　　1945年，抗日战争胜利。约是年底，大千赶回北京，搜寻他思念多年的《江堤晚景图》，此图终于成为大风堂镇堂之宝。次年他在临董源《万木奇峰图》时，就说董源是"千古正宗"，从此更致力于董巨画风。不久他又斥巨资，舍屋购画，得名迹《潇湘图》，他"回环展读，顷刻不息"，将古代名家礼聘入室，朝夕相对，从此画风丕变，逐渐从早年的"黄山画派"进展到"董巨复兴"的阶段，例如1947年及1948年两年其在上海举行的画展中，他仿王蒙、董源、巨然的作品数量在比例上已跃居仿古作品中的首位。

　　在这两年间，大千所作的许多写景山水，包括青城、峨眉诸景，都是浑厚华滋的董巨风貌，显然已是学古有成，得心应手，融入笔底。直到他暂居印度人吉岭期间，仍然对董巨派的作品临仿甚勤，如《江堤晚景图》一作，不但有原寸的细临本，也有缩临本。就在此时，他已达到了学习董巨派的最高峰。自此之后，董巨派笔法已融入他的山水画中，其题明仿董源的作品逐渐减少。

　　但即便在他六七十岁时，大千仍然有临仿董源的作品，如1962年在日本勾临江南半幅董源；1967年开岁期间，在巴西"与门人子侄辈讲论南宗渊源"，因而又临了一幅董源的《万木奇峰图》。大千在二十世纪六十年代不断尝试泼墨泼彩，至1967年已经成熟，但有时他题识这种新风格的作品，仍说是"用董源、巨然两家为破墨"，究其心理，原是为观赏者建立借以沟通的桥梁。

1981 年夏，大千开始制作其晚期最费时日、心力的山水巨作《庐山图》，这是一幅先泼再皴、大开大合、融会诸家的作品，虽然也有董巨的影响，但是他当时作诗云："不师董巨不荆关，泼墨翻盆自笑顽。"竟然否认此画与他曾经仿学过的董源、巨然有关，这反映了他晚年企求摆脱一切古人的宏愿。

大千一生对古人作品的搜求、研习的精神，在画史上无与匹敌。他曾经收藏过的董源作品至少有四件，其他所见、所仿过的又有十余件。这样的纪录，只有明末的董其昌堪与之相比，但就画技的研求和大成而论，则大千且胜董其昌。

当大千在 50 岁左右，到达了他所追寻的河源；到二十世纪六十年代，他致力于新风格的创立，而这新风格的源头之一也与董源有关。元代的赵孟頫认为董源的青绿山水是唐代李思训的放泼自由化，而大千更将董源的青绿山水和米芾的水墨山水用二十世纪的新美学观加以彻底的自由化，开创了他的泼墨泼彩新风，而这种新风格却又成为后世画风的另一个新的河源。

一、引言

张大千是画家中的史学家，对于中国画史上丰富的资源，随着他个人的成长，以及时代与社会环境的许可，他不断地横向扩展，纵向追溯。这种精神，可以从他用五代董源的笔法画巨然（董源的传人）结构的《江雨泊舟图》（图 1）的自题中见出，他说：

> 昔人称吴仲圭（吴镇）师巨然得其笔，王叔明（王蒙）得其墨。
> 予此纸以北苑（董源）夏山图笔法求之，所谓上昆仑寻河源也。

这种"上昆仑寻河源"的精神，就是他集传统画学大成的基本精神。他不但有此理想，而且能竭其所有的毅力、慧力、精力、财力去达成他的埋想。

就整个大千绘画的发展过程而言，大千的师古期与他晚年泼墨泼彩的创造期，好像在他整个艺术历程中各占其半。但事实不然，大千一生的经历，师古期占据了至少五分之三的时间，五分之一的时间是在师古、融古、化古中力求创新，最后五分之一才是致力于中西合璧的创新，来作自我突破，进而发展出泼墨泼彩的风格。即使这种新风格，仍然和中国绘画的传统密不可分。

由于张大千是整个中国画史上入古最深、仿古最博、用力最勤且天分极高

图1 张大千 《江雨泊舟图》 1949年 台北故宫博物院藏

的画家，在他一生六十多年的绘画生涯中，用了四十年的时间投身于古画的研究、学习和消化。他又是全才画家，所涉涵盖了中国画的所有主要画科：山水、花鸟、人物，都各臻极诣。其作品虽以山水最为重要，但其他画作的数量亦不在少数。因此要了解他的仿古历程，如果仍然停留在过去那种笼统的说法中，就不会触及深处；因为仅是他的花鸟和人物画，就要各撰几篇专文，才能触着它的核心。至于山水，其一生涉及的古人古画，尤为庞杂；但现在的学术研究愈发深入精微，本文即是一较小范围的专题研究，以此对大千的山水画作更深入的研究。

在中国山水画的宗派论上，张大千受明末董其昌的影响不小，兹依此一脉络，简述董源在中国画史上的地位。

山水画在唐代渐渐脱离人物和宗教画，开始独立成长，其中以李思训的青绿金碧山水和王维的水墨山水对后世影响最大，形成了后世所谓南北二派的雏形。五代时以北方的荆浩、关仝和南方的董源、巨然为主；北宋以李成、范宽、郭熙三家为主，而李唐传范宽一系，至南宋发展成为马夏一派。董巨派在宋代的发展有限，只有米芾父子发展出云山一派，在南宋只有江参（贯道）独撑门面而已。但到了元代，自高克恭、赵孟頫以下的元季四家——黄公望、吴镇、倪瓒和王蒙都是董巨一派的画家。明代的山水，以宗董巨、元四家的吴派与宗尚马远、夏圭的浙派对立，清代则全是效仿元四家的"四王"的天下。即使是明清之际的以四高僧为代表的个人画派，也落在董巨派的南宗范畴之内。

以上是我们顺着历史发展，从源头顺流而下的所见，但是对张大千或一般画家的成长而言，往往是逆流而上，先要看他们的入手环境，而往前一步步地发展。

张大千出生于清末的四川，成长于民国初年的上海，当时的山水画坛正值承续"四王"一派的画风为主流的局面。随着照相摄影和名画影印渐渐普及，公私收藏的逐步公开和收藏家品味的改变，一些思变的画家也推崇石涛及其周围的画家，如石溪、梅清、龚贤等，以此与所谓的正统派抗衡。由于张大千的两位业师李瑞清和曾熙都是以书法名世的业余画家，他们喜爱石涛、八大山人等，因而这决定了张大千的入手门径。

由于张大千勤学敏记，目标高远，心胸雄大，他在各种题材的绘画中都想取百家之长，溯源追宗，到达群峰之巅，与历代名家一争短长，然后集其大成，自创一家。在山水画上，经过了二十多年的努力，张大千通过鉴赏、收藏与对历代山水画大家源流的探讨，终于溯向南宗的源头——董源，这在中国画史上赵孟頫、董其昌以后是没有人做过的，更不用说二十世纪的其他画人了。下文摭拾、排比资料，以显示其探源的过程。

二、大千的寻源过程

张大千的寻源过程是曲折复杂的，其原因之一是时代愈早的作品愈为稀见，而接触愈多的作品往往在时代上愈晚近。所以画家的成长，也只能循序渐进。如果识见较近，认识上往往在原地踏步。张大千则由学习师长至学习近人，进而追随古人，由随兴学习到积极追求，有随缘而遇，也有系统追溯。

前述大千因曾、李二师的影响而喜石涛、八大山人，这使他跳越了当时上海的"四王"余派，而且又旁涉弘仁、石溪、梅清。在海派的画家中，他也推崇笔墨清新、局面较广、又精鉴藏的吴湖帆，二人成为至交，这一经历可能也帮助大千通过八大山人和石溪而认识了董其昌。大千题八大山人癸未（1703）渴笔山水册云：

图2　张大千　《临董其昌巢云图》　1937年　辽宁省博物馆藏

山人画从董思翁上窥子久，即烟客一生亦未能到此境地。[1]

在流传的八大山人及所谓石溪画迹中，其中也有临董其昌的山水册；而大千对董其昌的画论更是熟读成诵，此对张大千有很大的影响。因此，大千在二十世纪三十年代曾对董其昌的书画也下过一番功夫，辽宁省博物馆就藏有一件张大千《临董其昌巢云图》小轴（图2），他不但逼真地临了画，而且还照临了董其昌的三行草书七言诗句，并仿书了"其昌"两字款书，颇得董书风韵，如果不是"其昌"款下的一方"大风堂"印章，以及右方大千款的长题，一时倒真看不出是出于大千之手。[2]同一时期他还有其他效董其昌笔法所作的山水轴，可以见出他从清初的"四僧"跨越"四王"，直接向

[1]　大千题八大山人山水册之一，图见王方宇、班宗华编，*Master of the Lotus Garden*，耶鲁大学出版社，1990年，页209。

[2]　见傅申：《沈阳的大千画》，《辽海文物学刊》，1989年第7期，页369—405。

这位正统派书画家和理论家学习的隐情，这是引导他走向董巨派源头的关键之一。

此外，在他研习石涛、石溪的过程中，渐渐领悟了元代董巨派大家王蒙对二石的影响。1937 年春，大千临其所藏王蒙《竹院访友图》时说：

> 元四家中，以黄鹤山人法门最为广大，明清作者无不师之，即不羁如方外二石，亦不能越其藩篱也。[1]

因此，大约在 1932 年到 1960 年前，大千致力最多的山水画家之一就是王蒙。在元代画家中，除了赵孟頫，大千最喜好、收藏最富、得益最多的就是王蒙。若对一般画家来说，到达他这种层次，不但可以以大家自居，而且精力也穷于此了，但大千毕竟不以停留在王蒙身上为满足，因为他在研习王蒙的过程中，免不了时时与董、巨接触。大千曾藏王蒙绢本《夏山隐居图》（佛利尔美术馆藏），全是董巨派风格，大千曾再三临之。他自题临王蒙另一幅《夏日山居图》时云："黄鹤山樵此图全师巨然。"又大千旧藏中有一幅王蒙仿董源的《太乙观泉图》，其亦曾加以临仿。此外，他也从学习其他元代的画家，如盛懋、吴镇和赵孟頫等人的作品，而日渐向董源接近；犹之乎登山者，待爬上一峰之后，又见更高的山峰在前，于是继续鼓足勇气，要攀登那南宗巨匠的高峰。

以上仅是简要地指出大千在向古人名作及画史研习过程中逐渐领悟画学的渊源，进而带领他走向南宗的源头。虽然这是有追源兴趣的画家都可能追寻得到的同一终极，但事实又不然。就大千个人而言，其与古人作品之遇合，与他遭遇的时代有密切的关系。历史告诉我们，在战乱和朝代交替之际，书画名迹的流动往往最大。大千的前半生，如果没有清朝末帝溥仪的逊位、后来的中日战争以及民国初年成立的故宫博物院，大千与名迹遇合的频率以及时地必然会大不相同，大千个人画风的发展也可能会有不同的路线以及产生不同的作品。

此外，与上述时代因素相关的是抗战时期的大千的敦煌之行，他以佛教人物画为研习对象，由于壁画的大构图给他的历练，培养了他大匠式的气度。待大千回四川之后，更发展了他在山水画上的雄心壮志，他要突破元明清画风的局限，与五代、北宋的山水巨匠在全景大幅山水上比肩。等到抗战胜利，张大

---

[1]　见傅申：《大千与王蒙》，台湾历史博物馆编：《张大千学术论文集》，1988 年，页 129—176。

千重回上海与北平，始有机会观赏、搜购因战乱和世变而易手的名迹，这成为他敦煌之行后的再一次自我提升的机会。在为数不多的北宋、五代名家巨匠中，对大千影响最为深远的仍然首推董源。其原因，除了董源在画风上被董其昌等追尊为南宗之祖，另有大千对四川山水的实际生活体验等因素在内。

当张大千早期学习石涛、梅清、弘仁等黄山派画家的作品时，他也曾三上黄山，盘桓有月，领略真山水，因而自然与画作是合一的。四川虽是他的故乡，但是他真正受到四川山水的影响则是在抗战期间。当时他常住的地方是青城山，喜游的胜景是峨眉山，这些山的本质和造型都与黄山有异，若仍用石涛、梅清等人的画法就无法表达出四川山水的特质，因此也使得大千通过元四家而上溯董源和巨然。若从这一观点来看，我们不妨将大千前半生的大陆时期的山水画分成上海和四川两阶段，上海时期其以取法黄山派为主，四川时期则以董巨派为主。

三、大千与董源系年

以下则依年代先后，对大千走向董源的相关作品作一历史性回顾，然后再论他的收藏对他产生的影响。

在二十世纪二三十年代，大千涉猎的古代画家以明清画家为主，除石涛、石溪、八大山人、弘仁、张风、梅清、程邃、华喦及明代的唐寅、张灵、徐渭、陈淳、仇英、郭诩、陈洪绶等，其也曾涉猎元人如唐棣、高克恭、赵孟頫、张渥、盛懋、吴镇、倪瓒、王蒙等，甚至也偶及唐宋画家吴道子、李公麟、宋徽宗、梁楷，等等。

在二十世纪三十年代初，大千所仿学的古人中出现了董其昌、张僧繇和巨然等，至1938年他仿学的名单中才出现了董源和米芾的名字。盖大千学习古人，并不徒托空言，往往以原作为主；而流传较多的作品，往往以明清时期的作品为主，直到1938年，他才见到一幅欲购而不能的董源《江堤晚景图》（图3），在他逃离北平之后，对此一直耿耿于怀。

不久，他逃经上海，辗转去桂林，其时正值画友徐悲鸿也在此地。有一次大千观赏徐氏所藏古画，特别赞赏一幅董源的《溪岸图》（图4），大千携之而去，此成为大风堂所藏的第一幅"董源"。

但是这幅《溪岸图》对大千的影响并不显著，也没有见过他的临本，甚至没有见到他曾讨论过此画。可能的原因是此画的山石以晕染为主，没有明显的

图3　五代　董源（传）《江堤晚景图》　台北故宫博物院藏

图4
五代 董源（传）
《溪岸图》
美国大都会艺术博物馆藏

图5　张大千　《峨眉图》扇面　1939年

皴法，表现在林木、屋宇、人物上的线条也并不出众，因此，大千未曾加以临仿学习。不论如何，1938 年仍然是大千认识董源的关键之年。在过去，虽然大千曾通过明清董巨派画家的作品，略窥其风格，但至此才接触董源名下的实际作品。

　　除了接触董源画迹，促使他在山水画上走向董巨派的另一主要原因，是前述四川真山水对他的影响。这可以用一幅己卯（1939）七月大千为他上海的闺友李秋君作的山水扇面（图 5）来说明，其右侧的山头以披麻皴为主，大千题云：

　　　　峨眉屹然霄汉，终岁在云峦烟霭中，须用北苑南宫法求之，庶几行其天机离合之趣。秋君大家视此，何如在沪时作也？大千蜀西青城山中。

　　此画之题具体地说明了不同山川的体验扩展了他早年以黄山派为主的画风。至四川时期他则是有意识地选择合适的古人风格来配合其眼见之景，不作削足适履之举。

　　庚辰（1940）八月，大千又以北苑法写青城山水，题云：

余居青城三年往矣，朝暮观其变换，兼以登涉，得稿颇多，时写一二寄兴。此从八卦台俯瞰第一峰上清宫，宫前一峰特起者为丈人观，远方白练如带为岷江，近则石定江，其源即出于青城。庚辰八月用北苑法写并记，大千居士张爰。

此后不久，大千西去敦煌，以临摹历代佛画及供养人像为主。1943 年元月，大千结束了在千佛洞及榆林窟的临摹工作，先回到兰州。同年八月十四日在该地举行了临摹敦煌壁画展览，并同时展出山水、仕女、花鸟近作三十一幅，内包括了一幅《仿董北苑巢云图》，不过在历代著录中似无董源此图流传。

1944 年春，大千为偿前述徐悲鸿之《溪岸图》，将徐氏所爱、大风堂所藏之金冬心《风雨归舟图》赠之。至此，大风堂才确实拥有了《溪岸图》。并且，自大千归来四川后，其所作山水多宗董巨派披麻皴法。

1945 年夏，大千在成都昭觉寺临董源《松泉图》，在题语中讨论了董源绘画的特色：

北苑松泉图，树晕浓厚，山色浑沦，不以险刻取奇，自然高迈，学北苑正当于大开合处着意，一堕巧趣，便非真谛。（图 6）

1945 年，日本宣布无条件投降，抗日战争结束，大千对七年前在逃离北平之前所见的董源《江堤晚景图》念念不忘，于是年年底之前，他赶到北平，到处打听该画的下落，终于在冬天是作为其所获。自此张大千对此画临仿再四，对他产生了不小的影响。

在乙酉（1945）嘉平月大千见到王翚临董源一画于昆明湖上，并题其诗塘云：

石谷子临王叔明效董源《秋山行旅图》真迹。

因为此图章法出于董其昌题的《小中现大册》，故大千知其是王蒙的临本，日后大千又据王蒙临本伪造了一幅董源名下的《秋山行旅图》，将另文说明之。

1946 年新岁，大千又以董源法画了一幅《峨眉三顶》（图 7），题语与其1939 年所作大同小异：

图6 张大千 《临北苑松泉图》 1945年   图7 张大千 《峨眉三顶》 1946年

峨眉屹然霄汉，终岁在云烟杳霭中，舍北苑南宫两家法，末由传
其天机离合之趣耳。

同年初夏，张大千临了效董源法的赵孟頫一画，题云：

赵文敏《秋江钓艇》，亦师董源。

　　同年夏，大千在成都沱水村居，想起了曾在上海庞莱臣处见到的一卷董源画，作了一幅《潇湘水云图》（图8），题诗一首并跋云：

　　　　往岁曾于海上见北苑画《洞庭张乐地》《潇湘帝子游》大卷于庞虚斋处，此图略师其意。

　　后来大千发现他在上面的题语中将两卷董源画混淆了，遂另题正误如下：

　　　　庞虚斋丈所藏为《夏山图》，非《潇湘图》，一时误记。《潇湘图》去年冬从长春携来海上，近归大风堂供养，其绢素与画法并同《夏山图》，盖同时所作者。丁亥（1947）四月装成因识。（注：香港苏富比1989年5月拍卖目45号。按此画真伪可不论，文字资料仍可据）

　　1946年七月，作《青城后山南望》（图9），题云：

　　　　鹿头熊耳诸峰，连岗接陇，绵亘千里，烟岚掩映，变化无端，真北苑巨然得意笔也。

　　可见大千研究古画，结合了其对自然真景的观察。他这个时期所作的四川山水，大多具有董巨的风格，并不只是仿古的纸上山水而已。同年秋，他在沱水村居，又根据一幅他所得的耿昭忠临本，临了董源的《万木奇峰图》，长题论董源画云：

　　　　北苑画，前不籍师资，后无复继踵，特开机轴，为千古正宗，学者多遵之，鲜能得其三昧，非仿抚之不力，而师心会神处，盖大匠不能诲，至人不能传者也。

　　最后，大千对自己转临自耿本的此画作了谦虚之词，云："乌焉成马之诮，知所不免！"同年秋，张大千游峨眉山，并在山中小住，作画不少，曾拟北苑法作"山中一夜雨，树杪百重泉"一画。另有"拟北苑河伯娶妇卷笔法"作《江渚奇峰图》（图10），用的都是圆转的长披麻皴法。

图8 张大千 《潇湘水云图》 1946年

图9 张大千 《青城后山南望》 1946年 吉林省博物院藏

　　同年冬天，大千携巨款到北平，本意要购买一栋巨宅作为居所与画室，没想到古画商出示一批溥仪在长春伪宫散出的、故宫原藏的五代宋元明历代名迹，其中包括董源《潇湘图》（图11）和顾闳中《韩熙载夜宴图》，使大千目眩神摇，放弃了购屋的念头，急电常熟的学生曹大铁支援其携款之不足，购下了这一批古画。

　　由于在大千见《潇湘图》之前，先已见过庞莱臣收藏的《夏山图》，该卷后

图10
张大千
《江渚奇峰图》
1946年
1992年纽约苏富比秋拍"中
国古代及近现代书画专场"

图11　五代　董源（传）《潇湘图》　北京故宫博物院藏

的董其昌题跋比较了以上二图及另一卷《夏口待渡图》，认为："三卷绢素高下广狭相等，而潇湘图最胜。"因此当大千见到这一卷也有董其昌长题的《潇湘图》时，就如发现了久闻其名的至宝一般，不惜巨资，得之而后快！并立即请其金石友人方介堪刻了一方"潇湘画楼"印，以庆此事。

这年冬天，大千曾作山水四屏，其一即因此卷之启发而作，题名为《仿北苑潇湘图》，并云：

近得董文敏旧藏北苑潇湘图，回环展读，顷刻不息，意颇有得，遣笔临此。（图 12）

此作虽改横卷为直幅，但意境、用笔颇得湖山之致，可见其能活用古法。

大约在此前后张大千又以董源法作山水轴，题云：

偶得乾隆纸一番，用北苑法写此。（图 13）

1947 年三月，大千画了一幅仿元代吴镇的山水，题七绝一首，并跋云：

仿梅花道人《渔父图》，道人盖从北苑《潇湘图》得笔也。（图 14）

图12　张大千　《仿北苑潇湘图》　1947年

图13　张大千　《仿董北苑山水》　约1946年　1982年香港苏富比秋拍"中国重要书画专场"

　　同年五月，大千在上海举行近作展览，其中的仿古作品中，除了仿王蒙的四幅为最多，其次就是仿董源和巨然，两者各占三幅，而上述作品均属董巨派风格。可见大约在此时，大千的山水画已进入董巨派时期。他仿董源的三画，其一为《临董源江堤晚景图》（图15），其二为《临董源夏山图》（图16），其三为《仿北苑溪山茅茨图》（图17）。

　　这年夏天，张大千作小青绿山水（图18）一件，用长披麻皴，题识中也标

图14
张大千
《仿吴镇渔父图》
1947年
1993年香港苏富比春拍
"近现代中国书画专场"

图15　张大千　《临董源江堤晚景图》　1946年

图16　张大千　《临董源夏山图》
1947年

注是"仿董元笔"。

　　同年重九前日，大千斟酌其时所藏三幅董源《江堤晚景图》《潇湘图》及《风雨出蛰图》诸图的笔法，画了一幅《山寺浮云图》（图19）。

图17
张大千
《仿北苑溪山茅茨图》
1947年

图18
张大千
《春山觅句图》
1947年

图19　张大千　《山寺浮云图》　1947年　1992年香港
苏富比秋拍"中国近现代书画专场"

图20　张大千　《仿北苑春城叠嶂图》
1947年

　　作了上述诸图之后，在重九日他又仿董源风格作了一幅《仿北苑春城叠嶂
图》（图20）。

　　同年秋日，大千自题仿宋人赵大年《湖山清夏图》（图21），认为"大年笔
意，仍不出董巨宗风也"。

图21
张大千
《仿赵大年湖山清夏图》
1947年

图22　张大千　《溪山渔艇图》　1947年
私人藏

图23　张大千　《楼台山水图》（此画中楼台乃学生辈代笔）
1947年

　　同年十月，大千又"拟北苑笔"作《溪山渔艇图》（图22）。此月又以北苑
法作《山水》轴。

　　同年嘉平月（阴历十二月）师北苑作《楼台山水图》（图23）。

　　进入戊子年（1948），仍然是大千学董巨派的高峰期，就目前资料中，有以
下相关作品：

　　1948年二月，大千以北苑《重溪烟霭图》法写《峨眉普贤线图》。按董源
的《重溪烟霭图》见于《宣和画谱》，其后又见于《石渠宝笈初编》，画为手卷

形式，不知是否即为大千所见、所法者。总之，这时大千已对董源画法研习有素，随时可自由运用其风格。

同年春，他综合董源、巨然两家法写《峨眉华严顶》。又曾细临董源的《潇湘图》，对董源的画法有了更深体认。

同年五月，大千在上海的中国画苑举行了近作展，其中仿董源的画共有四件，为展出作品中被仿古人频率最高者，其次为仿石溪二幅，其余所仿之古人，均只有一幅。张大千临仿董源的作品中，除了上述春日所临的《潇湘图》为非卖品，又有《仿北苑松泉图》《临北苑溪山雪霁》以及《临北苑烟峦重溪》三图。可以见出近一两年内，董源成了大千最为重要的学习对象。展览前一个月，大千又曾仿吴镇的《烟江叠嶂图》，他认为此画"全师北苑"，所以虽名为仿吴镇，实亦师北苑。

图24　张大千　《味江》　1948年

同年五月大千还画过一幅《雪栈盘车图》，大千自题云："此图用笔，兼有董北苑、郭河阳"，盖近景用郭熙法，远景用董源法，融两派于一炉，是大千活用古法、企图创新的明证。

这一年的秋冬间，大千创作了青城诸景图，一方面是他受到浑厚华滋的青城山实景的影响，另一方面是他研习董源、巨然有成，可以运用自如，二者相合相成，是为大千这一阶段的山水画特色。其中尤以《索桥》、《味江》（图24）、《天师洞》（图25）及《老人村》（图26）诸图具有典型的董巨风格，虽画中诸题无一述及董巨。

也在同一时期，使张大千领悟到他早年仰慕的"二石"原来也是出自董源一派，

图25 张大千 《天师洞》 1948年

图26 张大千 《老人村》 1948年

如他自题《仿二石山水》（图27）云：

> 石涛、石溪，俱从子久上窥董源，各得一体。石溪苍莽，石涛清
> 逸，面目遂殊，正如临济、云门，共是曹溪一滴。

可见，大千从一开始画山水走的就是董源一派的路子，只是在他初学"二石"的时候，并未有此领悟，一定要经过他二十多年的摸索追溯，才能达到这样豁然贯通的悟境。

当大千在 1949 年夏日临仿巨然的《江雨泊舟图》时，他直接用了董源的笔法，并说明这是他"上昆仑寻河源"的方法，他题语中充满了自信，并认为元代大家吴镇只得巨然之笔，王蒙只得巨然之墨，言下之意是他自己能兼得其笔与墨，产生这一看法的主要原因是自己与巨然同师董源。

同年重九后一日，大千借助明末赵左的临本，仿画了一幅《仿北苑华阳仙馆图》（图28），题语中批评了赵氏未得董源的气概：

> 赵文度临本，运笔清润而乏俊气，北苑一种大而能秀气概，良不易学。予得《江堤晚景》《潇湘图》后大悟笔法，遂作此幅。

可以见出这时的大千不但已经傲视明人，而且自以为已经独探董源之秘。但可贵的是他并不以此自满而停止他的精进和学习，在他暂居印度大吉岭期间，对古画临仿甚勤，尤其是临仿董巨派的作品。

1950年秋日，大千曾以绢本原寸细临《江堤晚景图》（图29），此作不但逼似原作，而且精彩焕发。同一时期，又有缩临本一作（图30），用笔萧散活泼。

同年冬日，他又细临了自藏的董巨派作品——所谓刘道士的《湖山清晓图》，崇山复岭，对他的技法作进一步的磨砺。

在过去的十来年中，张大千在山水画上一直不断地向董巨派的源头迈进，

图27　张大千　《仿二石山水》

图28　张大千　《仿北苑华阳仙馆图》　1949年　　　　图29　张大千　《临董源江堤晚景图》　1950年

特别是自 1946 年冬购得《江堤晚景图》后，董源成为他主要的取法对象。在这一时期内，他在许多山水画创作中都融入了董巨的画法，如前述 1948 年作青城诸景就是最佳例子。到了 1950 年前后，他已达到了学习董巨派的最高峰。自此之后，其题明仿董源的作品却相对减少了。但是即使当他的山水画进入泼墨泼彩阶段时，仍然不时出现他融合、仿学董源作品的例子。以下择要录出若干，以见直至大千的晚年，他仍不忘情于董源。

1951 年，大千拟北苑法作《吟诗野水滨》小幅。同年中秋，避暑阳明山中，

图30 张大千 《缩临北苑江堤晚景图》 1950年　　　　图31 张大千 《顶北投》 1951年

以北苑法为友人王新衡作山水轴（图31）。

　　1952年，大千举家迁往南美洲，需用巨款，乃出售董源《潇湘图》等古画。

　　1953年夏，大千以北苑《夏木垂荫》笔法写《寻隐者不遇》。

　　1954年夏，大千作《仿王蒙雅宜山居图》，题云："王叔明雅宜山居图纸本小幅，二十年前于故都见之，全师北苑。"（图32）因而大千此画，实以董源笔法来塑造王蒙的构图。

　　1955年十月，大千旅居日本，作《忆写峨眉》，题云："峨眉终岁在云烟罨霭中，固当以北苑洪谷法求之，庶几得其天机离合之趣耳。"（图33）此画前景用荆浩法，主峰用董源法，为其画峨眉之精品。若将此幅与大千1939年所作、

图32　张大千　《仿王蒙雅宜山居图》　　　　图33　张大千　《忆写峨眉》　1955年

并有类似题语的《峨眉山图》相较，可以看出大千此时已集五代、北宋画艺之大成，沉着博大、苍莽精工，兼而有之，善将古人灵活运用而自成一体。

　　但是即使他已到达了融会古人的程度，当他遇到古人名迹时，仍然会随时临仿加以吸收，直到晚年。

　　1961年春，通过王蒙学董源的一画，张大千作了一幅《仿北苑太乙观泉图》。

图34-1　五代　董源（传）《溪山行旅图》（又称"江南半幅"）　日本小川氏简斋旧藏

图34-2　张大千　《临董源江南半幅》　1981年

　　大约在 1962 年，大千在日本见到了曾为明末董其昌论及的所谓江南"半幅董源"（图 34-1），极为兴奋，当场就临了一个初稿，直到二十年后才将其完成（图 34-2）。

　　1967 年开岁期间，大千在巴西五亭湖上，"与门人子侄辈讲论南宗渊源"，并借助清代鉴藏家耿昭忠的临本，画了一幅《临董源万木奇峰图》（图 35）。同年三月，大千再题此画云："董思翁尝题所仿北苑云：老董风流尚可攀。予亦以

图35　张大千　《临董源万木奇峰图》　1967年

此自喜也。"可见大千对自己的临本是相当满意的。同年春日，大千作《乔松耸壑图》，并题云："以大涤子笔，上追北苑法为之。"将石涛与董源的画法连在一起，那是大千在中晚年以后的领悟。此画兼有石涛的奇崛和董源的大开大合，自此以后大千渐多作泼墨山水，其理论基础实是米芾云山风格的进一步发展，他曾说："元章雨山，直出北苑。"因此在1967年的十二月其曾为友人张炽良作《泼墨山水》，题云："近用董源巨然两家为破墨，炽良宗兄以为如何，幸有以教之。"（图36）这代表了他早期作泼墨山水时，仍借古人作为过渡桥梁的心态，也是他有心为观众建立一座与传统山水沟通的桥梁。但毕竟这是他近期的尝试，对于只习见大千传统画法的友人，大千也很想知道他们的观感和反应，可是他仍然忍不住要加上董源和巨然的名字，其实在这一年前后，大千的泼墨泼彩已经达到最成熟、最抽象的阶段。也就在这一时期，大千在徐悲鸿处得到的《溪岸图》也已转手于纽约的王季迁先生。从此之后，他的山水画随着生活环境和赞助者的改变，出入于传统与抽象之间，即使是临古的作

图36　张大千　《为张炽良作山水》　1967年

品也染上了这种色彩。

　　前述在 1962 年，大千于日本藏家处勾摹了一幅董源画的粉本，直到 1981 年他才有机会用泼墨泼彩法加以完成，大千长题记其始末云：

> 　　此董玄宰所屡称之江南半幅董源也。二十年前于日本京都小川家数度观之，对摹一过，惜未能渲染，顷者子侄辈自八德园运所留书籍与所藏元明旧纸印章来摩耶精舍，开箧得此，如见古人。时方欲作泼墨山水，家人已研青绿，遂乘兴完成之，倘令玄宰复生，必当大惊，以为效法王洽，乃北苑别体耶！七十年三月十八日，八十三叟，爰。
> （见图 34-2）

　　此画之不同寻常，一方面是张大千中年时代临摹的古画底稿，另一方面又运用他晚年时的泼墨泼彩新技法：在画幅的上端，由于底稿没有勾临完整，于是渲染留空，改成了云烟，因而此作成了董源与王洽绘画的综合体，由此也可见出他晚年活用古人的风格和技法并达到得心应手的境界。

　　就在这一年的夏天，大千开始制作他晚年最费心力和尺幅最大的山水巨作

《庐山图》（图 37），这是一幅先泼再皴、大开大合、融会诸家的作品，细看树法、皴法，自有董源、巨然的影子，但是读他原先为此画所撰的诗句：

不师董巨不荆关，泼墨翻盆自笑顽；欲起坡翁横侧看，信知胸次有庐山。题画庐山障子，予固未尝游兹山也。（图 38）

张大千竟然否认了曾经师学过的"荆关董巨"，虽然我们知道他并没能够完全摆脱古人，但是在从事泼墨泼彩创作大约二十年之后，这一句"不师董巨不荆关"，代表了他晚年渴求摆脱一切古人羁绊与束缚的目标和宏愿，这是庄子"得鱼忘筌"的最佳诠释。但我们知道，没有筌就得不到鱼；同样，如果大千没有能将董、巨、荆、关消化、融会，也就没有他晚年泼墨泼彩之大成。

四、大千所见、所藏之董源作品及鉴识

大千在传统绘画上高出时辈的原因是多方面的，而其中之一应是他对传统书画的真切体认与鉴识。比观中国历史上的画家，只有极少数能与之并驾，如赵孟頫、董其昌等。十九世纪的画家多半仍在清初诸大家画风的笼罩之下，原因之一是历代名迹大半集中于内府，一般画人无缘得见。到了二十世纪初期，绘画虽仍积弱不振，但渐因照相印刷术之发展，以及皇家藏品的流散，使得某些画家能上窥元明，渐及南宋。而在众多画人中，只有张大千能由清而明、而元、而宋、而五代、而隋唐，绝不自限，目光高远，因此他的作品也就丰富多姿，集古今之大成。

大千认识古代经典的手段之一是多看多藏，而在收藏过程中必定广搜博览，因之在鉴识上眼光亦愈来愈高。他收藏的主要目的是要借鉴古人，不断提升自己，所以他在收藏上与仅以占有为目的的一般藏家不同。他研究画史渊源，吸取绘画技巧，因此要了解像张大千这样的画家，若不研讨他的所藏所见，是绝不足以充分认识他的。

兹依年代先后，在此单独列出他所藏、所见的董源画迹：

《江堤晚景图》：1938 年九月前大千初见于北平，待抗日战争胜利后重返北平，得于 1945 年冬。

《溪岸图》：1938 年九月在桂林，大千得之于徐悲鸿。

图37 张大千 《庐山图》 台北故宫博物院藏

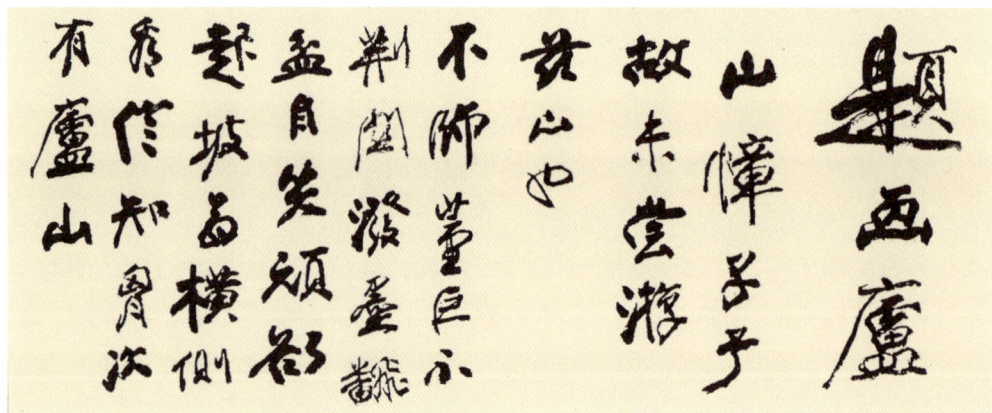

图38 张大千 《庐山图》题诗初稿 乐恕人藏

《松泉图》：1945年夏，大千临于成都。又于1948年五月上海展出大千之仿本。

《湖山欲雨图》：1946年二月大千跋新得《江堤晚景图》时述及当时曾藏有此图。

《万木奇峰图》：1946年秋以前，大千得清代耿信公临本，是年及1947年大千曾一再临仿。

《风雨起蛰图》：1946年仲冬前大千出示此图于吴湖帆。（见吴氏跋《江堤晚景图》，按此图有可能即上述大千所藏之《湖山欲雨图》）

《潇湘图》：1946年冬大千得于北平。大千曾云："予得江堤晚

景、潇湘图后，大悟笔法。"可见大千所藏以上二图对他绘画创作的
重要性。

《龙宿郊民图》及《洞天山堂图》：1947年大千见此二画于重庆郊
外故宫博物院临时库房中。

《溪山茅茨图》：1947年五月，大千上海画展中有仿董源此作。

1947年重九前日，大千斟酌其所藏董源诸图笔法作《山寺浮云图》，并长
题云：

> 《书画舫》云：董玄宰太史酷好北苑画迹，前后收得四本，内唯
> 《潇湘图》卷为最，至以四源名其堂云。……去年冬遂得《潇湘图》
> 卷……予先收得《江堤晚景》《风雨起蛰》二图，并此为三源矣！它日
> 若更有所获，当不令董老专美于前也。

可以见出大千在收藏董源的画迹上，一方面受董其昌的影响，另一方面又
要与董其昌争胜。自此之后，大千曾述及董源的其他画迹：

> 《重溪烟霭图》：1948年二月大千以董源法写峨眉山。按此图见于
> 《宣和画谱》，而不明是否曾为大千所见或所藏。同年五月，在上海展

出大千《临北苑烟霭重溪图》，可能指同一图。

《夏山图》：1949 年夏大千以北苑《夏山图》笔法临巨然《江雨泊舟图》。按大千曾于上海庞莱臣处见过董源《夏山图》。

《渔父图》：此图未见大千自己道及，但据二十世纪五十年代初期大千友人朱省斋所著之《省斋读画记》记载："大千……畅游南美之余，道经日本，小作勾留，复搜得宋元名迹多件以归，董源渔父即其一也。"

《北苑溪山雪霁》：1948 年五月大千在上海展出此图之临本。

《寒林重汀图》：大约在二十世纪五十年代见于日本。

从以上资料见出，大千自 1938 年后的十五年时间里，由于他个人不断地追求，以及时局的变动所造成的名迹易手和外流，使其有机会见到以上十余件董源画迹，他并收藏了其中一部分，这在中国绘画史上的画人中，除了董其昌，难有人与之匹敌。所不同的是，董其昌在寻求画史源流的建立，而大千则强调对画学上源头的追寻和技法上的大成。即使像董其昌画论的追随者、在清初号称集画学之大成的王翚，也没能达到大千广搜博览和逼似古人的程度。

虽然大千从以上众多所谓董源画迹中吸取画学的养料，但是作为一个以善鉴著称的收藏家，他在不同阶段也提出了对以上某些画迹真伪和时代的看法，虽然前后并不一致。

1946 年，当大千得到董源的《江堤晚景图》后，为了研究比较，他曾携带此画至重庆的郊区，请故宫博物院藏品南运的负责人开箱比观董源名下诸画，结果他认为《龙宿郊民图》是宋人临本，《洞天山堂图》是明人所为（见大千致孙云生函），二图都不及他新得到的《江堤晚景图》。

1967 年开岁，大千以泼墨泼彩法作《春云晓霭图》，题语中对上述董源画提出进一步的看法：

予尝谓洞天山堂是房山……后人作，人多不信。此以房山笔意为之，兼有与洞天山堂相合处。

不过，在不同的情形下，大千对传世诸画又常有不同的看法。例如在 1967 年大千再临董源的《万木奇峰图》时，有长题论董源的传世画迹，云：

　　北苑真迹，故宫博物院有《龙宿郊民》《洞天山堂》；日本则有《江南半幅》《寒林重汀》；大陆则有《潇湘图》《夏山图》《夏口待渡图》；此二幅予见其原迹，《夏口待渡图》但见影本。寒斋所藏三幅：一为《江堤晚景》，一为《溪岸图》，一即此《万木奇峰》也。丁未开岁，颇与门人子侄辈讲论南宗渊源，辄为临此。

　　此处大千又列《万木奇峰图》为其收藏董源的真迹之一，然至今未见其原作。而影印于《大风堂名迹》中的《溪岸图》，则从未见大千讨论过。

　　至于大千对台北故宫博物院所藏的两幅董源画作的意见前后虽不一致，大体上他并不认为二作是真迹。1959 年，大千针对由王世杰先生发行的《故宫名画三百种》一书，发表了《故宫名画读后记》一文，该文评画先列"古人之真迹"，而《龙宿郊民图》《洞天山堂图》二画未列其中；在第二部分罗列有异议之古画中，也未道及此二作，至少可以见出他并不认为那二画是真迹。

　　对最钟爱的《江堤晚景图》，大千曾说过有关该画的作者问题：

　　买进的时候，原认为是赵雍，但重裱之后，经过洗涤，树干上露出赵幹的款来，像是后人加的。最后……找到故宫复印的赵孟頫书札……信中所述的，与这张画完全相同，所以最后定为董源。

　　可见此画被定为董源是大千经过研究的结果，而作品本身并不是"流传有绪"，作品之名则是从《宣和画谱》中选配而来。

　　奇怪的是，大千晚年病中，似乎仍然在思索传世董源画的真伪问题，根据郑重所编《谢稚柳系年录》1989 年 12 月 31 日条，下云：

　　客人来访，与稚柳论画，谈及江南画派董源，稚柳曰：张大千逝世前的两个月，托香港的王南屏带口信给我说：你告诉稚柳，董源的夏山图、潇湘图和夏景山口待渡图，都是假的。

　　谢氏对大千晚年的这个看法是不同意的，他认为以上三幅都是董源同一时期的作品，其中《潇湘图》是大千以高价购入的大风堂名迹，大千并曾为之特地刻了一方"潇湘画楼"的印章，生前并曾临仿再三，不知为何在临终前竟推翻了自己的看法。或许大千在 1952 年仓促将之出售，就隐含了他这一看法也未可知。我们与谢氏同样地"没有了解大千这一看法的详细论证"而感到遗憾！

不过，从这一点来看，我们知道大千从 1938 年起，直到 1983 年生命的终结，他一直不断地追寻和思考着南宗画祖董源的问题。

结　语

当大千渐渐突破清初"四僧"等人的局限，在画史上追寻南宗的渊源时，他对董源的风格不断地加以体认和吸收。1945 年夏当他临董源《松泉图》时曾讨论其风格云：

> 树晕浓厚，山色浑沦，不以险刻取奇，自然高迈。学北苑正当于大开合处着意，一堕巧趣，便非真谛。

这种看法一方面是承传自米芾《画史》的言论，大千在 1947 年重九前日将米芾的画论录于其所作《山寺浮云图》上：

> 董源平淡天成……格高无与比也，峰峦出没，云雾显晦，不妆巧趣，皆得天真。

另一方面，也是对他早年学习黄山画派风格——"险刻取奇"的反思。当大千题跋其初得的《江堤晚景图》时说：

> 今世欲论南宗，荆（浩）关（同）不可复见，遑论辋川（王维），唯此董源为希世宝！

张大千如获至宝并将南宗盟主供养于大风堂中的欣喜之情，溢于言表。1946 年秋，大千临《万木奇峰图》时，又对董源大加推崇：

> 北苑画，前不籍师资，后无复继踵，特开机轴，为千古正宗。

既将董源奉为"千古正宗"，所以在二十世纪四十年代后半期，董源成了大千仿学的最重要的对象。在以上同一跋中，他又感慨历代追随者少有入者：

学者遵之，鲜能得其三昧，非仿抚不力，而师心会神处，盖大匠不能诲，至人不能传者也。

于此已显示出大千对董源已有"会神"之处。1949年重九后大千题其《仿北苑华阳仙馆图》云：

尝得赵文度临本，运笔清润而乏俊气，北苑一种大而能秀气概，良不易学！予得江堤晚景、潇湘图后，大悟笔法，遂作此幅。

显然，50岁后的大千对自己通过直接摩挲名迹来学习董源已相当有信心，并自以为登堂入室。

总的来说，大千掌握了董源的"大开合"及"大而能秀"的特质，形成了其所追求的重要美学观（他主张大、亮、曲的风格旨趣）。

以下就本文所提供的资料和观点，益以本人旧作《大千与石涛》《大千与王蒙》，我们可以概括地说，大千的山水画自二十世纪二十年代起到二十世纪三十年代，对他影响最大的是黄山画派，其中以石涛为主，其后扩及石溪并上溯王蒙。到了二十世纪四十年代，大千迁居蜀中，遂并攻王蒙和董源、巨然，画四川山水；至二十世纪五十年代前后，到达了他学习临仿董巨派的高峰。因此，在台北中国文化学院张其昀先生颁授张大千为中华学术院荣誉博士学位的颂词中，有句云：

由石涛八大，上窥董巨，旁猎倪黄。

这一评语大体上是正确的，根据大千1972年在旧金山举行的"张大千四十年回顾展"所作的自序中，述其早年效石涛、弘仁写黄山景，于是"大江南北竞以黄山派呼予"，又说：

胜利后重入故都，得董源江堤晚景大幅，董源潇湘图卷、巨然江山晚兴卷，日夕冥搜，画风丕变，阿好者又以董巨复兴诩予矣。

这就是指二十世纪四十年代后半期他致力董巨画派时的情景。至二十世纪五十年代至六十年代前期为其融会各大名家和门派的集大成时期。而自二十世

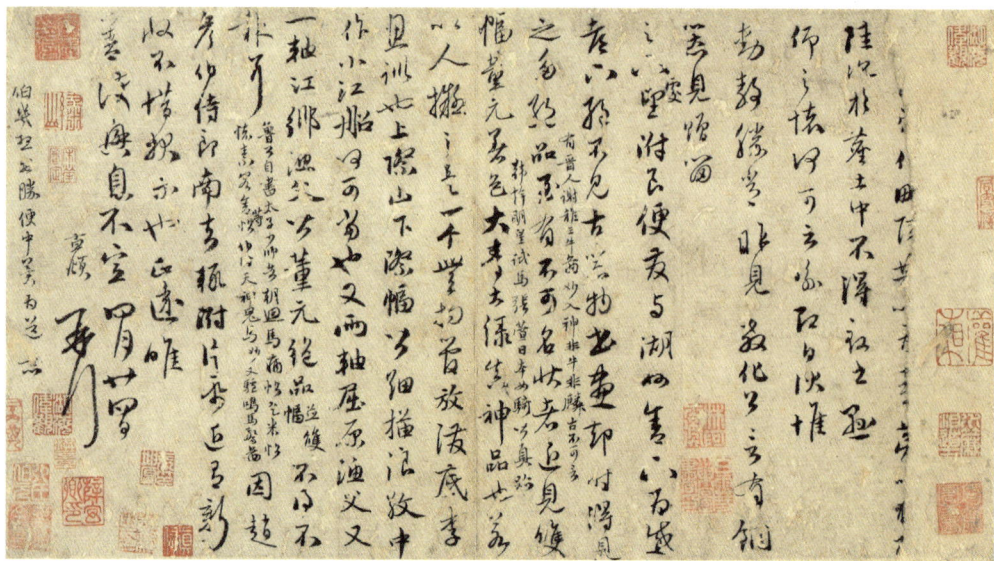

图39　元　赵孟𫖯　《致鲜于枢尺牍》　台北故宫博物院藏

纪六十年代中期开始，张大千则致力于他的独创风格——由泼墨而泼彩。这一
新风格一方面是受了当时西方抽象表现主义的冲击，另一方面则综合了他素习
的传统没骨山水和泼墨大写意的技法而成。后一方面则与董源有关，因为当年
大千新得《江堤晚景图》时，初以为作者是赵雍，继又发现赵幹伪款，最后发
现了台北故宫博物院所藏的赵孟𫖯致鲜于枢书札（图39），内有一段描述其所
见的董源画：

> 近见双幅董源，着色，大青大绿，真神品也。若以人拟之，是一
> 个无拘管放泼底李思训也。

据此，大千不但肯定那幅新得的画是董源所作，并且这一段文字也给了他
无限的启发；因为日后在二十世纪六十年代中晚期后其所作的泼彩山水，实际
上就是"大青大绿"的"无拘管放泼底"董源。换句话说，赵孟𫖯认为董源绘
画中的青绿是李思训进一步的自由放泼化。现在我们也可以说，张大千的泼彩
是董源青绿山水和传统没骨山水的自由放泼化。因此，他中年时期所致力的董
源画风与他晚期的绘画发展也息息相关。

总结来说，大千中年以前在传统山水画上所作"上昆仑寻河源"的努力，
使他寻到了"千古正宗"的董源。之后，大千不以停留在董源身上为满足，他
更朝前迈进，终于为后代开创出另一个新的"河源"。（原文见台北故宫博物院
编《张大千 溥心畬诗书画学术讨论会论文集》，台北故宫博物院，1994年，页
67—122）

第六节
大千与隋代佛画

"血战古人：张大千六十年回顾展"中展出的115幅画迹中，有7幅大千的伪古之作，我在书中已列述证据，书后并附列全世界各大博物馆及私人所藏的张大千伪隋唐五代宋人画目，这是我研究大千画作的部分清单，是研究结果，并不是"大胆假设"。

这原是学术讨论，不是可以通过新闻媒体用三言两语就能说得清楚，而且要配合比较的图片。虽然我在大洋彼岸也感受到了"震撼"的余波，但因时空隔阂，只有抱着稍安勿躁的态度。

先是，台北故宫博物院已退休的书画处处长吴平社兄（海峤印社及七修金石书画之同社）出面说："依情理判断，院藏非摹品"，以及"这样说，不是从学术的角度看，而是就情理上讲"。我看到报道时已是三周之后，而且其也不是从学术角度讨论，我决定不予答复。

在专业上，台北故宫博物院是我的"老家"，我绝无意伤害；吴平兄也是我认识三十多年的老友，对他的书画尤其是篆刻，非常钦佩！我在致台北故宫博物院秦院长的函中，一方面对我出书之前未曾有机会向他说明而致最大的歉意；另一方面表示，我并不是针对台北故宫博物院，也不想再兴波澜，拟待事态平静后，我再在专业刊物上撰文举证，向学术界作交代。

但是没想到新闻媒体对此紧追不放，又被《卫星论画》李梅龄、黄实萍二小姐追问，事先既未沟通，我也不想以伪画作为重点。事后，吴平兄再度在《文心艺坊》周刊的访谈中，进一步说我"不应该妄下断语"；吴同学弟肯定我是"经过一番研究"的；黄天才董事长更逼促我"必须提出证据"！但我看到这《文心艺坊》已是在三周之后。

至此，我若再沉默下去，好像默认我是在"妄下断语"了，所以不得不向读者作一交代，将我的"一番研究"求教于大众。

不过，在论画之前，先附两点说明：

1. 世界各大博物馆的藏品都是真赝杂糅，没有例外。对于捐赠品，馆方更是乐于接受，中外皆然。即使是我身任其责，明知有张大千的伪古画，我也乐于代表博物馆接受赠品。

2. 在拙著的附录之前即有文字说明："对遗赠故宫画作之真伪，家属并不知情。"家属只是执行大千的遗嘱而已。我们都应该感谢大千的家属，恪守大千的遗意，使这批画供全体百姓共享并共同研究。

为了满足读者们急切想了解我的论证，只有直截了当简要地说明，然后再作"长篇"，针对不同的意见及枝节来逐一解疑。

首先，对于这两幅画的"风格"问题，敦煌学专家苏莹辉老师已从服饰、赋色等方面一再考证，认为它们是符合敦煌壁画的风格分期的。

现在要追究的是：究竟这两幅画是出于隋人之手还是为后人——张大千先生所仿？

因此，我们要考究以下的问题：

　　1. 此两幅画所用的绢，是否够得上隋代？
　　2. 此两幅画上的颜料和色彩，是否为隋代原来的颜色？
　　3. 两幅画上的线条，是出于隋代画家还是出于张大千之手？
　　4. 两幅画上的题字，是隋代手迹还是大千仿古？

如果以上四条的答案皆为"是"，我们才能肯定地说，这两幅确是"隋画"。否则，只要有一个是"不"，这两幅"隋画"就有问题。如果线条与字出于大千，那就是大千所作。

由于我个人对"隋画"的作者问题确已反复比证，了然于心，故请恕我使用比较肯定的语气。是否"武断"，可待后来人论证。

1. 此两幅画的绢质色泽均与藏经洞绢画不同，有可能与大千其他临仿敦煌壁画的用绢相同，只是经过做旧而已。更有可能是利用清代或者日本的旧绢，而绝不是有1300多年历史的"隋绢"！近代科技进步，取样检验不难。

2. 此两幅画上的颜色虽在表面上符合隋代风格，但是颜色不正，特别是画上故意制造的斑驳，或所谓"经风化后所成"的种种颜色，不见于敦煌藏经洞中的其他绢画，而是大千先生刻意模仿敦煌壁画上的"风化"色调。换句话说，其是用人工调色画成的"风化"，不是原色经过年深日久自然形成的风化。此外，在大千先生所使用的白色颜料中，除了传统的铅色、蛤粉、胡粉，他也用二十世纪用化学合成法生产的"钛白"，若此两幅画使用"钛白"，那么其必非隋画，且为二十世纪的画无疑。

以上关于绢、颜料风化、钛白的问题，均可使用科技方法来证明。若要推翻我"言之有据"的"大胆假设"，一检验即知。

以上两条，只是在断定两幅画约略的年代，下面进一步要断定其是出于张大千之手。

3. "隋画"之一《释迦牟尼像》（图 1），经过苏莹辉老师的深入研究，已有关键性的发现：在敦煌定为北周末隋初的 301 号石窟的洞壁上，所画释迦与此绢画全同（画），我认为这是绢画摹自敦煌壁画的"物证"；至于另一幅《南无观世音菩萨像》（图 2），苏老师也指出敦煌的隋代彩塑以及与 276 号、278 号及 394 号诸石窟的菩萨像大同小异，这都证明此二"隋画"并不是"向壁虚造"，而是"来源有自"的临摹和仿造的产品。

线条上，单独去体会每根线条，每个人的线条代表了每个人的个性和习惯。线条经过组合就产生造型，在脸部就产生了神情。由于每个人物画家的个性、才情和审美观的差异，造成每个人物画家风格上的不同。

现在我们将这两幅"隋画"与以下两组作品相比：

甲组：敦煌的壁画和藏经洞的绢帛画
乙组：张大千临摹敦煌的作品及一般人物画

我们若能从以上大量的、全面的有关作品中，在"异中之同"与"同中之异"二者之间，把握到恰当的分际，就能得出合乎事实的结论。比较的结果是，此两"隋画"绝对偏近于张大千的作品。其同异虽不易言说，但大略可以从两方面来看。

敦煌的绘画虽程度参差不齐，且多匠人依样之作，但用笔较为粗犷且有活力。而大千的用笔历经宋元明清文人画家笔法的洗礼，法度严密，控制周到，优且美矣，不免修饰过甚，失之柔细。

若就画面整体而论，大千重全图之装饰趣味，比较平面化。尤其在二"隋画"中，为特意描绘斑驳风化的假象，画面更为平扁。在这一点上，二作虽然与大千具名的摹敦煌之作在设色上颇有差异，但这正是大千要伪古而造成的假象。

不论是隋画中的释迦或观音，其手、脸的造型与神情的甜媚都与大千临古之作相通，观音的面貌、眼鼻的晕染都具有现代感，这是画家不自觉的流露。因此我可以无保留地肯定这两幅画绝不出于古人之手，而且可以看出张大千的个性、手法和审美品位。

4. 此两幅画上皆有"题记"，《南无观世音菩萨像》作于仁寿三年（603），《释迦牟尼像》作于大业五年（609）。"题记"字数不算太少且尚清晰，因此可以研究这是隋代人的字还是现代人的字。

图1　张大千伪作《释迦牟尼像》及题记　台北故宫博物院藏

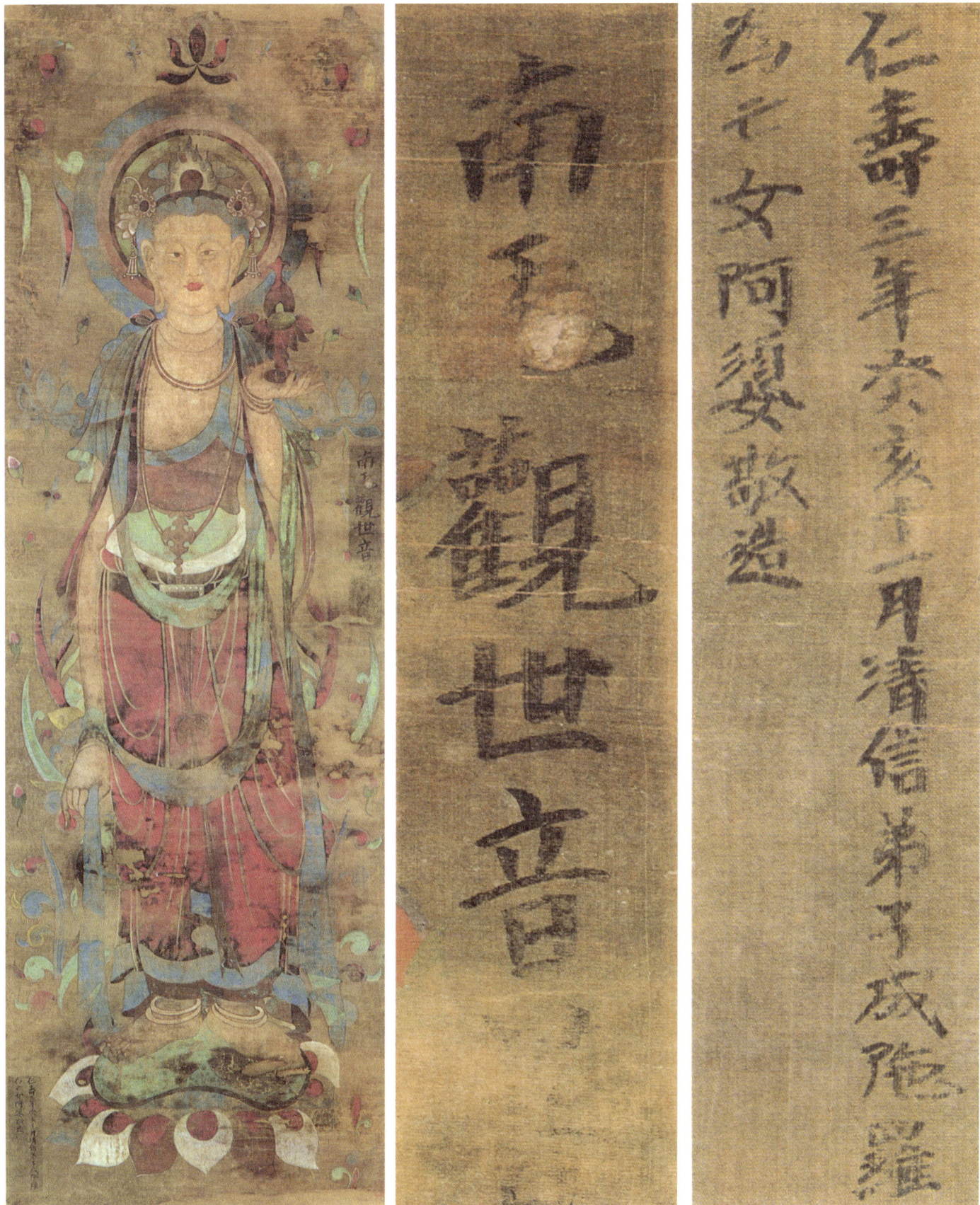

图2　张大千伪作《南无观世音菩萨像》及题记　台北故宫博物院藏

由于这"题记"书法的笔法、结体，古拙不可名状，没有人会将其与大千的书法联想在一起，这就是张大千在伪作中故意掩人耳目的高明手法。

根据我广搜证据、作比较研究的结果，不但"题记"书法与藏经洞绢画上的书法相异，而且这些字与张大千伪造的其他众多隋唐五代及宋人伪古画上的字，都属同一类型的仿古字，绝不是真正隋代人写的字。

在经我证明为大千伪作的《明皇纳凉图》上那两行《长恨歌》中的名句：

在天愿为比翼鸟
在地愿为连理枝（图3）

图3　张大千伪作《明皇纳凉图》
上之书法　日本东京私人藏

这两行字写在画上所钤之"建业文房之印"旁，算是南唐李后主时期（961—975）所书，用笔都是如刻如削，造型古拙，也许算是"金错刀"吧，但此书法却与这两幅所谓"隋画"上的字出于同一仿古理念。两者差近三个半世纪之久，而书风竟如此接近，不是同一人所造而何？至此，这两幅"隋画"出于何人之手，已经呼之欲出了！

总之，如果我们将敦煌藏经洞中的佛画全盘比观，除了绢色、绢质及颜色之异，此两幅画尺幅之宽广已超异于其他；在造像纪年上，此二作亦远早于藏经洞所有之绢画，加上画笔、书法及与大千作品的密切关系等，经过多方面的综合性考量，既非"孤证"，亦非"捕风捉影"！因而，即使在尚未使用科学方法检验颜色及测定绢的年代之前，想必已经可以允许我作以下的断语：

此两幅"隋画"不但不是隋人所作，也不是出于藏经洞，而且必为大千所作。至于绘制的年代，以民国三十年（1941）大千赴敦煌为上限，以二十世纪五十年代为下限。据我的综合判断，此两幅画的实际完成及装裱地当在日本，时在1956年前后。

大千地下有知，当必掀髯颔首乎？！（原文见《台湾日报》，1992年2月21日）

第七节

大千临古 唯恐不入

张大千先生在绘画上虽然开创了泼墨泼彩，使中国山水画在二十世纪六十年代产生全新的风貌，但是他在前半生所致力的也是艺评家所共认的是他连续的仿古、摹古。实际上，大千先生是仿古与写生并重的折中主义者。从现代艺术的"原创性"观点而言，大千的仿古与摹古自然备受批评，却仍不可否认他是中国画史上对传统画法用功最深的画家，而使其走上此一方向的则是董其昌的集大成理论。

一般学者都一再强调石涛、八大山人对张大千的影响，好像他走的是偏向个人主义的路线。事实却不然，大千先生从二十世纪三十年代中期开始，因为自己收藏古画的兴趣以及对古人宗派渊源的研究，渐渐扩展了他临古、仿古的面向。这一过程，其实与董其昌的画论是密不可分的。同时，也由于大千从石涛、石溪、八大山人的山水画中，看出他们是从董其昌上溯黄公望和王蒙，然后根源于董源、巨然这一脉络。大千要集古人之大成，选择临古是一条捷径，而且他对后学者曾经明确地指出：

> 习画应先审选一家，作为楷模，从勾勒名迹入手，打定根基，渐次参考名家，以扩境界。

他对反对临摹的学者说：

> 讥人临摹古画，为依傍门户者，徒见其浅陋。盖临画如读书，如习碑，几曾见不读书而能文，不习碑帖而能善书者乎？

从以上片段的引语，读者很容易认为张大千是纯粹的临古主义者。而大千又说：

> 但亦宜撷各家之长，切忌不问精粗，囫囵吞枣。最后要能化古人为我有，创造自我独立之风格。

可见他的终极目标绝非仿古、临古而已，临摹只是吸收和消化古人的手段。大千先生的学生胡俨，记得老师教他临摹：

把画挂起来，分三个步骤进行，先是按原作缩小，继之按原作放大，最后按原大对临，以能与原作套得住为准。

大千以此法教导学生，也以此方法训练自己，而且他的勤勉更甚于常人，一生临仿无数。本文就张大千先生所作相关作品以作说明，首先以临元陈惟寅《罗浮山樵图》（按：此画张大千误书为陈惟寅所作，实应为陈惟允）为例说明张大千的"放大临摹"，然后再以临五代董源《江堤晚景图》作为"缩小"及"原大对临"的例子。

一、《临罗浮山樵图》（图 1-1）

张大千先生的临本为纸本，高 146.0 厘米，宽 81.0 厘米；原作（图 1-2）为绢本，高 106.0 厘米，宽 53.3 厘米，因此大千的临本大约是原画的两倍。而且，大千树木的点叶、山石上的苔点等都用浓黑的大点子，山石轮廓虽大抵根据原作，但从细部不尽相同等迹象来看，大千虽然曾经目睹甚至一度拥有陈氏原迹，但临画之际他可能未必将原迹悬挂在画桌前面作逐笔的细临。况且原作为水墨作品，到了大千笔下一变为浓重花青为主调的设色作品，于外观上展现出可见的明显差异，故此画并非一幅忠实的临本。相对于下文将介绍的原大临本，不论手法与观念，两者均不同，此幅临本是大千先生借一幅元人的作品进行的再创作，旨不在神似，而是学会丘壑的布置和意境的营造，以及他借为溯源董巨的尝试。

二、《江堤晚景图》（参见第五节图 3）

大千先生在抗日战争初期困身于北平，就曾见到《江堤晚景图》巨迹，后来大千施计逃离北平，经上海、香港、桂林返回故乡四川。全面抗战期间，大千对此画念念不忘，常在友人面前形容此画的色彩和画法。因此，抗战结束后，大千在 1945 年底就赶回北平，到处打听此画的下落，花了两个月的时间，终于将此巨迹收为大风堂所有。此作到手之后，大千得意非凡，遍请名家如溥心畬、叶恭绰、庞莱臣、谢稚柳、吴湖帆等人题跋，自己也长跋两次，并云：

今世欲论南宗，荆关不可复见，遑论辋川，唯此董源为稀世宝。

图1-1　张大千《临罗浮山樵图》1946年

图1-2　元　陈汝言《罗浮山樵图》美国克利夫兰艺术博物馆藏

　　日后张大千在离开成都之际，仓惶前往抢救此"稀世宝"，将其携往中国香港，后至印度，当他远渡重洋至南美洲，将随身宝物如董源的《潇湘图》以及顾闳中《韩熙载夜宴图》等变卖殆尽，而此画则长留身边，由南美洲而北美洲，由北美洲至亚洲，直至老病，他才将此画列入遗嘱中，捐赠给台北故宫博物院。

　　大千作为一位收藏家，与一般艺术爱好者或投资者的不同之处乃在于许多藏品是他学习甚至临摹的对象，而《江堤晚景图》就是在他藏品中最能发挥此

图2　张大千　《临董源江堤晚景图》　1946年春临本

图3　张大千　《缩临董源江堤晚景图》　1950年秋缩临本

一功能的作品，因为他屡屡以此画为范本，局部临写图中的老树不下三十余次，而对全图的临本，就资料所及，前后至少有三本：

　　第一本：1946年春临。（图2）

　　第二本：1950年秋在大吉岭的缩临本。（图3）

　　第三本：1950年秋在大吉岭临原尺寸绢本。（图4）

　　1950年所作之缩临本为高岭梅的梅云堂所藏，尺寸为59.9厘米×34.0厘米，较之原作179.0厘米×116.5厘米的尺寸，临本面积不及原作的十分之一，因此其用笔精粗之间自然有些差异。而且此本为徒手临摹，并未依赖摄影术的放大或缩小，人物、树石位置与比例也与原作有些参差或省略。最

图4
张大千
《临董源江堤晚景》
1950年秋原寸临本

主要的是缩临本下笔如行云流水，皴擦点染随心所欲，在笔法上比较自由放逸。笔者揣测这种缩临的训练方法，一是因应实际需要，在画展或藏家处见到可资学习的古人画迹时，在随身携带的笔记本上作速写式的缩临，犹如旅途中速写式的写生；一是受到明末清初画人的影响，如王时敏、王翚等常有将名迹缩临的临古方法，用以训练眼力和笔法，见台北故宫博物院收藏之董其昌题的《小中现大册》。特别是在摄影术尚未发明的时代，这种缩临本可以随身携带，随时拿出来领会欣赏。而且在无法作精细对临时，这也是一种权宜之计：在现场勾勒大概的轮廓，而将细部记在脑海里，待稍后有暇时将其完成，作为一种训练记忆力的方法。

此一缩临本左上角有题字三行："北苑江堤晚景人间第一，无上稀有。庚寅秋日大千张爰缩临之，时在大吉岭。"

同在庚寅（1950）秋日，大千又在大吉岭临了一幅原大尺寸的《江堤晚景图》，尺寸是 198.0 厘米 ×117.5 厘米。但由于画幅上方天空部分余绢较多，因此比原迹高出 19 厘米，画面尺寸大小基本上是相同的。细较此临本和原迹之间的差异可以说微乎其微，足见大千此本是竭力求似，绝对可以"与原作套得住"的。只是此画的树叶比原作茂密，设色上并不是刻意仿古，不强调古旧感，正如同他临敦煌壁画时要恢复壁画当初鲜艳的原貌，而不去模仿其剥落和变色的今貌。因而此幅临本显得明丽光洁，与原画并列时反而夺了原画的光彩。

但为保持全画与原作的近似，题款则用小字题在画面左下角的山坡上，云：

> 南唐后苑副使董源江堤晚景，庚寅秋日，蜀郡张爰大吉岭临。

印度的气候炎热，而北方边境的大吉岭山城，海拔 2000 多米，位于中国西藏的南方，西与尼泊尔为邻，可远眺雪山，为印度贵族及英国人的避暑胜地。对张大千而言，大吉岭使他想起家乡峨眉山的接引殿，由于交通不便，访客极少，他日后回忆此段生活时说：

> 大吉岭时期，是我画多、诗多、工作精神最旺盛的阶段……目力当时最佳，绘的也多精细工笔。

此一精美的临本，正是大千自述的最佳注脚。这样的临摹，其意义和结果当然不同于学生时代的产品。古代名家的作品可以是一个人一生学习的对象，不分年龄、阶段，永远可以从中吸取养分。张大千在中年时期的作品，特别是他从敦煌归来之后的作品，是一种高品质的再创造，绝不同于低劣的模仿、复制，也不同于初学者的习作。

临摹的意义，一般人仅局限于技巧和造型上的模仿，然而善学者在临摹中，小至一点一线的品质琢磨，大至一树一石、一人一屋的造型要求，无论布置安排、意境营造或设色处理，都是学习和提升创作水准的借镜。张大千对古人的广临博学，一如经营大事业需要大资本，资本累蓄愈大，事业规模就越大；反之，若不学习古人，岂不是等于在做无本的生意？此也反映出现今反对临摹的年轻画人舍弃这种筹集资本的途径，对其个人艺事的提升是相当大的损失。当然，笔者并不认为临古是唯一的路径，毕竟绘画与书法不同，舍临古之外尚有他法，但是张大千的泼墨泼彩比较耐看而且有深度，正因为他是做有本的生意，并非无根之学。（原文见台湾《艺术家》1998 年第 8 期［总 279 期］，页 240—245）

第八节

大千法古变今　唯恐不出

前一节介绍"大千临古 唯恐不入",说明大千遍学古人的认真、深入,不以皮毛之学为满足,不想做小本经营、开家庭工厂,而是广集资本,准备做大企业。

大千早年对石涛、八大山人等致力甚深,临摹仿效都可达到乱真的地步。有一幅1930年左右大千效法石涛的山水,原本只是一尺见方的小册页,大千却将它放大十几倍,画成六尺巨轴;两次题诗,一作行书,一作隶书,也都俨然是石涛书风的再现。不过诗后都是大千自己的印章并且又加题一行款"大涤子本,大千居士临之",清楚标明此是大千的临本,不是一幅让人误以为真的"伪石涛"。三十多年以后的1964年四月,大千经过香港时,友人出示此画,大千见此少作,有感而发再题其上:

> 此予卅年前所作,当时极意效法石涛,唯恐不入,今则唯恐不出。
> 书画事与年俱异,并有不期然而然者矣。

的确在那三十多年间,大千的经历委实不少。他曾陷身敌区,去过华山,逃到后方,住过青城山,西游莫高窟,在石窟内面壁临摹两年余;去过青海,到过西康和峨眉,抗战胜利后返回北平,广收五代、北宋古画;1949年离开成都时,大千携出妻女及收藏重宝,远走他乡,从印度到阿根廷,由阿根廷转至巴西,无论旅程之长或人生的变故之多,都是沧桑的三十余年。

大千先生在二十世纪五十年代后期很想往欧美发展,同时始患目疾,至二十世纪六十年代初期画风丕变,正在努力地"化古人为我有,创造自我独立之风格",画笔愈趋豪放,用墨愈来愈放纵大胆,甚而泼墨,如其1962年所作的《青城山通景屏》。因此,当大千在1964年见此三十余年前力学石涛的旧作,心中不无感慨,故有"今则唯恐不出"之语。

大千的这种勇于尝试、勇于变古,只有在他同辈的画人及艺评家眼里看得更清楚。例如年长于大千的陈定山先生曾说过:"大千多变,变无不兴。"又代表一般观众的谢冰莹写道:"张先生的画展……每次的风格不同,随时都在变花样。"林语堂先生在1967年看了台湾历史博物馆的张大千近作展后表示:"大千的画变了,变得清新而有生命。"大千的"变",其最后的目标当然是化古人为自己,也就是"法古变今"。当然张大千一生最重要的"法古变今",乃是将古人运用在花卉中的泼墨法发展到山水画中,以及将传统山水画中的没骨法和青

图1 张大千 《拟倪云林秋水清空》 1926年

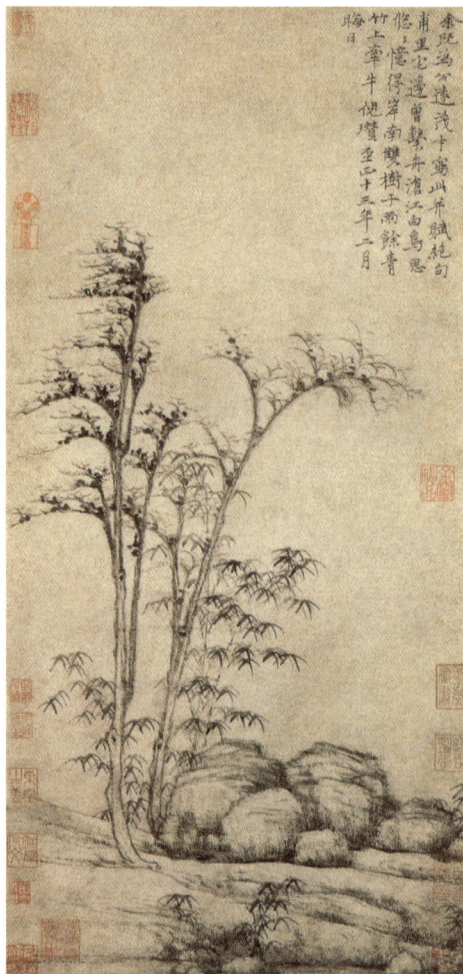

图2 元 倪瓒 《岸南双树图》 美国普林斯顿大学美术馆藏

绿法融合而成泼墨泼彩的山水画。但是，在蜕化之前的阶段，大千还经过一段"唯恐不出"的酝酿与挣扎。

首先是大千早年仿古创作的例子。1926 年大千先生 28 岁时所作《拟倪云林秋水清空》（图 1）。其时他的山水画乃以宗法石涛、弘仁等明末清初的"个人风格派"为主，但不时出现仿学宋元人的作品，倪瓒为其中之一。大千先生早在 1920 年便在重庆买到一幅倪瓒的《岸南双树图》（图 2）小轴，其时他才 20 岁出头，对倪瓒的兴趣就已开始。

大千此幅《拟倪云林秋水清空》，树石的造型都是标准的倪瓒风格，较之一

图3　《小中现大册》之《仿倪瓒山水》　台北故宫博物院藏

图4　《小中现大册》之《仿倪瓒清闷草堂图》　台北故宫博物院藏

般"一河两岸式"的章法却更为繁复，比较少见，原来大千此作乃是将两幅原迹已经失传的倪瓒绘画组合而成。失传之作的缩临本保存在几本《小中现大册》中，其中有两幅倪瓒画与大千的临本有关。其一之全图（图3）即大千仿本的下半幅，包括近景中的四树与坡陀，右方一小屋，左方一桥与外界相连，隔岸远山起伏皆出自是图；至于大千本的右上方还有一叠山势较高的远山，则是出于另一件作品（图4）中的隔岸远山，因此大千作品的章法在平远的结构上增加了一层深度，能将两幅云林画合组为一幅天衣无缝的"新云林"，说明大千早年仿古的一种再创造，当然这是一种比较不成熟的方法，但是也可以见证他早年努力自我作古的一种尝试。

前一节讨论"大千临古　唯恐不入"，曾以大千临董源的《江堤晚景图》为例，大千先生曾反复临摹此画，即使不临的时候，也时常将画张挂在他的画室，日夕相伴。如大千在 1947 年所作之《仿董北苑江堤晚景图》就是一幅仿效而非临摹的作品。大千在题诗之后，记有："丁亥十月仿北苑江堤晚景，赵文敏所谓：若以人拟之，是一个放泼地无拘管底李思训者。"若将大千此画与原作并比，由于林木丘壑并不相似，只是由近及远的水面，皆是"细描浪纹中作小江船"，此与原作相似。此外就是在设色上取法原作的青绿，但是采用比较写意的手法。

这种董巨派风格的小青绿山水是大千在见到或得到《江堤晚景图》之前所未尝试的。至于在造型与结构方面，两图并无显著的风格关联。所以像这样一幅作品，是大千试图领会、消化《江堤晚景图》的特色，勉力再造一幅董源风格的作品，这是他在临摹后企图跨出去的第一大步。

比较令人不可思议的是 1953 年大千所作的《杨妃调鹦图》（图 5），其构思完全出人意表。此画描写唐代美人杨贵妃的一则故事，天宝年

图5　张大千　《杨妃调鹦图》　1953年

图6　清　八大山人　《荷塘戏禽图》　大风堂旧藏

间岭南地方官献给唐玄宗一只白色的鹦鹉，非常聪慧，养在宫中多年，玄宗与杨贵妃都称它为"雪衣女"。每当皇上与诸王或嫔妃博戏将输之际，皇上的左右随侍只要呼唤"雪衣女"，白鹦鹉就会飞入赌场，鼓翅乱局，甚至追啄对方的手，使皇上不会输局。大千根据这则记载于《谈宾录》中的故事，借来描写"雪衣女"扑翅飞向杨贵妃肩上的场景，表现杨贵妃在那一瞬间的身姿手态。画中杨贵妃似正在缓步前行，但被这突如其来的"雪衣女"惊动，略闪上身，耸起右肩，举起双手，转首回眸，紧盯着这只乖巧又淘气的鹦鹉，真是十分传神。

传统古装仕女人物画，最难摆脱古人的窠臼或既成的画稿，而且以表现娴静姿态者居多。但是大千先生此作，全身都是动态，在她前行转首间，连凤冠垂下的珠饰步摇也随着晃动起来，纤秀的玉指、丰腴娇嫩的双颊、明艳清澈的双目，虽是古装，但透出一股清新的时代气息，这都是他个人的创新。这样的仕女画结合了他早年学习明人特别是唐寅一派的风格，加入从敦煌吸收来的营养——五官、手指以及服饰的表现手法，形成表现仕女画的新方法。

虽是大千的自创稿，但此画的灵感与构思，系得自表面上看来毫无关联的八大山人花鸟画。原来大千"富可敌国"的古画收藏中有绫本的八大山人《荷塘戏禽图》（图6），他曾解释说："这幅画上，大鸟身上，落一小鸟。小鸟落在大鸟身上，大鸟有一惊的表情，我画的杨贵妃有白鹦鹉落在肩上，我学的就是那一惊的神色。"[1] 大千先生的创意是如此机灵敏悟，他显然对此创稿颇为珍惜、得意，所以曾经一画再画。就笔者所知，此幅外尚有三本，分别作于 1945 年、1946 年与 1954 年。

　　当然类似上述诸例的创作在大千画迹中并不少见，从早期的"临"到中期的"仿"，甚至于自创，不同时段交错进行。但从宏观角度看，以上诸例不论是山水或人物，仍然是传统的风格，因此大千到 1964 年走上泼墨绘画时，回顾他早年在传统中努力奋战的作品，他发出了上述的自省，这是因为大千那一阶段正在极力摆脱古人的影子，是唯恐不能夺门而出的。也正是大千先生这种自我要求的精神，勉力自求突破，终于在他晚年能够破茧而出。(原文见台湾《艺术家》1998 年第 9 期 [总 280 期]，页 256—260)

---

[1]　王方宇：《张大千先生和八大山人》，台湾历史博物馆编：《张大千学术论文集》，台湾历史博物馆，1988 年，页 17。

第九节

模仿与伪造的艺术传统

在中国，艺术家通过临摹古代杰作来学习书画。摄影术肇兴之前，易损毁的艺术品得以保存、流传的最佳方式就是一丝不苟地徒手临摹。虽然一直存在争议，但在中国，作为授业方式的临摹有其价值，并且能带来一定的声誉。在中国文学与艺术悠长的历史中，对于临摹内在价值的论辩已成为最有争议的话题。而在二十世纪初之前，临摹的拥护者占绝大多数。包括张大千在内的大多数人坚信，研习古人并临摹他们的作品能够为个人的艺术表达提供至关重要的技法与洞察力。

或许在书法领域中临摹作为学习方法的价值最容易被理解。学生学写汉字时，需要强记点线组合以及书写的恰当顺序。通过复写大师的作品——先临摹单一汉字部件、再扩展到整体结构——学生不仅可以学会认识字形，还能识别出书法优劣的差异。逐渐地，学生将个人的节奏融入用笔，便具备了独立书写的能力。

然而，临摹不仅是学艺的一个阶段，它本身也有其价值。这份价值对西方人来说很难被理解。西方的普遍观点是，模仿意味着想象力的匮乏，而作伪则是一种欺骗。或许只有在结合了重复与创新的表演艺术中，模仿才会被激赏。演员会因复述莎士比亚的独白而赢得荣誉；音乐家演奏或模仿曾被表演过数千次的作品时，他的个人表现也会得到品评。舞台上的成功取决于技术和想象力，这些在视觉艺术中也同样重要。中国人认识到，无论是画家、书法家、演员还是音乐家，模仿能令艺术家从蓄积的经验中获益。他们信奉稽古揆今的理念。正如在西方，音乐家通过一次次演奏来成功地再现贝多芬一般，在中国，复古对艺术家来说也是一项重要的挑战。

张大千就临摹绘画的价值，详细阐述了自己的观点：

> 在我个人的看法，要学画，首先应从勾摹古人名迹入手，由临抚的功夫中方能熟悉勾勒线条，进而了解规矩法度。[1]

在高岭梅出版的评述中，张氏也对临摹练习进行辩护：

> 讥人临摹古画为依傍门户者，徒见其浅陋。临画如读书，如习碑

---

[1]　谢家孝：《张大千的世界》，台湾时报文化出版事业有限公司，1982年，页235—236。

帖。几曾见不读书而能文，不习碑帖而善书者乎？

张氏曾说："有一点最要注意的就是切忌偏爱，因为名家之画都有其长，学习的人都应该吸收采取。但每人的笔触天生有不同之处，故学习的时候不可专学一人，也不可单就自己的笔路去追求，要凭苦学与慧心来汲取名作的精神，又要能转变他，才能立意创作，才能成为独立性的画家。"[1] 是仅仅临摹古人还是挑战古人，转变的方式有所不同。张氏也警告说，为了达到转变的最高水平，艺术家必须自内向外地研习范本、追寻创作的灵感。张氏认为，达到这种高度所需要的不单是再现，还应巧妙地经营范本中的构成元素。他曾指导他的学生胡俨，说："把画挂起来，分三个步骤进行。先是按原作缩小，继之按原作放大，最后按原大对临。以能与原作套得住为准。"[2]

这就是张氏自学临画的三个步骤。在前两步中，改变原作的尺寸是他独有的临摹练习方法，这种锻炼类似于学音乐的学生以不同节拍演奏同样的作品或西洋美术生用各种不同的比例、视角描绘对象。

纵观张大千的艺术生涯，虽然他早年的临作占比更多，但他一生都在持续不断地临摹着他所欣赏的作品。甚至他将临摹的准则应用到自己的绘事之中，尤其是他会创作一幅画的多个版本（泼墨泼彩作品除外）。或许是受西方的影响，许多与张氏同时代的人都担心临摹会限制创造力。但即使避开了临摹，他们也时常流于盲目地重复流行式样。张大千应对复古的方式提升了他的创造力，仅仅是因为他认可临摹是一种值得实践的艺术传统。

西方所谓"有罪的胞兄"即伪作，与临摹作品之间并不总有清晰的分野。[3] 二者的主要区别在于作者的意图：在特定情况下任何临作都能变成伪作。中国艺术中的模仿主要有三种，每一种张大千都亲身实践过。第一种为"临"，艺术家不借助描摹工具或机械设备，对原作尽可能精准地模仿。张氏对刘道士（活动于十世纪）《湖山清晓图》（图1）的临本（图2）就是"临"的绝佳例证。第二种类型为"仿"，相较前者，它的个人表现成分更多一些。尽管张氏称《安晚图》（参见本书第十四节，图13）是对八大山人（1626—1705）作品的精"临"，

---

[1]　谢家孝：《张大千的世界》，台湾时报文化出版事业有限公司，1982年，页237。
[2]　包立民、王震：《张大千年谱》，《朵云》总第19期，1988年，页102。
[3]　"有罪的胞兄"是安东尼·格拉夫敦（Anthony Grafton）创造的术语，见其《伪造者与批评家：西方学术成就中的创造性与两面性》，普林斯顿大学出版社，1990年。

图1　五代　刘道士（传）《湖山春晓图》　王季迁旧藏　　　图2　张大千　《临刘道士湖山春晓图》

但它其实是徒手"仿"的范例。第三种称为"造",作者并不从现有的古代名家作品集中复制,而是取法名家风格来画一件新作。张氏《扇面四帧》(参见本书第十四节,图5)中的每一帧都是"造"的例子。有时这些术语会随意互换,或是如"仿临"这般合并使用。

一位艺术家可以在任何类型的模仿作品上署名,也可以承认其出处。但是一件临作往往缺失署款,或是艺术家仅仅临写了古代名家的签名。如果签上古代大师的名讳意在欺诈,那么这件临本就是伪作。若是临者为了将作品卖上一个浮夸的高价,而有意做旧纸张、绢帛,又添加上伪造的印章和仿冒的题跋,这种作品无论在东方还是西方都会被当成伪作。相比于西方,中国人更强调"买家得擦亮眼睛"的观点。相比于卖方确保作品是真迹的义务,买方更有责任去辨伪鉴真。张大千作伪的原因有很多:表达他对古代大师的倾慕、检验他的个人技艺、评定他人的鉴赏能力或逐利。

古往今来,中国艺术家的种种轶事表明,在中国,模仿与作伪的动机具有历史复杂性,甚至在特定场合中,传统上的作伪还会受到赞誉。其中最早的一则故事讲述了王献之(344—386)伪造其父书法的事迹,他的父亲王羲之(约303—约365)是千古流芳的书圣:

> 羲之往都,临行题壁。子敬密拭除之,辄书易其处,私为不恶。羲之还见,乃叹曰:"吾去时真大醉也!"敬乃内惭。[1]

许多与伪作相关的事迹都离不开集书法家、画家、艺术理论家与收藏家于一身的米芾(1051—1107),他在《书史》中记载了这样的经历:

> 王诜每余到都下,邀过其第,即大出书帖,索余临学。因柜中翻索书画,见余所临王子敬《鹅群帖》,染古色麻纸,满目皱纹,鉴囊玉轴,装剪他书上跋,连于其后;又以临虞帖装染,使公卿跋。余适见,大笑,王就手夺去。[2]

---

[1]　马宗霍编:《书林纪事》,见杨家骆编:《艺术丛编》,卷6,台北世界书局,1962年,页2:26b。
[2]　米芾:《书史》,杨家骆编:《艺术丛编》,卷6,台北世界书局,1962年,页56。

一方面，在米芾不知情的情况下，"忠实的"临本变成了伪作；另一方面，他为了检验自己作为书家的技艺，也为了考察其书法观众的鉴赏水平，也有意创作一些仿本：

> 米元章……尤工临移，至能乱真，常从人借古本自临拓，临竟，并与临本真本还其家，令自择其一，而其家不能辨也。[1]

另一则典故则表现出米芾对仿作甚至伪作的宽容与赞赏：

> 陈寺丞伯修之子也，好学书，尝于枕屏效米元章笔迹……一日元章过之，见而惊焉……元章喜甚，因授以作字提笔之法。[2]

虽然这些例子仅论及书法，但这类看法对绘画也同样适用。一份十七世纪重要赞助人周亮工（1612—1672）的记载表明，作伪的艺术能够提升画家的声誉：

> 王石谷……仿临宋元人，无征不肖，吴下人多倩其作装潢为伪，以愚好古者，虽老于鉴别，亦不知为近人笔……石谷天资高，年力富，下笔便可与古人齐驱。百年以来，第一人也。[3]

周亮工十分欣赏王翚的模仿技巧，所以在赞美这位画家时，他最先提到的就是他的模仿成就。同样，张大千最初的声誉也来自伪造，尤其是伪造石涛的作品，而张氏也利用这种名声来宣传自己。二十世纪二十年代早期，著名的画家、鉴赏家黄宾虹误将张氏的《自云荆关一只眼》当成石涛原作。那时，张氏便意识到作伪能给他带来一些东西。

张大千能够将他数年前仅匆匆一瞥的作品形象化，这种能力使他在研习古代画风时能够用大量临摹的方式去训练。对于经眼过的古代作品，他也能回忆

---

[1]　马宗霍编：《书林纪事》，见杨家骆编：《艺术丛编》，卷6，台北世界书局，1962年，页2:57b。
[2]　马宗霍编：《书林纪事》，见杨家骆编：《艺术丛编》，卷6，台北世界书局，1962年，页2:58b-59a。
[3]　翻译基于金红男（Hongnam Kim）的杰出研究《周亮工和〈读画录〉：十七世纪中国的赞助人、批评家与画家》，耶鲁大学博士论文，1985年，页90。原文引用自周亮工《读画录》，见杨家骆编：《艺术丛编》，卷14，台北世界书局，1962年，页2:20。

图3 张大千 《秋声图》 1935年

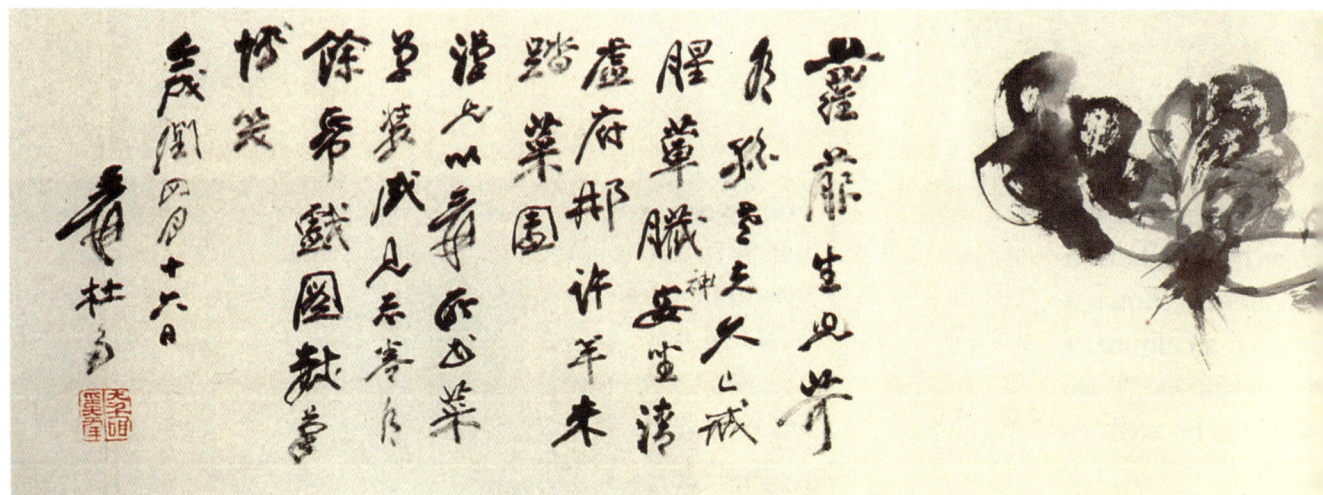

图4 张大千 《插图菜谱》 1982年

出画上的藏家印鉴与跋文。因而无论何时，但凡他有意愿，都能轻易地将一件临本变成伪作。

位高权重的军官张学良（1898 年出生）收藏古代绘画。二十世纪三十年代初，他意识到自己收藏了几件张大千的伪作，因此他邀请这位艺术家赴宴。介绍张氏时，他说："这位就是仿石涛的专家，鼎鼎大名的张大千，我的收藏中就

有好多是他的杰作。"[1] 出乎西方世界的意料，张学良的介绍意味着称赞。这次会面促成了一份长久的友谊，而张大千也为这位友人画了数件作品，包括《秋声图》（图3）和《插图菜谱》（图4）。

　　张大千在晚年时仍然为其临摹、伪造的才能感到自豪，而他也会用这些才能博取声名。1968年，密歇根大学艺术博物馆举办石涛作品展，并邀请张氏出

---

[1]　谢家孝：《张大千的世界》，台湾时报文化出版事业有限公司，1982年，页83。

席研讨会。在研讨会上，张氏欣然指出展览中的一些绘画是他的临本。二十世纪六十年代，在大都会艺术博物馆的阿什温·李普（Aschwin Lippe）关于八大山人的讲座上，张氏虽然不懂英文，却在幻灯片放映期间数次起立，兴奋地宣布某某画是他的作品。张氏不仅以他的八大山人伪作自豪，还以点明他怎样愚弄身为学者、鉴赏家的观众为乐。张大千以作伪这种方式与古人一较高下，正如周亮工描述王翚的那般——与古人"齐驱"。而衡量这种造诣的唯一客观标准就是受人尊敬的鉴赏家对他作品的回应。

张大千作伪的意图根据情况而有所改变，赢得声誉、挑战自我与考验他人是他将那些用来自我训练的"忠实的"临作转变为伪作的最初动机。但对利益的渴望也随之而来。晚明开放的艺术市场开始繁荣以来，伪作大量滋生。在十七世纪，这种艺术品作伪的行为非常普遍，甚至有人还就此话题创作了诗歌和戏剧，而张氏也试图加入这种风潮。[1]1925 年后，张氏想到伪造艺术品可以赚钱。那一年他的兄长们的船运公司不得不为一次轮船事故支付巨额赔款，于是他便不再接受他们的经济资助。张氏是挥金如土之人，他卖画所得无法负担收藏古代艺术品的热情。于是，他便开始售卖伪作，用所得之钱购买他用来临摹与研习的古代绘画。因此，张氏认为自己是在遵循"求以他画易之"的典故。

身为作伪者，张大千的名声达到近乎传奇的地步。因此，学者们不但会不由自主地想到他，还会小心翼翼地暗示存疑的绘画可能是他的伪作。任何反常的中国古代绘画都身处因是"张大千的另一件伪作"而被除名的危险之中。

事实上，张氏非常擅长模仿古代书画的风格，并且他所涉范围之广，令人很难准确地鉴别出他的伪作。然而这种鉴定既提升了学者对真迹的理解，也完善了学者对这位现代画家艺术进程的认识。此外，他的伪作也进一步证明了张大千身为艺术家的成就。

伪作必须和"忠实的"临作结合在一起研究。如同《安晚图》和《湖山清晓图》，它们有助于确立张氏用笔与设色的特质，这种特质甚至在他试图准确回忆古代名家的艺术手法时也无法抑制。这些伪作大体上与张氏作为画家的艺术进程相符，因为他的原创作品与他同时期的伪作中会使用相同的范本。他为自己的大风堂搜罗的古代杰作既能表明他当下的兴趣，也能指出在任何既定时段

---

[1] 何惠鉴：《晚明文人的社会与文化环境》，李铸晋、詹姆斯 C. Y. 瓦特（James C. Y. Watt）编：《中国学者的工作室》，纽约亚洲协会画廊，1987 年，页 31。

内可供找寻的伪作类型。并且，张氏还会在个人经济困难时倾向于创作更多伪作，所以应当仔细鉴别这一时期博物馆与藏家收藏的中国绘画。

张氏的禀赋很可能会保证他的某些伪作在未来很长一段时间内都无法被察觉。通过创作出与遗佚绘画著录所记载的文本相符的"古代"绘画，张氏能够画出藏家期待"发现"的伪作。在一些作品中，他总是以完全意料之外的方式改变图式。他能够以宋画的手法重塑一件明代作品，例如陈洪绶（1598—1652）的《五泄山图》（图5），在张氏据此改造的《陡峰深谷图》（图6）中，将之再现为一件归属于十一世纪画家王诜的作品。

在张大千的艺术生涯中，他不断地模仿年代更早的艺术家。但在二十世纪二十年代、三十年代期间，他的伪作原型大多来自明清两代，只是偶尔取法宋元画家。张氏伪造最多的是石涛的作品。而这一时期他还临摹、伪造了其他艺术家的作品，包括清代的金农、华喦、李鱓、高凤翰、八大山人、梅清、髡残、弘仁、张风、戴本孝、龚贤和程遂，明代的黄道周、倪元璐、陈洪绶、董其昌、陈淳、徐渭、唐寅、仇英、林良和吴伟，元代的盛懋、王蒙和赵孟頫以及宋代的楼观、梁楷、马麟、易元吉和米芾。伪造书法时张氏最喜欢的范本来自金农、高凤翰（尤其是他的左手作品）、徐渭以及其他一些造诣略低的明清艺术家，例如陈贞慧、冒襄、方以智和侯方域。

张大千艺术生涯的分水岭是他1941年至1943年的敦煌旅居。在敦煌研习唐代绘画返回后，他将注意力集中在早期绘画杰作上。巧合的是，二战后绘画的散失为他观摩并购买许多古代卷轴创造了机会，因而推动张氏在原创与作伪的道路上向新的方向前进。虽然他宋代以后的伪作更加知名，但他也创作了大量精美的"唐宋"绘画。

二十世纪二十年代、三十年代，张大千最早期的伪作被中国和日本的私人藏家购得。1949年，张大千需要金钱，他的中国赞助人也同样面临困境，所以他的原创作品市场萎缩了。他的庞大家族急需资金用于迁徙，所以在1952年他将自己最喜爱的一些大风堂绘画卖给亚洲藏家甚至中国的文物局（通过香港的经纪人）。即使是出售了这些作品也无法满足他的资金需求，于是张氏开始将大风堂的其他画作卖给西方的博物馆。在美国，中国艺术品的收藏是一个全新的领域，因此售价不尽如人意。此外，博物馆对购买张氏的一些绘画藏品感到担忧，仅仅因为作品出自无名氏之手。张氏认为有名家署款的作品能卖高价，也认为自己的伪作进展颇佳。于是在二十世纪五十年代，张氏创作了唐、五代以

图5
明　陈洪绶
《五泄山图》
美国克利夫兰艺术博物馆藏

图6
张大千伪作王诜
《陡峰深谷图》
藏地不详

及北宋名家作品的仿作。这些作品通常在香港、纽约两地由中国和日本的商人转让。

张大千有条不紊地提升技艺，也系统性地收罗古代艺术作伪所需的材料。他收集旧纸、旧绢和老墨，所以对他的作品进行材料技术分析会将作品指向古代。他曾在日本学习纺织技术，由此他自学如何加速绢帛、纸张变暗、变旧。中国画通常装裱成卷轴，有时也配以西式的画框，但即便是装框，它们也必须像卷轴那样托补背纸、镶嵌绫边。对此张氏需要能工巧匠的协助。仍住在中国时，张氏经常拜访苏州的周龙昌，他有一项绝技——能通过使用旧绢、添加划痕的装裱方式将新画做旧。在巴西，张大千又邀请一位专业装裱师成为他家庭的一员。

张氏艺术生涯之初，曾雕刻名号章，也曾临摹古印，但当他制造的伪作越来越多时，便开始雇佣篆刻家协助自己。当张氏开始给原印拍照、并用照相雕刻技术制作完美复刻原印时，他原本就高超的伪印制造技术更加完善。最终，张氏至少拥有 970 方伪印，大多数都是明清藏家的印章，但他也藏有更早的印信和一些皇帝玺印。对于明代著名收藏家项元汴，张氏则有近 100 方伪印，其中至少 47 方刻有不同的文字。他还制作了大约 30 位不同艺术家的姓名印。除了二十世纪三十年代中国声名狼藉的"谭敬家造"，论印章收藏，几乎无人能与张大千所伪造者相匹敌。（本文由吴奇唯译自傅申著 *Challenging the Past: The Paintings of Chang Dai-chien*, University of Washington Press, 1991, 33–38）

第十节
张大千的人物画

图1　张大千早期受海派任伯年绘画风格影响的作品

　　根据张大千先生自己的说法，在各种画科中，他"最早学习的是人物，后来才改学山水"。他也曾对李奇茂等人说，以小孩的涂抹来说，大概最先画人物和动物是自然的趋向。大约在1907年，张善子从日本归国，大千开始比较正规地跟从他学习画人物和走兽。然而就大千先生传世的人物画风格而言，他最早受到海派画家任伯年的影响（图1）。然后又分出几条不同的路线：一是从任伯年上追陈洪绶，走向工笔高古的风格；另一是大约在二十世纪二十年代，他发现了华嵒和张风，遂走简笔飘逸的风格，直到二十世纪三十年代前半期，大千先生的人物画都是以这两家为主。1934年冬大千自题《梧竹高士图》（图2）云："大风劲

图2
张大千
《梧竹高士图》
1934年

图3　张大千　《人物》　1937年

而有韵，新罗秀而不佻，三百年来画人物者，只此两人也。"此是他初期高士画所追求的境界。

二十世纪三十年代，大千的人物画以上溯明人为主。在他仿学唐寅和仇英时，也同时受到浙派画家如吴伟、郭诩以及杜堇的影响。从这一条路线再往上追索，尤其是大千在1937年受董其昌山水画理论的影响，发展出他自己早期的人物画体系论：

> 顾长康画，世已无传，吴道玄、阎立本间有刻石，尚可想像典型，李龙眠、赵沤波、张叔厚、唐子畏、仇实甫、张大风、华秋岳，皆一家骨肉，面目虽异，神理自同，故画人物，当从此入，不得强分派别也。（图3）

这一论点约略代表了他赴敦煌前对人物画派的看法，当然也是相当简化的论点。

1939年冬，大千得传赵孟頫的白描《九歌图册》，这是大千赴敦煌以前的重要藏品，并对他产生过很大的影响，而赵孟頫其他的《换鹅图》等作品，应当对他也颇有启发。

二十世纪三十年代，大千兄弟与叶恭绰分住苏州网师园中。叶氏为一位鉴藏家，有感于中国人物画的衰退，故曾力劝大千专精人物。1940年，叶氏为大千题其所藏赵孟頫《九歌图册》时，亦云：

> 人物画之在今日，已达穷变通久之期，第无人克肩此任，大千收藏既富、功力尤深……意开径独行，当非

异人任也。[1]

叶氏长大千 19 岁，为当时鉴藏界的权威，他对大千如此期许，因此大千也颇以振兴人物画为己任，其日后艰苦卓绝的敦煌之行也是在这种使命感之下达成的。

大千先生在 1942 年后经历过敦煌壁画的熏陶与淬砺，他个人绘画功力大有增进，他人物画的服饰、造型与笔法均有明显提升。大千十分重视人物画服装的考据和认识，大约在 1960 年病目时，曾针对米芾《画史》中"尝与伯时商略合作支，许、王、谢，在山泽间，被服效唐装"之论，他加以批评说："岂有晋人而唐装者耶，米老亦失之也。"

1943 年大千从敦煌回来后，他对传世人物画的收藏、学习再度得到提高，而又因缘际会，战争刚结束，东北伪宫流出的人物画巨迹有孙位的《高逸图》卷，他见过也临过，并从此脱化出许多高士画来。另一巨迹则为顾闳中的《韩熙载夜宴图》卷，他并不惜巨资购为己藏，此对大千的人物仕女画产生了重要影响。此时，张大千不但功力成熟，且又正值精力旺盛的时期，因而创作了许多人物画的精品。从二十世纪四十年代至二十世纪五十年代的前半期，可谓大千人物画的全盛期，《文会图》（图 4）和《九歌图》（图 5）就是这一时期的代表作。

1975 年，张大千为叶恭绰的书画集作序，他又借叶氏之口评论中国人物画：

> 人物画一脉，自吴道玄、李公麟后已成绝响，仇实甫失之软媚，陈老莲失之诡谲，有清三百年更无一人焉。[2]

其实上述并不完全符合叶氏当年比较温和的论点，却反映了大千经过敦煌苦修后，又见识了唐宋卷轴名迹，再经仿学，其时他的人物画已经直接唐宋，因此在作序时，透露出他已不再将明清人手笔置之眼角的心态。由客观而论，张大千在人物画上的功力和造诣的确是宋元以来所少见，不论仇英、陈洪绶等，

---

[1]　大风堂旧藏赵孟頫《九歌图册》，今藏美国大都会艺术博物馆。

[2]　《叶遐庵书画集序》，乐恕人编：《张大千诗文集》，台湾黎明文化事业公司，1984 年，页 124-127。

图4
张大千
《文会图》
1945年

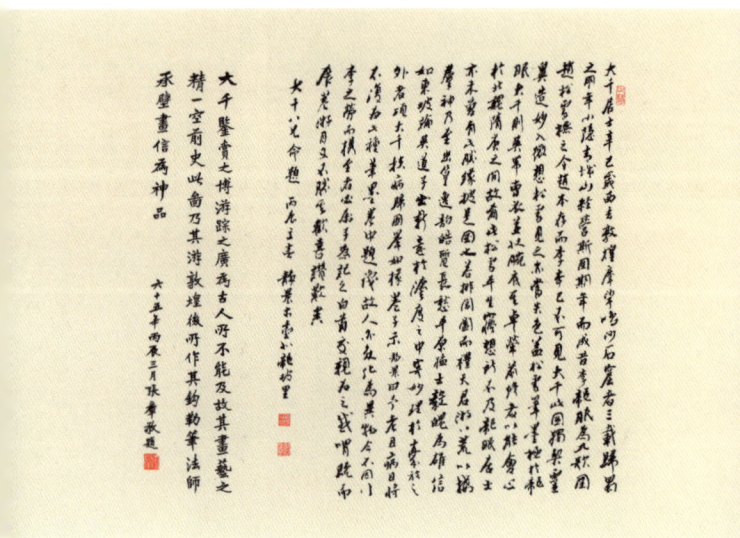

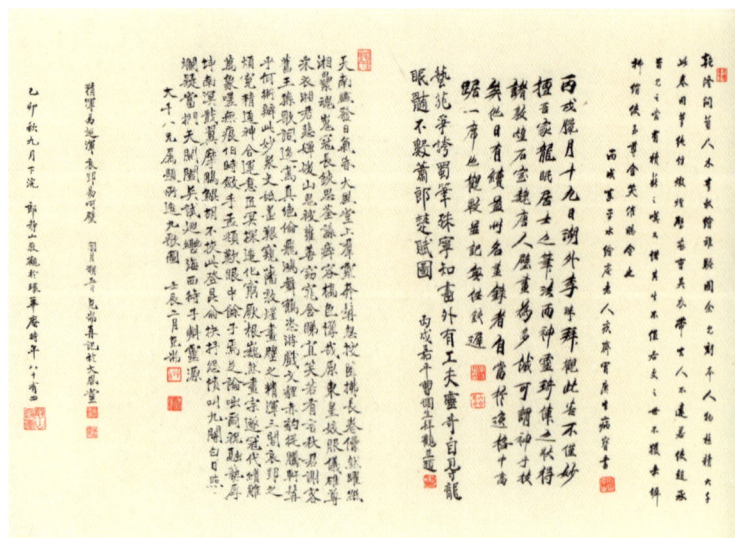

图5　张大千 《九歌图》 1946年

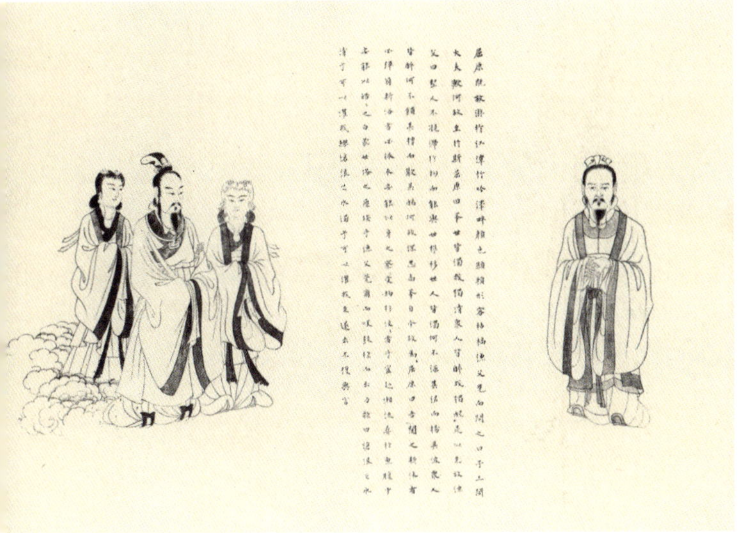

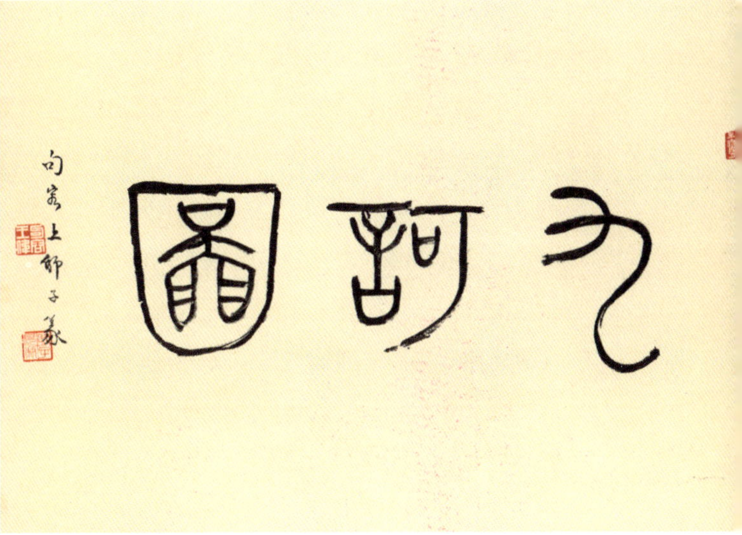

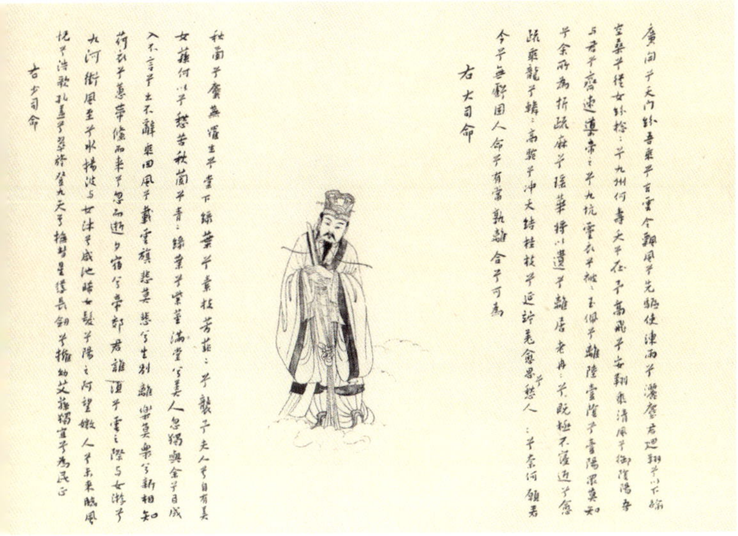

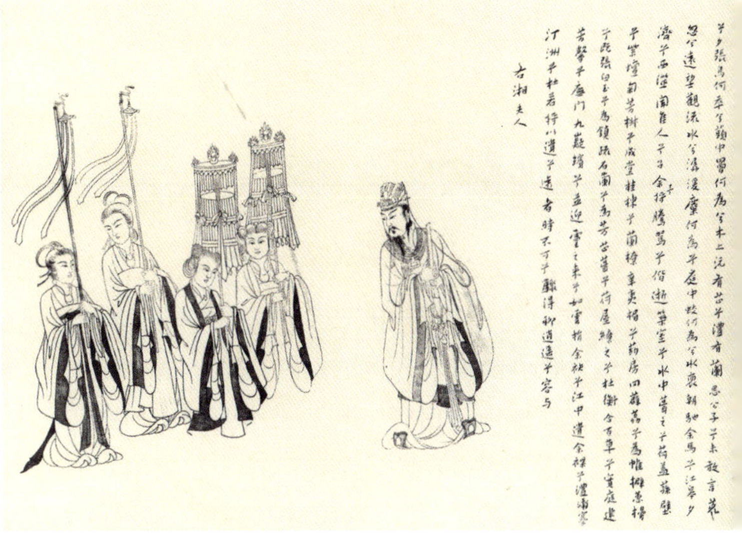

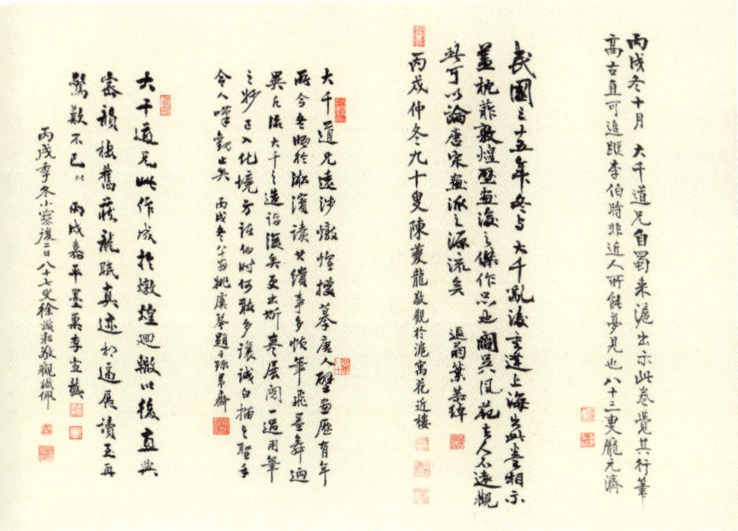

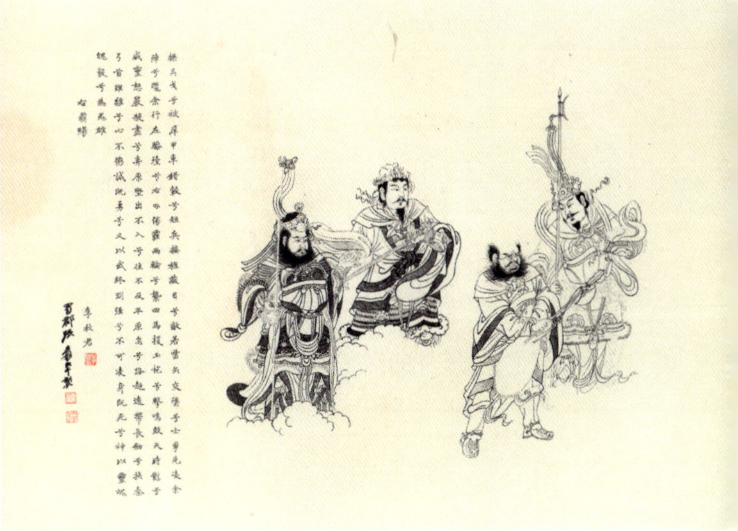

也都难以笼罩张大千的广博与多样。

大千先生至 1957 年眼疾之后，极少再画工笔人物，然而眼疾时好时坏之间，仍继续发展他早年"张风式"的高士绘画。由于年龄、功力的累积以及生理变化，晚年的笔墨造型与早年偏于纤柔轻清以及中年精练准确的风格皆有所不同，正如他在 1974 年重题 1946 年所作的《松下问道图》（图6）时所云："今目疾虽愈，不复能为此矣，题记慨然。"[1] 大千晚期的人物画创作，笔墨简劲，更合于梁楷减笔、泼墨技法一路，是他晚期较特殊的画风。

1980 年前后，大千喜作托喻式的钟馗或乔木芳晖（高士）一类的人物画。此时手眼已不能完全配合，往往略去细节，除了笔墨的沉实，老化之象显露，虽偶有佳作，但时常无法从心所欲。画中人物身材比例，早年偏于修长，中期适中，晚年则明显矮短，此是他在人物画上的总体趋向。

张大千先生在人物画中擅写各种题材，计有自画像、人像画、高士画、仕女画、道释画、杂画小品（儿童及戏剧人物等），各项皆精，而且工笔、写意均可随意发挥，兹分而论之。

一、自写尘貌

中国自古即有专写人像的画家，大千先生虽然兼擅人像画，但其并非职业人像画家。在他的人像画中，为数最多的却是自画像，在他所作的自画像中往往题有"自写尘貌"之类的谦语。其实，中国古代画家中极少有作自画像者，大千是受到陈洪绶、石涛、金农等人的影响，然而他们均只留下一两幅传世作品而已。因此，据笔者所估量，张大千恐怕是中国历代画史上画过且是传世最多自画像的画家，当不下百幅，可以与十七世纪荷兰的林布兰特媲美。笔者正搜集资料，拟撰专文。

自画像中以画风而论，大略又可分为以下几类：

（一）半身或全身像

自画像有立像、坐像，大体来说这类自画像比较工细而写实，头部且有晕染，最写实者如 1937 年的《松下坐像》，不但画正面，而且有时以山水配景。不过这类自画像数量最少；其他大多是工笔、写意兼施的，例如 1957 年四月所

---

[1]《张大千作品选集》，台湾历史博物馆，1981 年，页 21。

图6
张大千
《松下问道图》
1946年

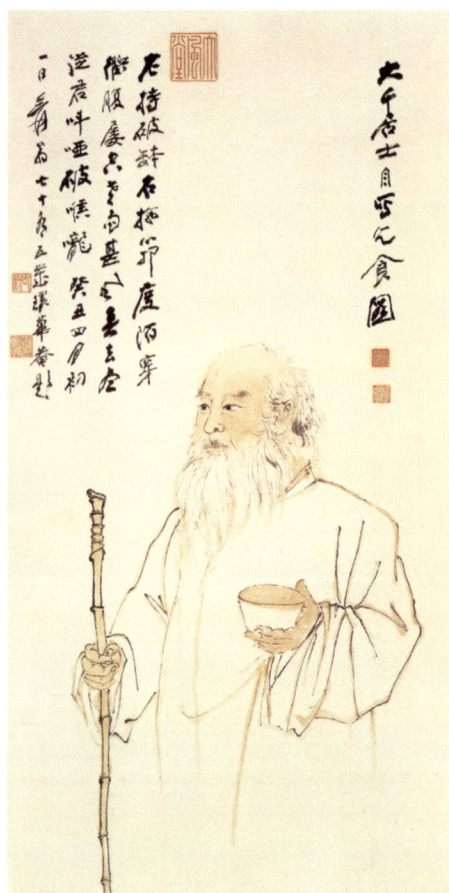

图7　张大千　《五十九
岁自画像》　1957年

图8　张大千　《自画像与黑虎》　1957年

图9　张大千　《自写乞食图》　1973年

作《五十九岁自画像》（图7）、《自画像与黑虎》（图8）以及1973年四月所作
《自写乞食图》（图9）。

（二）头像

　　这一类头像大多是简笔写意的侧面像，尺幅较小，而且大千自50岁左右
起画得较为频繁，很多是册页中之一幅。也有应友朋单独要求而作的自画像，
1954年《五十六岁自画像》（图10）即为一例，这种自画像一直画到84岁。
在1956年《狂涂册》中有一页比较特殊者，在正面像旁画一猴头，题云："我
同我的小猴儿。"（图11）所作皆为即兴之作，大多在几分钟内完成。有时兴致
到来，逸笔草草，但是笔墨狂舞，意兴飞扬，时有佳作。他曾自谦说："很多人

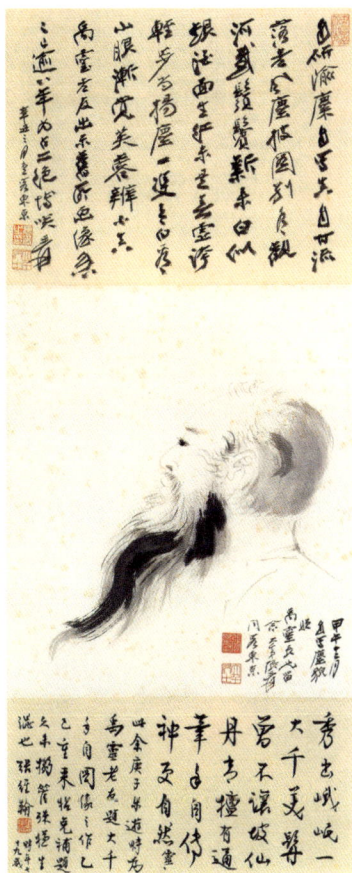

图10　张大千　《五十六岁自画像》　图11　张大千　《狂涂册》之一　1956年　台湾历史博物馆藏
1954年

画我的像，都比我画得好，我只觉得头上几根短头发，我自己画得最像。"[1] 这是
他自比顾恺之画裴楷像，"颊上加三毛，观者觉神明"，是颇为得意的语气。

（三）山水中点景人物

这一类的自画像，由于人物比例较小，有时大而化之，许多点景人物都可
泛指为自画像。但其中如1931年秋登黄山归后所作《文殊院迎客松》（图12），
其中三人显然是二哥善子、犹子（侄）旭明以及他自己的画像；又1951年初夏
作《黄山痕》中画一长髯高士立崖石上，题诗"三作黄山绝顶行"，此二例显然
都是自画像。

---

[1]　陶鹏飞：《观大千居士七十有四自画像》，《艺坛》，1973年第59期，页18。

（四）貌己像为钟馗

由于大千自 26 岁时开始蓄须，且须髯丰美，有少
年老成的样貌，故常貌己像为人作钟馗。从他自己的题
诗或其二哥善子的题跋中知："大千每于天中节，戏以
钟进士貌己像以应友人之索。"[1] 当然，其所绘钟馗中也
有一些（尤其是晚期）不太像他的画像，但多少还有他
的影子。对于人间的邪恶，他或希望借此托喻，在画中
施法，假想自己能为人间除却不祥之鬼魅，一发胸中的
豪气。

大千先生喜欢朋友，也希望朋友热爱他。在他所
交的朋友中多有摄影家，他们都认为大千先生是最好的
摄影模特儿，因为他习于被照相，并且懂得摆出适当姿
态。这种乐于在镜头前扮主角的心态，与他喜画自画像
颇为契合。

此外，他的高士画中甚多古装历史人物，但也有很
多并无指涉的特定人物，只是代表他所向往的一种意境。
也有一些画中人物从面貌来看，虽然明显不是自画像，
他却在题语中指出是他本人，例如庚寅（1950）秋《大
吉岭觅句图》及《大吉岭听鸦鸣》（图 13），或是画上题
自己生活上的小诗，因此画中的高士也就是他的化身。

大千自 1920 年入画坛以后，虽然穿着并非古装，
却几乎不穿西服，他一直都穿传统的中式服装，尤其
喜欢穿一身长袍。除了为别人画像以及半身或全身的
自画像，他不曾画过穿长袍的人物。那是因为相形之
下，时装长袍比较单调，短装和西装更不入画，而古
装的大袖衣裾外加腰带才表现得出飘逸的气质和笔墨
的变化。因此，他的自画像中也不乏着古装者。故而，
凡高士画中，若未特指某一古代高士，亦可以假定即
是大千本人的化身。这一点用在解说他山水画中的点

[1]　1936 年张大千自题画虎。

图12　张大千　《文殊院迎客松》　1931年

图13
张大千
《大吉岭听鸦鸣》

景人物应比较恰当。

二、每逢佳士亦写真

人像画中除了自画像，另一种便是他画别人的像。此处仅论男士画像及非特定人像的高士画。

（一）人像画

张大千先生自少便养成写生的能力，这是他母亲、姐姐指导他画花卉、动物写生打下的基础。大千早年的画像作品中，1920 年他所敬爱的老师李瑞清逝世后，他曾于 1926 年画李氏立梅花丛中，画上有曾熙、吴昌硕题字，此作并被制版印行（图 14）。1924 年二月，时居松江府华亭县，其父尚未过世前，大千曾画父亲着长袍端坐像，由善子补景、画盛开的荷池。当张父卒后，大千曾画其先父 64 岁遗像。[1] 由眼眶及两颊的阴影来看，很可能是根据其父生前的照片描绘而成，此与民国初年画喜容的流行画法相当类似，不过也可能是他在日本曾学过素描的结果，但是线条的运用已很流畅。这与

[1]　此作曾为黄凝素藏。

图14　张大千　《清道人像》（罗伦建提供图版）　1926年

他 1958 年七月再画的一幅以线描为主的作品风格显然不同。记录中大千曾为篆刻家陈巨来的爷爷、摄影家郎静山先父、辛亥革命先烈喻培伦等人画像。

1936 年八月，大千在宣南为 85 岁匋庐老人造像，人物用白描法，以松石流泉衬出，神态如生，足见其素描功力。1939 年秋，他又为彭椿仙练师画张天师像供养。大约 1943 年借居严谷声桂王桥时，其曾为严谷声祖父画像。

1963 年大千先生为香港费子彬医师（大千女弟子侯碧漪之夫婿）作松下半身像，画中人物戴眼镜，双目炯炯有神，凡见者皆能即刻认出画中人物，可见其写真的本事；最难得的是他笔墨不多，但其观察之细致及下笔的精准皆令人叹服。另外还有一些简笔的半身像，多数为其日常周遭的人物。

（二）高士画

大千先生的高士画包括以上所说的自喻式自画像在内，但他画得最多的还是踽踽独行或单一伫立的高士，有持杖或无杖者，有少数不作配景者，有配以简单的山水或树木者，配景以松、竹、芭蕉、梧桐、柳岸、荷塘等最为常见。这些树木的选取都有丰富的人文意涵及诗文作为依据，有时配上他自己的诗句，画面意境更加深邃。可以识出的人物有李白、苏轼、屈原、陈无己、竹林七贤、王子猷、陶渊明等。除了或行或立的高士，亦有独坐的高士——有作树下读书的，有水滨山崖赏景的、观瀑的、垂钓的、咏诗的、弹琴或拨阮的，各有闲情姿态。

另一类高士画是伴有童仆者，有携琴相随或侍立一旁的，有煮茗、艺菊的。此外，若画二高士者，题材不外是停琴听阮或联吟。其他则为多士雅集故实图一类，有三贤、四贤、六逸、七贤等。故实类的临本或仿本大多以古画作根据，例如顾恺之《醉舞图》、阎立本《萧翼赚兰亭图》、李德裕《会客图》、顾闳中《斗鸡图》、钱选《杨妃上马图》、赵孟頫《换鹅图》和《相马图》等，也都是大千学习人物画构图的沈本。他的人物画中经营得最费苦心的当是《文会图》及《西园雅集图》，虽以男士为主，但都采用男女并集的复杂构图，可称为他人物画的代表作。

三、腕下偏多美妇人

张大千的仕女画雅俗共赏，是他绘画题材中最受欢迎的一类。一般人都觉得他笔下的仕女很美，因为他在求精中学的课堂上就常偷画美人消遣，所以他早期曾有"张美人"的称誉。大千的仕女画有写意的速写或比较工细的真人画像，有古装仕女，也有日本、印度、尼泊尔等地着异族服装的仕女，但大部分还是以古装仕女为主。

大千先生是一位唯美主义者，他当然懂得欣赏人间的各色美女，所以即使画古装的仕女也是经过他理想化、美化后才入画，而非仅于纸上模拟古画中的仕女，这也是大千仕女画备受青睐的主要原因。

"我不敢说自己最能欣赏女人的美，我只是在观察、欣赏美丽的女人以搜求画稿时，比别人更仔细。"[1] 他指明了仕女画是可以同时表现古画中的美女和现实中的美女。他除了在现实环境里欣赏周遭的美女，他也注意演艺界中京剧和川剧中的美女扮相，因此大千笔下的美妇人往往带有剧中女演员的脸相、身段和手势。

大千早期的仕女画并不能避开当时仕女画风尚的影响。根据他自己所述，他早年是学改琦[2] 或与之同时的顾洛，他们都是清末擅长小写意仕女的画家，但是大千不久即转向华喦的飘逸写意仕女。

1933 年，大千先生根据武宗元《朝元仙杖图》（图 15）中的天女形象画了《天女散花》（图 16），这是他向唐宋绘画风格学习的开始。二十世纪三十年代前半期张大千的仕女画虽然仍具清末的纤弱风韵，但由于他擅写生，画中渐渐融入他眼中的美女形象。在二十世纪二十年代大千先后与曾庆蓉、黄凝素结婚，据说他早期仕女画常以她们为写生对象。1934 年大千又与杨宛君结婚，据说她正是大千在北京物色"模特儿"的结果。杨宛君擅唱京韵大鼓，能歌会演，当然是写生的最佳主角。此外，他的侍砚——平日交往的名门闺秀、朋友、学生、名伶及画报中的美女等，无一不是他灵感的来源，甚至他在日本常见并收藏有浮世绘和美人画，有时也将之作为绘画范本。因此于非闇评大千的画云："大千人物，尤以仕女最为画道人赞赏，谓能大胆别创新意……他画的美人儿，少女是少女，少妇是少妇；而且少女美与少妇美，都有显然的区别。"其原因是："他对女性，观察得很精密。"[3]

大约在二十世纪三十年代中期，大千往上追溯人物画史，发现了明代的唐寅、仇英，同时也接触了浙派的吴伟、郭诩以及两派间的杜堇，于是改走"减

[1]　陈晓君：《张大千论美人》，《大成》第 45 期，页 30。
[2]　江兆申题 1982 年《梁风子寒山图》。
[3]　于非闇：《八爷与美人》，《北晨画刊》1934 年 12 月 22 日。

图15 武宗元《朝元仙杖图》中"散花玉女"

图16 张大千 《天女散花》 1937年

笔仕女"的路线。从此大千的人物画中之线条由柔媚渐渐趋向劲爽有力。到二十世纪三十年代末期，元代的赵孟頫和钱选都成为大千学习的对象，衣纹取向接近铁线描和春蚕吐丝描，服装上的纹饰也益加工细讲究。

二十世纪四十年代经过了对敦煌壁画的临摹，大千先生的人物画更上层楼。仕女华美妍丽的造型和服饰又往前推至唐宋风格。大千得到新的领悟而回头批评道："近代因为中国国势较弱……尤其是美人……多半是病态的林黛玉型的美人，到了敦煌壁画面世，现在写美人的，也都注意到健美这一点了。"[1] 敦煌归

---

[1] 张大千口述，曾克耑整理：《谈敦煌壁画》，台湾历史博物馆编：《张大千纪念文集》，台湾历史博物馆，1977 年，页 13。

来后的十余年间，是他仕女画的高峰期。大千夸赞谢稚柳敦煌归来后所画仕女云："运笔及衣饰并效唐人，非时贤所能梦见也。"[1] 虽夸友人，实是自道，并表现出他已超越时流的自信。

与他的高士画一样，大千先生偶而也作时下装束或印度、日本等异国服装的仕女画。大千认为时装的美只是暂时的流行，未必能达到至美的境界；旗袍虽有曲线美，但造型单调而不够丰富，因此只是偶一画之。他有时还参照画报上的摩登女子照片，尝试画一些着旗袍而比较暴露、性感的女性形象，这曾经引起当时画坛的非议。他认为古代的衣裳入画，因为具有丰富的流线型线条，有风动、飘逸的气质，比较符合中国人的审美。

张大千一生喜欢看川剧和京戏，他认为戏里的美人最美，除了服装美，他也爱戏中女子脸部的妆容：承袭唐宋以来的三白法，将额头、鼻子和下巴妆粉擦得很白，然后以红润的脸颊陪衬，使得脸孔的轮廓线条分明。再者就是戏里的每一个动作都是经过艺人代代相传的精华，是一种经提炼后呈现出的美感。尤其是名角，其眼神、嘴型、指法，举手投足间，身段、姿态无一不美。他看戏往往在欣赏和捕捉这种神韵，使他有些古装仕女画的面部、举止、身段和手势都受到传统戏剧的影响。此乃笔者分析大千仕女画所得出之结论，其后阅读大千先生赏爱的国剧演员杨莲英的纪念文章，以下几句可作为上文的注脚：

> 张伯……注重一个演员的扮相，他认为国剧的动作极具美感，每每在演员的动作表演之间，就会得到一些灵感和画境。[2]

1950 年后大千居住海外，可能因为实际生活层面的改变，其工笔仕女画逐渐减少。在二十世纪五十年代中期他还画了最后的几幅工笔仕女画，例如《孽海花》（图 17），不过其海外时期的水墨写意仕女画反而较前更为生动传神。但自从 1957 年大千眼疾发作以后，基本上已不作工笔重彩的仕女画，偶然在眼力恢复的阶段也还画些较细的白描。然而到晚年手眼皆渐老化，所作仕女倾向简笔，注重笔趣和韵味，不事装饰，除了少数可观之作，大千的仕女画时代至此已然结束。

---

[1] 《大成》第 89 期封面。
[2] 杨莲英：《大千先生的爱心》，台北故宫博物院编：《张大千先生纪念册》，台北故宫博物院，1983 年，页 333。

图17　张大千　《孽海花》　1956年

仕女画在中国，早期以表现妇女德行以为鉴戒，其后转向表现贵族妇女的端庄之美，到了宋元以后，仕女画几乎成为美女画的代称。张大千继承的正是此一传统，所以他画的仕女一向都是以他的审美观来塑造美妇人；在意境上也脱不开古代美女的形象，不外是表现妇女蕴藉的情思——或作簪花态，或手握纨扇，或倚修竹、柳树，或傍芭蕉、梅花。大千的仕女画从简笔飘逸的水墨速写到极富装饰趣味的工笔重彩，皆较为常见；在造型上早期沿袭清末的纤弱袅娜风尚，至敦煌后一变为丰满艳丽。兹略将其所作仕女依题材及风格归类如下：

（一）简笔背面仕女

这是他沿袭清人风格中特别喜欢的背影造型，只见脑后简单的发型而不见脸孔。他论画背面仕女时特别指出："极不容易施工，要在腰背间着意传他袅娜的意态。"这是承袭清末以来的风尚，如费晓楼甚至齐白石等都有这种风格的作品。

（二）水墨速写半身或头像仕女

大多是速写和追想的人像，其中包括了真人的画像，更多是形式化了的头像，晚年多不勾脸部轮廓，亦偶画评剧女演员。至于比较写实并设色的妇女画像，笔者所见仅有秀子像和林黛像。此外，在 1938 年左右他画过袒胸露乳的少女，是参用浮世绘的画法。他也画模特儿，例如："在纽约王济远先生画室里，看见裸体的模特儿说：我也搞他一张试试。"1956 年："在巴黎，常玉介绍一模特儿，颇有姿致，此写其貌也。"[1]（图 18）其时既有专属模特儿，作品当不在少数，可惜这一类的速写像未见流传。

（三）时装仕女

多画短袖旗袍，露臂及腿，有时从画报上的美女照片取材。某些作品由于姿态妖艳，当时曾经引人侧目，不过这一类作品的数量极少。

（四）异族女子

包括蒙古、日本、印度及尼泊尔的仕女，其服装各有特色。大千先生十分

---

[1]　张大千《狂涂册》，台湾历史博物馆藏。

图18　张大千　《狂涂册》之一　台湾历史博物馆藏

喜好异国风情，他也是当代以水墨彩绘描写少数民族的先锋。

（五）减笔古装仕女

即水墨写意的白描古装仕女，主要是学唐寅，用笔爽利，相当符合他的个性。

（六）工笔古装

特别是在大千先生去过敦煌之后以及得藏传为顾闳中的《韩熙载夜宴图》之后，于二十世纪四十年代后期，他眼力好、精力旺的阶段，是他这一类重彩工笔仕女画的巅峰期。

以上的仕女画绝大多数是画单独一女，偶作《二女扑蝶图》《蒙番二女》等。至于多人物的仕女则以1944年画的《观灯》《采莲》《唐宫按乐》《文会图》诸图为典型，这一类题材大多以工笔重彩为多。

从上述几种仕女画类型可以见出张大千的多能，不论是比较保守的或是自创的题材、风格，因为他的笔墨之美以及个人对仕女的审美观，都能够从古典美中产生新境。

四、神仙道释与杂画

画佛道人物当然不一定与画家本人的宗教信仰有关，更重要的是画家本人对佛道宗教及绘画传统的知识。就张大千的生活经历而言，他虽生于天主教家庭，但是对于植根民间的佛、道二教也不可避免地有所濡染。而这一潜在信仰一直要到他 20 岁左右（1919 年冬）因感情问题（未婚妻死，续订倪氏又因痴病退婚）终于在松江禅定寺落发出家。经过百天，因家长反对，张大千被其兄押返成婚，被迫结束了短暂的佛徒生涯，但在这期间他听经说法，奠定了佛学的基础知识，同时"大千"的法名成为他终生的艺名。大千画佛教人物不是徒然追求形式和技法，而自有其宗教基础。日后他远涉敦煌，苦行僧式的绘画修行，如果缺乏早年对佛教的兴趣和基础知识，他敦煌之行临摹壁画的收获不会如此丰硕；甚至，他是否会有敦煌以及印度之行，也都是未知数。

谈起大千先生佛教题材的作品，大家都熟知他临摹了 270 余幅敦煌壁画。1941 年至 1943 年的两年八个月时间里，大千在敦煌除了夜间仍作一般山水、人物、花鸟画，几倾其全力于佛教人物及供养人像上，其时所临摹之作品大抵都属此类。大千最早带有宗教色彩的画系以罗汉（达摩像）为主，这是受其师李瑞清的影响，李师又是从金农风格而来。因此，在二十世纪二十年代直到二十世纪三十年代，张大千画了不少金农风格的罗汉画。这一题材他后来虽断续在画，但自敦煌以后，其画风已逐渐摆脱了金农的影响。同时他在二十世纪三十年代也已画过不少白描观音图，这些当然与仕女画有直接的关联，可以说是带有宗教色彩的仕女画。在二十世纪五十年代他又曾赴印度阿坚达石窟，对中印佛画之异同进行比较并临摹了少数壁画。

至于道教题材的画，大千先生所作较少。他在去敦煌之前已经有机会见到藏于日本大阪的传吴道子《天王图》卷，而且见到过传武宗元的《朝元仙杖图》以及徐悲鸿纪念馆收藏的传唐人《八十七神仙图》残卷，因此大千在二十世纪三十年代画《天女散花》等作，皆曾受上述诸画影响。此外是他在青城山借住道观期间，也为道士们作过不少道教题材的作品，其中用以刻碑的几幅道教人物，风格上实近于一般的仕女和高士。女像中如麻姑及崔生之妻《青城崔生妇》（图 19）等，男像中有为冯南暄道长作的《张天师》。此外，他也偶然画过几幅吕洞宾像。不过，反倒是他的高士画常常蕴含有仙风道骨的道教气质。

张大千的人物画中另有少数无法归入上述几大类者，如戏剧人物画。大千先生是戏迷，因时常观戏，以至于对他的仕女画产生相当的影响；他也画过丑角，但最喜画须生，虽逸笔草草，却淋漓尽致，可惜此类作品不多。其实，以他精湛的笔墨技巧与写生能力，如果扩展他画人物的题材，可以在徐悲鸿一派的现实主义之外别树一帜。即使此寥寥几幅戏剧人物，也已超过关良故作稚拙的戏剧人物画。除了戏剧人物，大千也偶画工笔婴戏图，大得宋人苏汉臣之致；亦时戏作婴儿祝友人子孙周岁，或画婴儿与巨瓜藤蔓，题曰"瓜瓞绵绵"，祝友人得子；或在效法梁楷减笔法，画寒山子以外也画过《牧童戏鸟》或《牧牛图》等，甚有逸趣。

结　语

大千先生的自画像众多，几乎可以排列成为自传，笔者拟日后撰写张大千自画像的专文。与大千先生同时的徐悲鸿只有数幅自画像，数量远不及大千。他的高士画是他以入世之画家作出世之想的自我投射，有高蹈遁世的寄托与寓意，与徐悲鸿的现实主义自有距离。然而大千与并时而稍晚的傅抱石相近，但傅氏人物有其独特的造型，虽二者同是古装，但傅氏之作较具个性，亦是其胜人处。大千因

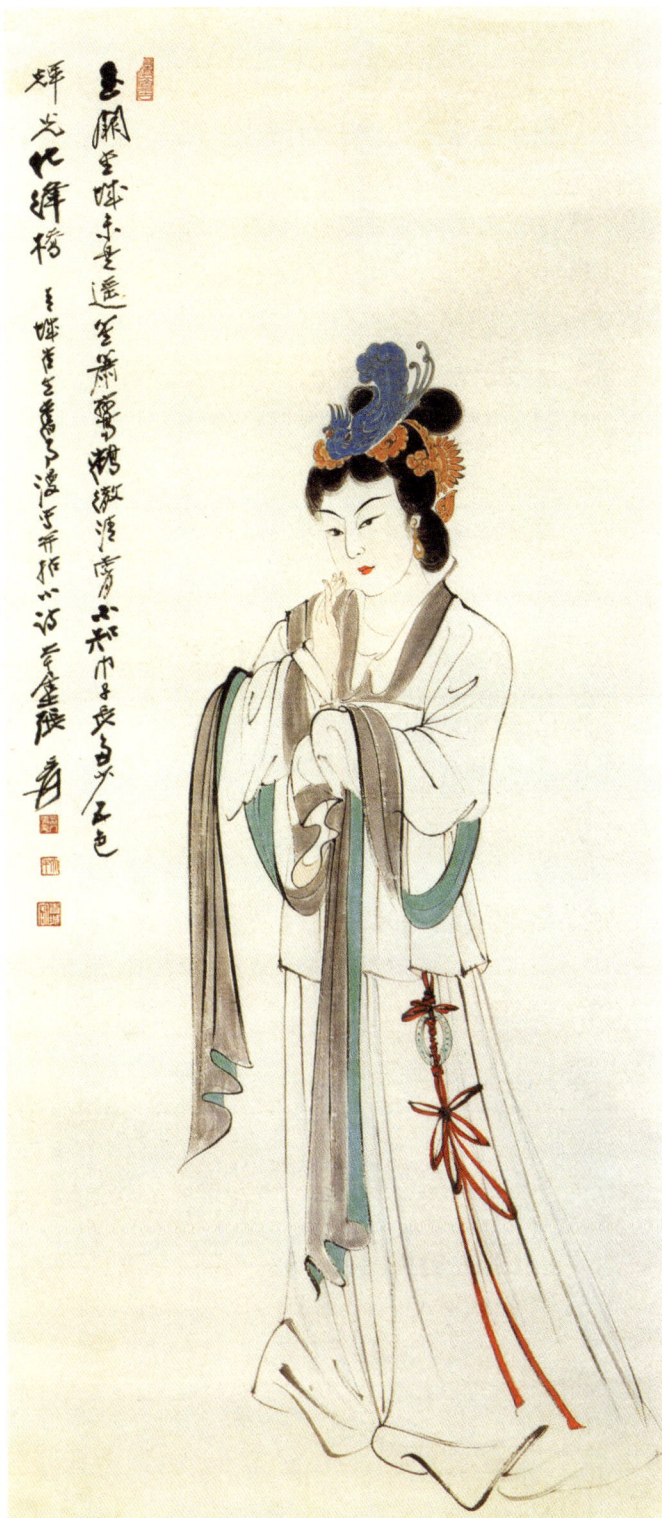

图19　张大千　《青城崔生妇》

循唐宋的正统派，难画且不易工，甚为识者所重，但若以近代评审之标准，似稍欠独特的个性。大千的仕女画是唯美的，专以表现他心目中理想化的女性美，其风格及题材均远较傅抱石为丰富，却不及其含蓄。至于大千的宗教画尤其是佛教画，不但是近代所无，而且是直通唐人、迈过宋元、凌跨明清。

当大千 1975 年为叶恭绰书画集作序时，借叶氏之言其论中国人物画史之盛衰道："人物画一脉自吴道玄、李公麟后已成绝响，仇实父失之软媚，陈老莲失之诡谲，有清三百年，更无一人焉。"实际上暗示出他自己经过了一生的努力，已经衔接李公麟与吴道子了。这样的说法，显示了大千在人物画上继承有余，虽不失公允，但也必须承认，除了晚年以泼彩装饰背景的人物画有较新鲜的视觉表现，他并未以其过人的技巧作进一步地发挥，是为可憾。（原文见傅申著《张大千的世界》，台湾義之堂文化出版事业有限公司，1998 年，页 70-77；原标题为"人物画"，现标题为编者加）

第十一节
张大千的花卉、翎毛、虫鱼与走兽画

一、百花争妍

花鸟画是中国绘画的三大科目之一，是赏心悦目、追求唯美的。但是经过历代文人的歌咏附会，许多花卉、植物被文人赋予某种意义的"寄托"。张大千先生熟读古人的名句，在他秀雅妍丽的花鸟画上，往往题上古人或他自己的诗句，用以丰富画面的意涵。因此，大千先生的许多花卉画，除了花卉本身之美，也还包涵了传统文人精神的寓意"寄托"，他认为这是有别于西方人画花的中国的可贵传统。[1]

张大千是爱美的，他不只爱美人，也爱各种各样为中国历代文人歌咏过的花卉，而且他具备相当丰富的知识。他对于居住环境的选择和布置，非常用心于花木的种植，有时也养一些飞禽走兽来写生。而且当他在海外时，为了欣赏各地的名花，他经常长途跋涉，例如他到南美洲初期，便勤于往访日本横滨的偕乐园，园中有梅，大千题壁句云："开了梅花我便来。"[2] 1962 年春，他在日本对记者说：

> 每年到了春天，我一定跑来看梅花，在牡丹花谢的时候回去（巴西），今年到了杜鹃花落了还留在这里，下一站是巴黎，正是芍药花盛开的季节，一个月后，回到巴西，又是圣保罗的樱花怒放的时候。这已成为我每年固定的路线了。

大千先生如此喜爱花卉，一方面是因为他母亲和姐姐都擅长花鸟画。他清楚地记得小时候他姐姐教他在作画之前，先让他了解花的结构、生态和颜色，[3]如此熏陶，因此也有人以为大千学画是从花卉、翎毛开始的。[4]

后来，他在上海从师习书，自习写意花卉，则不免受吴昌硕海派时风的影响，但是他避而不谈，反而说："予花卉初从白阳山人（陈淳）入手。"[5]陈淳是明代水墨写意花卉的大家，在大千早期作品中不时可见其仿陈淳之作。1933 年

---

[1]　冯幼衡：《形象之外：张大千的生活与艺术》，九歌出版社，1983 年，页 94。不过，西画中的花卉，特别是宗教画中的花，多数是有寓意的。

[2]　曹大铁、包立民：《张大千诗文集编年》，荣宝斋，1990 年，页 137。

[3]　《张大千与荷花》，《大成》第 58 期，页 38。

[4]　冯幼衡：《形象之外：张大千的生活与艺术》，九歌出版社，1983 年，页 93。

[5]　张大千自题为台静农作《花卉册》。

图1　张大千　《仿白阳四季花卉卷》　1933年

四月，谢玉岑见陈遵（汝循）一派的花卉长卷，以为有白阳家法，请大千临了一卷（图1），1981年大千再见此卷时作长跋，对陈淳的画史地位有所分析：

> 明季逸笔花卉，予最爱陈道复，其高胜处，虽石田翁亦当避席，
> 其稍后，当以徐青藤（渭）为巨擘。八大山人（朱耷）早岁致力白阳，
> 中年更刻意青藤，遂成一代宗师，良有以也。予画从白阳、青藤入手，

晚明惟陈汝循为白阳正脉，见辄临之，先友谢玉岑……赞以为三百年
来，能得陈、徐二公之髓者，独予大千也。

　　这里大千借友人的推誉来肯定自己的成就，又点出了另一位写意花卉的大
家徐渭，他的画风更为放逸。大千早年有墨笔花卉一卷，即仿徐渭之作。由于
二陈、徐渭三家花卉长卷，所画花卉往往包括四季花卉十余种，总括起来，大

千早年所作花卉种类也已不下二十余种了。

由于大千先生的记性好、模仿力强，凡是有可效法者都在他仿学之列，例如他早年常用金冬心法画枇杷；他学八大山人之荷，人所皆知。其实石涛的花卉对他也很有影响，特别是浅绛法的花卉：

> 清湘花卉蔬果尤隽永有致，不落白阳、青藤窠臼，巍然独立，南田、忘庵（恽寿平、王武）号称专工，亦当逊其一筹。此四册，先施水墨，后笼浅绛，盖亦山水法也。南田一出，此法遂绝。辛卯秋（1951）。[1]

张大千的许多花卉画中都是运用石涛这种先用水墨，再罩花青、赭石的方法，尤其是他的荷画，此却非徐悲鸿所喜，徐氏甚至曾加以批评。自从恽南田以没骨花卉行世，清人都爱其秀丽，流行一时，张大千也喜用之，不过他是用写意的笔法出之，形成一种新的风格。

张大千在花卉翎毛方面起初走写意路线，他认为当时流行南北的任伯年、朱梦庐的海派"日趋狂怪"，却颇欣赏华喦的"冷隽之致"。当然八大山人的减笔更是大千仿学的对象，以致当时画坛对大千只会写意、不会工笔而多有批评。二十世纪三十年代中期，大千先生在北平与于非闇等为友，互相切磋工笔花鸟，他由陈老莲入手，渐学北宋人的工笔院体风格，所以常见他有仿宋人滕昌祐（约850—900）或林椿（活动于1180年前后）法的花鸟画。同时，大千也从写生入手，在北平时常去庙会，观赏并选购可以入画的异鸟养在家中，因此其绘画不久就有显著的成绩，他自以为已经超过明朝的吕纪和林良了，[2] 这是他花鸟画的第一次突破。

二十世纪三十年代晚期，大千先生住在青城山，多见山花异鸟，直到他居身地处荒漠的敦煌，仍然在晚间忆画青城山的花鸟。1942年张大千曾在敦煌画《秋叶双雀图》，自题云："自觉视崔（白）黄（筌）辈在伯仲间。"[3] 可见他至此已平视崔、黄了。他在二十世纪三十年代中晚期，论花鸟时向来推崇五代、宋代的院体画风，此时他的花鸟画已进入第二次突破。张大千的工笔重彩花卉大

---

[1]　劳天庇编：《至乐楼书画录》，香港何氏至乐楼，1973年，页20。

[2]　1935年春，张大千自题花鸟，见《蜀中张善子大千兄弟画册》，北平琉璃厂，1935年。

[3]　四川博物院藏。

多出现在二十世纪四十年代，主要是在去了敦煌之后，以描绘荷花、牡丹最多，石青、石绿染叶，再在花瓣上勾以金线，出现了宋代院体以来未见的瑰丽风格，难得的是在华美的装饰趣味之外，仍不失清新优雅的书卷气。此一时期自敦煌回到青城、成都，直到他离开大陆，这一时期应是他工笔花鸟的巅峰。

大千论画，最注重要能了解并捕捉"物理、物情和物态"，在 1948 年二月临仿宋徽宗的《幽谷鹨鸰图》中，他自认为能够具有以上三者。这是因为他不但十分熟悉《广群芳谱》这一类中国传统讨论各种花卉形态和特性的书，而且还懂得如何培育种植花卉，同时不忘接触现代植物学知识，所以连家中雇请的花匠也对其甚是钦佩。由于大千能鉴别花的贵贱和性情，在笔墨和设色的技巧上又多得古人之精华，所以他笔下的花卉不仅得其形，而且充满生命力。

自从大千一家于 1950 年旅居海外之后，他的工笔花鸟偶有极佳作品，然因心情以及后期的目疾，此类作品在数量上显著减少，并渐渐回到写意的路子上。除了笔墨的精练达到极高境界，大千此时的绘画大抵还是遵循青藤、白阳及八大山人的遗风。至于有较大幅度创新的则是他的荷花，张大千是画史上少数的画荷大家。

二、水殿暗香 —— 荷花

荷花除了具有周莲溪的"出淤泥而不染"之象征意义，其精致之美是人所共识的。大千先生题画荷诗云："不施脂粉不浓妆，水殿风微有暗香；要识江妃真颜色，晚凉新浴出兰汤。"[1] 足见大千先生观荷的细致以及他对荷花的理解。在所有的花卉中，大千最喜欢、最常画和最有成就的也是荷花。原因当然是多方面的。

（一）荷花本身的装饰美

荷花的叶、干、花三者皆具各异的颜色、造型、线条之美，花瓣叶面的筋脉纹路，茎上肌理的趣味，甚至画不出的清香气息等种种细腻的变化，转移到画面上极具装饰美，故荷花适于作设色的工笔画。

---

[1] 乐恕人 :《张大千诗文集》，台湾黎明文化事业公司，1984 年，页 49。

（二）荷花形态的笔法美

荷花叶大、花肥、干长，既适宜作大幅的画作，也适于以书法用笔作放逸的写意画，即所谓"花如今隶茎如籀，叶是分书草草书"。以书法写荷花形态之美，是大千先生作山水、人物之余的最佳调剂，挥毫起来最痛快淋漓，非常适合他豪迈爽利的个性。

（三）荷花与佛教的关系

佛画中经常可见的莲花象征极乐净土。大千画荷时，有咏荷诗句云："庄严七宝池头水，妙喜同参大梵王"，"芙蓉万朵开光相，便是南天选佛场"。他在诗情与画意之外，以荷花通莲花的意象，更增其庄严清净的宗教精神。

（四）早年师承

大千早年从学曾熙、李瑞清二师，通过二师学习八大山人、石涛，他们都是画荷的能手。大千用功至深，敏悟力学，自然加以融会贯通，画荷的根基从年轻时代便已奠定。

（五）养荷、种荷的生活情趣

大千先生年轻时，在乡间见识过极为美艳动人的荷塘：

> 余年二十三时往三峨，于荣县道中一村舍前，满池花放，时晨曦照射如赤城霞起，流连逾时，不忍别去。……往来不去于心者六十年。（图2）

以后他住过的苏州网师园、北平颐和园中都有荷塘。他住敦煌莫高窟时，还曾经试图移植荷花，可惜因水土不适而未能成功。他在巴西八德园更是大片植荷；晚年在台北时虽无荷池，但园中也有专人种植八大缸的荷花，以怡赏荷之趣。

总观大千先生画荷，粗分工笔、写意两种。早年多水墨写意，从学时人到学八大山人、石涛、青藤、白阳，亦兼用浅绛法。中年起兼作工笔彩荷，并作巨幅的墨荷和以没骨法画荷。到了晚年，张大千在山水方面发展出泼墨泼彩法之后，亦兼用泼墨泼彩法画荷。若以他的荷花来分，则有白荷、粉荷及朱荷之

图2 张大千 《荷塘》 1982年

别。大体而言，前期比较注重笔势，后期比较重整体的气氛，与他的山水画是平行发展的。大千先生画荷，不论在水墨写意、工笔重彩或泼墨泼彩画上，都能开创出他自己的独特风格。因此，在中国画荷史上，大千可以说是八大山人、石涛以来足可与齐白石并称而无愧的大家。尤其大千的巨幅荷花，通景屏的气魄与章法，更是前不见古人，后来者恐亦难以为继！

张大千擅长的其他花卉还有很多，例如水仙、梅花、牡丹、芍药、兰花、菊花、秋海棠、茶花、芙蓉等，另外画得较少的则有玉兰、萱花、百合、玉簪、桂花，等等。传统中国花卉画中，一向也包括一些观赏植物、食用的菜蔬以及水果等，较常见于大千作品中者，例如芭蕉、竹；菜蔬中的白菜，他画得最多，其他有草菰、芋头、竹笋、红萝卜、黄瓜等；瓜果中的枇杷、葡萄、栗子、桃、樱、柿、石榴、苹果、西瓜、凤梨等，他都能画得笔墨淋漓，赋彩生动，雅俗共赏。

三、虫鱼走兽

在虫鱼方面，大千除早年偶作草虾，由于其喜爱八大山人，故多仿其水墨写意的游鱼，笔简意全，他一生所作不少，至晚年甚为自负。至于草虫方面，大千则并不多作，偶在花卉及仕女画中配以蝴蝶或蜻蜓，其他草虫更只是偶见一二而已，他自己从不以此自豪。盖并时画家中已有专擅此道的齐白石，大千似乎自知不能有以过之，以避而不画为上策。

　　张大千先生年少时，他的父亲在家中蓄有二十余只狗，因此张氏兄弟都喜欢蓄养动物，二哥张善子居苏州时甚至还养过老虎。大千先生住在北平期间，他的后院像个动物园，有许多鸟、松鼠和一些鹿。抗战时期在青城山上他蓄养了三只小豹和一头熊，都不关在笼内，任它们自由走动。他在中国四川、阿根廷和巴西的园子里，也都曾养有不少猿和猫、狗，[1] 可见大千是真正喜爱动物的。他论动物画时特别强调写生，他举韩幹师"天闲万马"、易元吉养珍禽异兽并亲自到林间观察鸟兽真态为例。因此，大千在庭园中蓄养许多鸟兽，应当是受了这些古代画家的影响，他说："我爱画马、画猿、画犬，因之也爱养马、养猿、养犬。"[2] 他画马虽也学宋元人，但自敦煌回来后，即以唐人为宗，并极为自负（图3）。他画猿，工笔写意皆所擅长，自易元吉后很少有人能与他相比（图4）。他画犬虽不多，但画西藏黑犬[3]、瑞士狗、哈巴狗等，都很有特色。此外，他也画猫，其母、兄皆长于画猫，此对大千虽有影响，但其晚年所作皆为仿八大山人的简笔风格。

图3　张大千　《唐人控马图》　1945年

---

[1]　林慰君：《环荜庵琐谈》，台北皇冠出版社，1979 年，页 251—261。

[2]　张大千：《论动物》《张大千画》，《梅云堂藏张大千画》，梅云堂、香港中文大学文物馆，1993 年，页 255。

[3]　见《自画像与黑虎》一作中的黑犬。

图4
张大千
《老树腾猿》
1959年

其他动物中，张大千画得较多的则是水牛，大多配以牧童，此是他从早年开始即喜画的题材，一直到晚年还偶画之，不过大多是逸笔草草，以水墨写意为之。他的牛曾受韩滉《五牛图》的影响，造型古拙。二十世纪二十年代大千学的是华嵒，二十世纪三十年代又参学唐寅，有时题："拟元人笔。"中年以后，他笔墨沉着简练，但这一类的卧牛的姿态都大同小异。当他住在印度时，该地"圣牛"特多，城市、乡村随处可见，而且与中国的水牛不同，大千称之为"覆斗牛"，觉得它们"雄伟异常"，所以也画了不少。

以上是他常画的动物，而较为少见的则有乌龟、老鼠[1] 等。他画的道家人物中还有骑羊、骑鹿的真人。大千的二哥善子擅画各种动物，但以画虎最为有名，大千为了让他独擅，平时避而不画，但仍可见他仿李公麟的《伏虎罗汉图》。总之，大千经常与动物为伍，熟悉它们的习性，由于观察入微，知之甚深，所以他下笔捕捉这些动物的情态，笔墨自然精准，多数都表现得极为生动、传神，其成就绝不亚于近代专擅走兽画的画家。（原文见傅申著《张大千的世界》，台湾羲之堂文化出版事业有限公司，1998 年，页 78-81；原标题为"花卉、翎毛、虫鱼与走兽"，现标题为编者加）

---

[1]　大千早年曾画过老鼠，但晚年自题画猫，曾云不喜画鼠。

第十二节
张大千的山水画

　　张大千先生虽然是人物画、花鸟画的高手，而且都可以独自成家，相较之下，他的山水画开始得最迟，但他毕生致力最勤、作品最多、成就最高的还是山水画。山水画自五代及北宋以来，一直高居十三画科之首，不但文人画家以此寄情于自然，而且在表现技法上，山水画亦不似人物、花鸟画等较受题材的限制。

一、遍学古名家

　　大千先生早年受他书法老师曾熙的影响，开始习作山水画。由于曾熙是石涛的爱好者，业余仿学石涛山水，因此大千学山水也以石涛起步。大千在他60多年的创作生涯中，虽然好尚屡变，其所学多至数十家，但石涛始终在影响他。大千遍学历代古名家的同时，也恪守古人及其老师的教导，持续不断地游访各地名胜山川，使其山水画注入自然与个人精神的实质，而不只是在纸面上玩弄笔墨的技巧，师古和师自然二者交互并进，使他成为传统山水画家中最具新面目和创意的山水大家。

　　大体而论，他虽偶学马夏风格，但主要学南宗一路；虽从比较偏重个人表现的画家入手，但又以正统派的巨匠为依归。由风格和境界而论，大千的尝试包罗万象，从临仿历代古人、描写实景到画胸中山水，大体合于郭熙的"可以观、可以游、可以居"的山水美学。故其山水，大皆赏心悦目，或蕴含着古人对自然山水的诗意。从画法而论，有工笔、写意，有泼墨泼彩或泼写兼施。从设色而论，有水墨、浅绛、没骨、小青绿及金碧山水，变化多端而莫不皆精，最后他更自创泼彩。其画风之富、技法之精，不但时人罕有其匹，即古人亦难有其俦。论其风格，概括而言，他早年较重用笔，线条以骨法用笔为主，晚年较重用墨，以气氛晕染为主。下文兹略述其一生演变之轨迹。

　　二十世纪二十年代，张大千以仿学石涛为主，旁及梅清、石溪、程邃、八大山人，仿学皆逼真。1927年、1931年及1935年其曾三游黄山，将真景融入画面并扩展运用黄山画派诸家的笔法。

　　二十世纪三十年代初期，张大千的自运山水已渐入佳境，兼学弘仁、八大山人，并合二石（石涛、石溪）法，力图创新。在1930年前后，也是他伪作黄山画派作品最多的时期，其中以伪仿石涛、梅清和石溪为多。

　　1934年起，张大千渐用所谓杨昇和张僧繇的没骨法画巫峡、华山景。1934年、1935年他两游华山，尤其金碧青绿山水又进新境。由于他取法高古，又善于配色，他的这些重彩山水都能做到富丽而有士气，确实是元明清以来所无。这些重彩的熟练使用，对他晚年泼彩的成功具有最直接的影响。

大千在二十世纪二十年代就屡仿唐棣，到了二十世纪三十年代，他又致力于赵孟頫、盛懋，尤其对王蒙临仿极多，从此渐入元人之室。

1938 年三月前，他为天津范竹斋仿唐宋元十二家山水：

　　唐：阎立本、李昭道、王维、杨昇
　　宋：范宽、米友仁、马夏、沈子蕃
　　元：赵孟頫、盛子昭、倪瓒、王蒙

以上为张大千的山水画发展过程中的一大转机，显示出他此后超越明清而上溯唐宋元。但大千一般自作山水，仍不脱石涛和石溪，由于建基于王蒙，因此其山水画也更为蒙茸茂密。

大千先生于 1938 年回四川，居青城。1939 年游广元、访峨眉，山水又多一番进境，渐渐脱离石涛的影响，已有走向董巨的倾向。

1941 年六月抵敦煌之后的两三年间，大千着力于人物画，也偶作山水画，《嘉陵广元坝山水》（图 1）即其一例。敦煌时期大千从唐人壁画中领略到特殊的鸟瞰平远透视法，画了一幅《江山无尽图》，此作成为 1949 年七月所作《蜀江秋净》（图 2）的蓝本。敦煌期间大千还临仿王蒙、方从义、刘松年及石涛、石溪等人的山水，山水画虽然不多作，但仍有进境。

回到成都的头两年，张大千人物画的创作还是较多，同时也画一些石涛或石溪风格的山水。一方面，由于常住青城，屡游峨眉，此地之山峦浑厚与黄山的奇峰松石不同；另一方面，在抗战胜利后，他又有机会陆续收藏并临仿董巨派的重要名迹，例如董源《江堤晚景图》《潇湘图》，刘道士《湖山清晓图》等；在此后的五六年间，他再三仿临，并兼及台北故宫博物院的巨然《秋山问道图》等，于是大约自 1945 年起，大千的山水画明显进入仿学董巨派时期。

大千沉浸董巨派作品至深，几达乱真的程度，因而此一时期他许多自作的写景山水，不论描绘青城还是峨眉，都受到董巨派的影响，例如描绘青城山的《味江》与《老人村》二作，就是仿董巨派的上乘之作。另外，《仿巨然江雨泊舟》（1949）、《临董源江堤晚景图》（1950）、《临刘道士湖山清晓图》（1950）都是大千努力向巨匠学习的代表作。

图1　张大千　《嘉陵广元坝山水》　　　　图2　张大千　《蜀江秋净》　1949年

抗战胜利后，大千先生致力于董巨派的同时，因缘际会获见并入藏其他风格的山水。而这一时期大千特别着眼于北宋大家的雄伟风格，如李成、范宽、郭熙、王希孟、宋徽宗、高克明等人的作品都在他临学之列。无论是对临，抑或拟仿，甚至消化后再创造，都不乏精品。

二、记游与怀乡

大千先生在抗战胜利后最重要的旅游当是 1947 年的西康之旅，他见到了崇山峻岭，综合运用宋人的方法画了一套气势雄伟的《西康游屐》大册页（图 3），这是他这一时期写景册中的重要作品。此后大千先生游历海外，而他曾游历过的中国山川，尤其是黄山和四川的三峡、峨眉、青城，成为他在海外时期的山

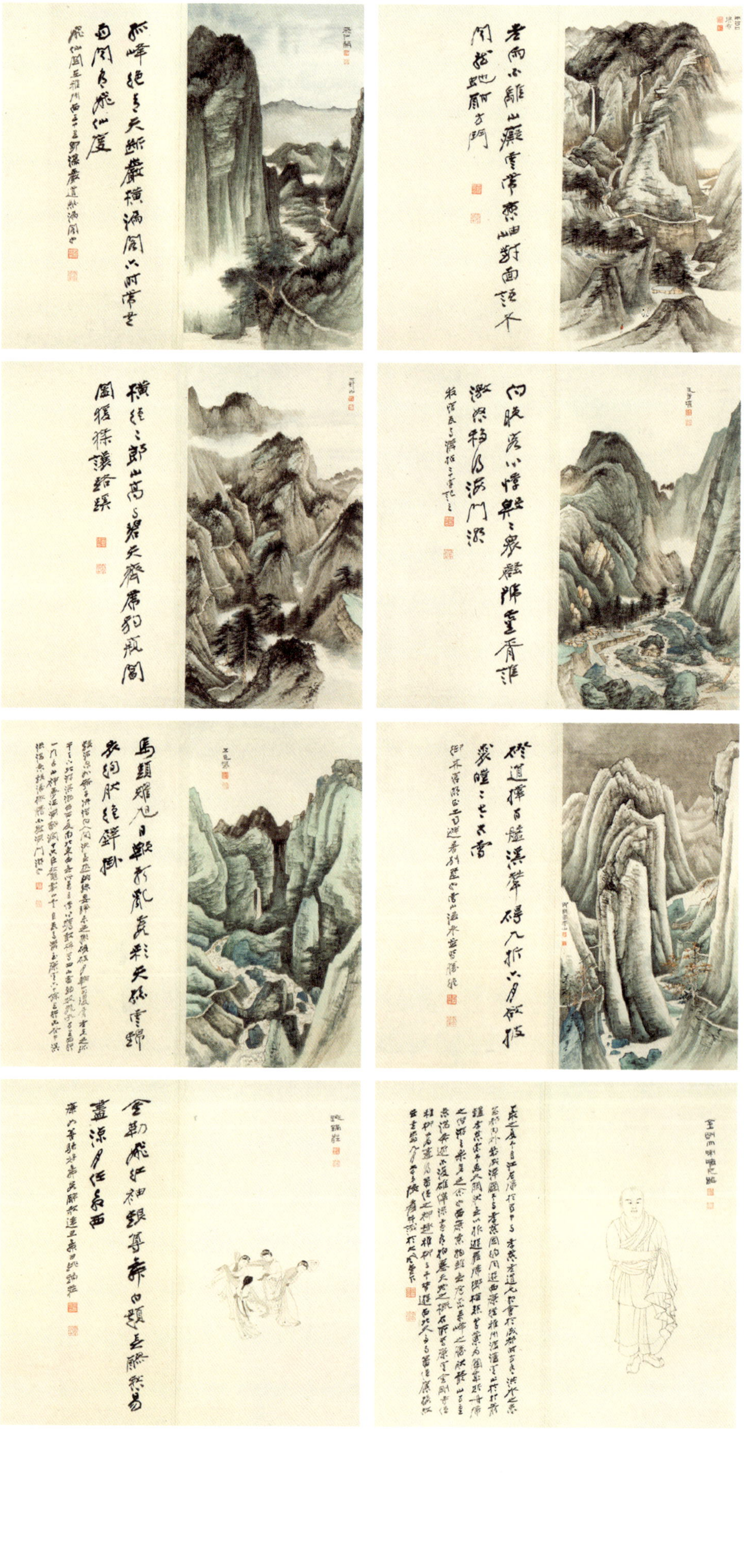

图3
张大千
《西康游屐》

水画中表现思乡的最为主要且最常见的题材。

由于他自知此生难有归期，但是离开故乡愈远，思乡之情愈切，不时形诸梦寐，故有以下诗句："万里故山频入梦，挂帆归日是何年？"[1] 以及《无题》诗中有云："故乡无限佳山水，写与阿谁着意看？"[2]

因此大千先生不时画出故国风光，聊作纸上相思。除此之外，他在海外所作的山水，一部分仍然是受古代名家启发的仿古之作，他不断从传统中吸收营养；另一部分则由于他在海外经常旅游，因此在其纪游作品之中也增加了异国山水，例如1950年的印度风光；1951年后的日本风景，如日光、松岛等；1953年以后的南美洲，主要是巴西八德园及其邻近的风景；1960年前后的欧洲，尤其是瑞士的山水，等等，都激发他创作出一系列具有强烈个人与时代风格的精彩作品。

二十世纪六十年代初期，大千先生数游台湾横贯公路、阿里山及苏花公路，盛赞其景致胜过瑞士，故其后亦屡写之。当他定居巴西时，曾数游风景区，亦有纪游之作。其后在1968年定居美国，卡米尔的松柏亦常入其画。

除了思乡和纪游山水之作，他晚期已能"得心应手"（大千闲章），创造"胸中山水"。从风格而论，他在泼墨与泼彩上的创新和成就，自是其晚期的特色。而他在巴西时期所作的山水巨作大多是这一类的画风，如下：

> 1962年　《青城山通景屏》四屏　泼墨、浅绛（图4）
> 1964年　《横贯公路通景屏》六屏　泼墨泼彩
> 1967年　《四天下山水屏》四屏　泼墨泼彩（图5）
> 1968年　《长江万里图》长卷　泼墨泼彩（图6）
> 1969年　《黄山前后澥图》长卷　泼墨泼彩（图7）
> 1969年　《峨眉三顶》大横幅　泼墨泼彩（为董浩云作）

以上除了《横贯公路通景屏》为记游写景，其余都是怀乡之作。这些巨作几乎都在巴西时期产生，一方面是因为八德园的画室最大，另一方面是在巴西的应酬较少；再者，大千当时的精神和体力条件也远胜于日后居美以及返台时期。

---

[1] 《题万里故山》，曹大铁、包立民：《张大千诗文集编年》，荣宝斋，1990年，页135。
[2] 《无题》，曹大铁、包立民：《张大千诗文集编年》，荣宝斋，1990年，页135。

图4　张大千　《青城山通景屏》　1962年

三、辟混沌手——泼墨泼彩

张大千先生泼墨泼彩[1]风格的形成，原因当然很复杂，但主要可归纳为四种因素：（一）眼疾为主要近因；（二）传统绘画基础之完成；（三）西方现代艺术的接触与刺激；（四）自我求变的精神与知友的激发。四种因素交互影响、配合与激荡。

---

[1]　张大千"泼墨"画在台湾展出初期，曾有姚梦谷、张佛千先生等为文讨论"泼墨"或"破墨"问题。本文采用近年约定俗成的"泼墨"。大千自己也倾向用"破墨"，然而在实际技法上，其泼、破兼用。

（一）眼疾为主要近因

　　大千先生在 1957 年眼疾突然恶化，当他发病严重的时候的确无法视物，稍愈时已不能如从前一样画工笔，遂改作大写意画，终而变化为泼墨，再进而泼彩，这是一种循序发展的演变，"眼疾"一般认为是他大泼墨泼彩风格形成的主因。这是连他自己也承认的，例如他在 1968 年春回台湾时曾对记者说："我近年的画因为目力的关系，在表现上似乎变了。"[1]1961 年作《后赤壁小图》，墨

---

[1]　谢家孝：《张大千的世界》，台湾时报文化出版事业有限公司，1982 年，页 240。

图5　张大千　《四天下山水屏》　1967年

图6 张大千 《长江万里图》局部 1968年

图7 张大千 《黄山前后澥图》局部 1969年

晕纵横，自题云："大千居士病眼四年矣，真可谓瞎画也。"[1] 另自题《合欢山上》亦云："目疾日益梦董，不复能细笔矣，此破墨法略抒胸臆而已。"[2]1972 年大千在旧金山"张大千四十年回顾展"自序中也说："予年六十，忽撄目疾，视茫茫矣，不复能刻意为工。所作都为减笔破墨，世以为创新，目之抽象。"[3] 大千目疾严重时，一目已完全不能视物，然而经过一段适应时期，他也能用一只眼来作画，而且他的信心从他的闲章"独具只眼"和"一目了然"中充分地表露出来。

虽然眼疾是促使张大千画泼墨、大写意的主要近因，但是不能就此断言：如果大千的目力像文徵明一样，在将近 90 岁时还能写蝇头小楷的话，他便一辈子也画不出泼墨泼彩的风格。其实，大千病眼之前已经充分具备发展出泼墨泼彩的潜力，如无此潜力，仅因病眼一端，是无法发展出这样奔放的风格的。即如许多画家到老年时都有视力退化之状况，并未因此而画出新风格。同时，许多当代的传统国画家，在二十世纪五十年代、六十年代时，也都一样面对西方现代抽象表现主义的冲击，但是他们有的无动于衷，有的即使有所开创，风格也并不类似。此说明张大千的泼墨泼彩画，固然因眼疾促使其转化，可是他也吸收了西方现代绘画的思潮，再加上他一生中其他各种因素而相互促成的。

（二）传统绘画基础之完成

眼疾是生理方面的原因，绘画方面的内在原因首先是大千 40 多年来对传统绘画的钻研已达炉火纯青之境，对泼墨、泼彩的相关技法已完全熟悉。张大千自己说："并不是我发明了什么新画法，也是古人用过的，只是后来大家不用了，我再用出来而已。"[4] 又说："我的泼墨方法是脱胎于中国的古法，不过加以变化罢了。"[5] 或者他在文字中表示："予何尝新？破墨法固我国之传统，特人久不用耳。"[6] 他一再指出其泼墨、泼彩的画法，古法皆已有之。兹将大千曾经熟习运用的古法，日后直接运用到泼墨、泼彩法者举例如下：

1. 石涛的湿笔晕染法，不论是山水或花卉，都用到这种独特的手法。大千

---

[1]　此作于现藏于台湾历史博物馆。

[2]　《张大千画集》，台湾历史博物馆，1974 年，页 105。

[3]　张大千四十年回顾展自序，旧金山，1972 年。

[4]　谢家孝：《张大千的世界》，台湾时报文化出版事业有限公司，1982 年，页 240。

[5]　冯幼衡：《大千世界》，宁夏回族自治区政协文史资料研究委员会编：《张大千生平和艺术》，中国文史出版社，1988 年，页 222。

[6]　张大千四十年回顾展自序，旧金山，1972 年。

对石涛技法揣摩得最纯熟，因此对此也早已驾轻就熟，可以随时运用在他自己的作品中。

2. 徐渭的逸笔水墨画与八大山人的墨荷都是传统大写意画中的极致，具有概括的造型，都是大千早年力学并终生役之的画法，也都达到淋漓挥洒、随心所欲的程度，泼墨只是更进一步地解放笔墨而已。

3. 中国传统山水中早就有"泼墨""破墨"这一类的名词和擅于此法的画家。1979年大千自题《雨山》（图8）："元章（米芾）衍王洽破墨为落茄，遂开云山一派，房山（高克恭）、方壶（方从义）踵之以成定格，明清六百年未有越其藩篱者，良可叹息，予乃创意为此，虽复未能远迈元章，亦当抗手玄宰（董其昌）。"[1] 大千在1947年七月自题画云："方壶云山，不落二米一笔，自成风格……闲居无俚，墨戏骋怀，托迹上清，未谋形似。"[2]

1976年大千又论画云："自王洽创为破墨，米老承之以为云山。后有作者，墨守成规，不离矩步，不知风气既移，不容不变，似者未是，不似者乃是耳。"（图9）在这些题识中，不但可以看出大千中年虽多精工山水，但他也喜爱不羁的方壶，而且已经掌握了米芾的云山一派，他甚至批评历代画家画米氏云山的墨守成规，不知变新。至于他提到的唐代画家王洽，据画史记载：

　　善能泼墨成画……先以墨泼图障之

[1] 《张大千书画集》（第二集），台湾历史博物馆，1980年，第69图。
[2] 《大千居士近作》（第一集），台湾历史博物馆，1980年，第9图。

图8　张大千　《雨山》　1979年

图9
张大千
《高岩古寺》
1976年

上，乃因似其形象或为山，或为石，或为林，或为泉者，自然天成，倏若造化，已而云霞卷舒，烟雨惨淡，不见其墨污之迹，非画史之笔墨所能到也。[1]

赵希鹄《洞天清禄集》亦记有："米南宫墨戏不专用笔，或以纸筋，或以蔗滓，或以莲房皆可为画。"然而王洽的泼墨作品不但无迹可寻，甚至连描述的文字也无存。在传世的泼墨作品中，技法上最为放逸、简略的恐怕是以现存日本的南宋牧溪[2]及黎明会所藏宋末玉涧的《潇湘八景》等作品为代表。虽然大千从未提过玉涧的名字，但以大千对日本藏画的熟悉程度，此或许表明他对那些作品并不十分钦服，不过一定程度的启发仍在所难免。

大千的泼法并不是单纯地往画纸（绢）上泼墨，而是相当费时费事，其繁复处理之过程，非十天、半月不能完成。首先他将画纸或画绢贴在板上，作画之前，还得先喷湿纸、绢，再缓缓将调好的墨汁泼上。其后，令门人子侄各持木板一端倾侧摇动，直到他满意为止。等到墨晕固定后，大千由远处不同角度观看，再细加经营，审视再三，才用传统的笔法在适当位置略加皴法，再点缀人物、屋宇、桥梁、舟楫。[3]于是从混沌中开辟一片山川出来，为此他又增添一方闲章"辟混沌手"，符合并满足他说"艺术家是上帝"的观点。由于每一次泼墨流动的效果绝不会重复相同，因此每一次都是新的创造，画面、章法也绝不会有雷同，此与西方绘画中的自动性技法相通。大千处理画面的方式和他对完成度的要求依赖他长年养成的传统山水画素养以及他对真山水的阅历，二者相互酝酿而成，仍在中国传统艺术的范围之内。

泼彩则是大千创作的最后阶段，实际上是用半自动技法来画传统的没骨画或青绿山水。他往往先用泼墨作为底色，然后在墨汁将干未干的适当时机，将石青、石绿重叠泼在墨汁上，有时也用毛笔拖引，使得色彩与墨色晕成一气，避免生拼硬凑。一旦干透，每幅的效果各异，有流动晕开的，也有沉积堆叠的；有斑驳的，也有浑化无迹的。然后，他一再地颠倒审视，渐渐在他心目中萌生出丘壑溪涧、房屋、道路、舟桥、高士等。一般需等色彩、水墨干透，才能够在混沌中辟出山水，因为需时不一，有的一时不能完成者，甚至过了几年

---

[1]　《宣和画谱》，第十集，页104。
[2]　牧溪画为日本根津美术馆藏。
[3]　请参阅冯幼衡：《形象之外：张大千的生活与艺术》，九歌出版社，1983年，页22。

图10　张大千　《阿里山晓色》　1980年

他才斟酌出适当的布局，然后点缀完成。[1]

　　张大千专以不透明的石青、石绿作为泼彩画的主色，偶尔施加红色、金色、白色。画面整体色感在艳丽中显出沉稳，他的这种彩色效果及方法，都有传统画法为基础。在传统绘画中，早已有在大苔点或米点上罩以石青、石绿点的画法，在墨黑之上更加凸显出石青、石绿色彩的鲜艳，但它们只是施用于小面积的作品中。而大千在敦煌期间临摹重彩的敦煌壁画，大量使用丰富的色彩。因此，他在 45 岁以前已经对各种颜料尤其是石青、石绿等矿物性不透明色彩的性能和效果，都已全然掌握。

　　大千先生在二十世纪三十年代、四十年代，就喜作纯彩色、不施墨线的传统没骨山水以及重彩为主的青绿金碧山水。他曾追溯并简括没骨山水的历史：“此吾家张僧繇法也，继其轨者，唐有杨昇，宋有王希孟，元无传焉，明则董玄宰……有清三百年遂成绝响。”[2] 最后，他认为自己是直接此一传统，也是他中年以后按照自己的理解及观察敦煌壁画后去复活此一传统的画法，表现的是工笔的没骨法。到了晚年，他用写意的方法画没骨，再甚者则倒或泼，例如 1980 年大千画台湾阿里山的晓色，基本上用的是泼彩法，但他仍然说：“以吾家僧繇没骨法为此。”（图 10）1981 年画泼彩《灵岩山色》（图 11）题云：“并用唐贤王洽、

[1]　请参阅傅申：《血战古人：张大千六十年回顾展展目》，第 85 号《桃源图》之说明。

[2]　张大千自题没骨山水。

图11 张大千 《灵岩山色》 1981年

杨昇两家笔法，不敢忘本，妄言创作也。"[1] 此为大千解释他泼彩来源的最重要
自述：王洽代表了放逸自由的、没有笔踪线条的画法，杨昇代表了对丰富色彩
的运用，他把这两种方法结合起来，不见笔踪的运用色彩就是泼彩。在技法上，
传统的没骨和青绿法是近乎工笔的多层次加染，是在高度控制下进行的，而泼
彩则可谓是大写意的没骨青绿法。所以基本上他对泼彩色调的选择与他取法传
统的青绿和没骨关系极大，而且都是他以前惯常使用过的色调。但是为了要求
色与墨的融合无迹，往往要在第一次未干之际，适时再泼，在方法上自是一种
新的尝试，而且是半自动性的，故难于每一次都能达到自己的期望。因此，大
千先生经过多年的无数次的泼彩试验，才终于达到如泼墨一般得心应手的技巧
控制。

（三）西方现代艺术的接触与刺激

张大千先生在 50 岁以后住在西方国家长达 25 年之久，约占其一生的三
分之一，比许多传统水墨画家接触西方艺术及思潮的经验更多，尤其是他曾有
意打开西方的艺术市场，故而也存有迎合西方艺术潮流的心理。李铸晋在他的
《张大千与西方艺术》一文中，强调大千以中国传统绘画技巧为本，注意西方
绘画之变迁，将可以采用者吸收到自己的绘画创作之中，他并不强调眼疾，而
解释为其个人的追求和时代的趋尚。事实上，在二十世纪五十年代、六十年代
西方艺坛崛起的"抽象表现主义"（Abstract Expressionism）、"行动绘画"

---

[1] 《张大千书画集》（第四集），台湾历史博物馆，1983 年，页 28。

（Action Painting）所使用的自动性技法，以及与"行动绘画"对立的"色场绘画"（Color-field Painting），他们的艺术理论似乎和最高层次的中国玄学有相通、呼应之处，较容易为大千所接受。当大千解释抽象画理论时，他是以老子的"无象之象""大象无形"作为抽象画论之祖，也认为唐司空表圣《诗品》中"超以象外，得其环中"的表述是与抽象画论相契合的。而大千先生又说："艺术家最起码要做上帝，因为艺术家可以创造天地。"[1] 如此"创造天地"的体认，又和西方现代艺术特别强调原创的精神不谋而合。

对于大千先生接触西方艺术和他所受到的刺激，李铸晋强调大千在巴西时期时"圣保罗双年展"对他的影响，巴东则强调二十世纪五十年代大千到纽约时正值自动性技巧的风行。此外，大千先生在巴黎时曾与毕加索会面，显示他当时企图走向世界艺坛的雄心，此次会面增进了他对西方大艺术家的亲身体认。再者，大千与赵无极等当时留欧人士的交往，也使他对当代西方风尚有所接触并加以认识。虽然大千的家人和学生都说他对当时的新派画展并不注意，也不常看当代艺术的展览，但是反应敏锐的他身处西方，不可能摒弃大时代潮流的刺激，有形无形之间自然蒙受影响。甚至大千游巴黎时，亦曾由友人引导、参观了当时最前卫的、结合行动和表演的绘画——将颜料涂在女人体上，再由人体滚印画布，结果看起来像是抽象画。[2]

（四）自我求变的精神与知友的激发

关于大千求变的精神，笔者已经在前文多所着笔，大千常告诫学生"要能化古人为我有，创造自我独立的风格"[3]，以及他认为"中国绘画都是每一个时代最新的东西才流传下来"[4]。因此，因缘际会，在天时、地利的配合下，他找到了自己的方向，并且以毕生的努力加以发展。

大千先生的绘画在创新发展的过程中，笔者认为有位重要的关键性人物——大千的好友郭有守。郭有守为四川人，抗战时期大千自敦煌回四川开画展时，郭氏是四川省教育厅厅长，而且他们之间还有远亲关系；因郭氏身处海

---

[1]　请参阅冯幼衡：《形象之外：张大千的生活与艺术》，九歌出版社，1983 年，页 163—165。

[2]　此乃笔者于 1991 年在华盛顿举办"血战古人"展时，程时敦先生面告者。据笔者所知，法国艺术家克莱因（Yves Klein）在二十世纪六十年代发表一系列由人体涂抹色彩（特别是克莱因注册商标的蓝色）滚印画布的作品，不知大千先生所见者是否即克莱因？

[3]　《大千画说》第 2 条，引自高岭梅编：《张大千画》，香港东方艺术公司，1961 年，页 7。

[4]　冯幼衡：《形象之外：张大千的生活与艺术》，九歌出版社，1983 年，页 142。

外，又曾对艺术潮流密切关注。大千于 1956 年及 1960 年、1961 年曾数次到巴黎，均由郭氏热忱接待且住在郭氏处。1961 年郭氏曾对年轻画人说："外国人喜欢流行的抽象派，中国画在巴黎没有地位，一定会亏本……"他鼓励年轻人"跟随潮流，学着人家画抽象画，……画才卖得出去"[1]。

张大千既然游历并居住在西方世界，且有雄心打入西方的绘画市场，郭有守正是大千在欧洲的主要接触管道，那么郭氏对现代艺术的认识与观点，必然会对大千带来莫大的刺激与影响。更何况大千先生根据在海外画展的实际经验，多少了解西方人观展后的评论，不可能不了解时之所趋。这些接触与经验更加推动了他在传统中国画的基础上发展出由大写意逐渐变为接近抽象画的表现方式。

在大千发展泼墨画的同时，曾经尝试以书法的运笔尤其是草书的用笔来写画。早年他曾学张风，仅是局限性地发展逸笔的山水与人物；及至 1956 年他在巴黎受到西方现代绘画的冲击以及好友郭有守的鼓动，大千为他画的两本《狂涂册》中有一页题云："现在的人，动辄说以书法来写画，此却有几分醉僧笔意，但恐索解人不得。"这一类的画以快速的运笔取胜，不求物象之形似，具有抽象性，是大千借传统而脱离传统的开始。不过此一风格仅适用于小幅画面，发展上自然受到限制。此册中也有水墨淋漓、大笔涂抹的《黑白山水》《山林高士》。另一本也是为郭氏所画的《蜀楚胜迹册》中，大部分山水都是泼墨风格，而这种画法则不受尺幅大小的影响，甚至愈大愈自由，淋漓磅礴，正是大千日后选择的方向。[2]

兹将他的泼墨、泼彩的发展阶段简述如下：

1. 最早出现与大千晚期风格有直接关联的作品，可以追溯至他病目之前的 1956 年在巴黎为郭有守画的写意山水人物册，其中运用极为自由奔放的笔墨作小幅的大写意绘画，一种是用所谓草书的笔法表现充满动感的线条，另一种是泼墨，即用大笔刷墨来表现墨韵。前者只限于小幅或简笔画，发展上有所限制，后者在大千 1957 年病目以后继续发展，到 1962 年他以大笔刷墨并浅绛法上彩创作四联巨幅《青城山通景屏》，此时小面积部分系以大笔拨运为主，因此画面远看起来是斑驳的。

---

[1]　林霭：《张大千在巴黎》，《大成》第 185 期，页 4。

[2]　关于郭有守与大千泼墨画风的关系，笔者拟另撰一文阐明之。

2. 发展到 1963 年，大千渐渐采用半自动的泼墨法或兼用大面积的泼彩法，终于在 1964 年至 1969 年间他发展出有整体感的、成熟的泼墨泼彩或两者兼用的画法。在 1968 年初，他自己曾对人表达过：

> 我最近已能把石青当作水墨那样运用自如，而且得心应手，这是
> 我近来唯一自觉的进步，很高兴，也很得意。[1]

因此在他的画幅中经常出现闲章"得心应手"。大千于二十世纪六十年代创作的一些作品中，传统的皴法减至最少，这是他一生中作品最接近西方抽象表现艺术的时期，也是西方抽象艺术迈向"最低极限主义"（Minimalism）的时期。大千自己对这种"世以为创新，目之抽象"的风格有他自己的阐释，他说：

> 老子云：得其环中，超以象外。此境良不易到，恍兮忽兮，其中
> 有象，其庶几乎！[2]

正因为这一时期大千先生的目标是放眼国际，所以他此一阶段的泼墨泼彩风格作品产量最多，品质也最高。

3. 二十世纪六十年代以后，大千虽然继续此类画风，但在比例上逐渐减少，其绘画又渐渐回到较具象和皴法较多的传统风格中。当他 1968 年为张群作《长江万里图》及 1969 年为张目寒作《黄山前后澥图》时，可能因为都是为熟识传统中国画的老友而作，画的又都是实景，所以不能自由泼洒。另一个重要因素是，大千于 1969 年秋移居到中国人较多的美国加州，最后甚至搬回中国台湾，此影响了大千先生画风的转变。大千是一位职业画家，艺术市场的考量在一定程度上确实会左右他的绘画发展。一旦欣赏者与购画人的品位发生改变，他也就适度地将传统画法融入泼彩的新技法。[3]

---

[1] 谢家孝：《张大千的世界》，台湾时报文化出版事业有限公司，1982 年，页 253。
[2] "张大千四十年回顾展"自序，见乐恕人：《张大千诗文集》，台湾黎明文化事业公司，1984 年，页 124。
[3] 请参阅巴东：《张大千研究》，台湾历史博物馆，1996 年，页 115—156，第四篇"泼墨泼彩画风之形成"与笔者观点互有异同。

结　语

事实上，在大千发展泼墨泼彩的同时，他从未间断绘制比较传统甚至仿古的作品，说明大千即使在晚期创作偏向自我造境的泼墨泼彩山水画的同时，仍然不断地反刍着传统，向前人吸收养分。他的艺术的每一个阶段都自我要求风格上的变与创新，即使受到西方现代艺术的强势冲击，他也从未放弃中国传统的美学观念以及他在中国绘画技巧方面所接受的训练。因此大千先生坚持中国本位而"引西润中"，而并不是改变自己向西方靠拢，他说："一个人若能将西画的长处溶化到中国画里面来，要看起来完全是中国画的神韵，不留丝毫西画的外观。"[1] 这一点，大千有别于那些与他同辈的中国当代西画家。

二十世纪七十年代大千先生往返于美国和中国台湾之间，继续画了许多中小幅泼写兼施的怀乡及胸中山水之作。其间自有不少佳作，但终究年渐老迈，又为声名所累，特别是 1978 年正式返台定居于台北外双溪摩耶精舍后，人情的包围愈来愈严重，因而其创作情绪常受到干扰和压抑，不能静心如意创出传世的作品。1981 年，当大千以 83 岁的高龄接受友人之请画一幅生平最大的山水画《庐山图》时，虽然他正年老多病，此却再一次激发了他的创作欲，同时向自己的体力和环境挑战。大千先生奔波于病院与大画室之间，但终究还是未能如愿完工。1983 年 3 月，在他去世前一个月，张大千依然雄心未已地允诺台湾历史博物馆，打算绘制另一幅与《庐山图》同样巨幅的《黄山图》，[2] 可见他到了垂暮之年仍有心想多画几幅精心经营的传世巨构。综观其最后十余年的作品，由二十世纪六十年代末期的色彩绚烂、章法峻拔渐随其年寿日增而终趋于平淡之境。（原文见傅申著《张大千的世界》，台湾羲之堂文化出版事业有限公司，1998 年，页 82—91）

---

[1] 谢家孝：《张大千的世界》，台湾时报文化出版事业有限公司，1982 年，页 243—244。
[2] 李永翘：《张大千年谱》，四川省社会科学院出版社，1987 年，页 518。

第十三节

张大千研究缘起

"血战古人"是我曾经举办的"张大千六十年回顾展"的展名，这是在借以说明张大千先生雄心万丈、勇猛精进，为向历代古人挑战而投入全部之精神。大千挟其天生异秉，又具有极强的好胜之心，他矢志要在绘画史上出一头地，花了一生的时间和心力与古人血战。

在他的前半生，他为了要能入于古人而血战；他的后半生，为了要能出于古人而血战。为了证明他入古之深，他不惜做一个制造假画的伪作者，在向古人挑战的同时，还要向那些前辈画家和鉴赏家挑战，进而向全世界的专家们挑战。在他后半生挣扎着摆脱古人的同时，还要向年轻一辈的画家们挑战，又要向西方的画坛挑战。最后在耄耋之年，他还要与自己的衰病之躯挑战，画了一幅长三十六尺、高六尺的大画、画他从未到过的庐山，耗尽心血！此画未完，他又许下心愿，要画一幅与之同大的《黄山图》。这就是一生向艺术挑战的张大千。

站在美术史的立场来回顾整个中国绘画史，我深深地觉得二十世纪是一个空前丰富的时代，原因也是多方面的，最重要的当然是中国本土的政治剧变与东西方文化的碰撞而产生的冲击。在这样丰富的时代所出现的众多画人难以计数，而称得上大师、大家、名家级的画家为数亦不寡，因此有的同道、朋友为我以张大千作为研究对象且在美国的佛利尔美术馆为其举办回顾展感到不解，因而借此机会作一番说明。

我想最主要是因为我是研究绘画史的，而大千先生一生的作品几乎就是半部中国绘画史，自古以来没有第二个画家可与之比肩。同时，我也是研究古画鉴别的，张大千是伪作史上的第一高手，他的仿古、伪古，我想加以澄清并说明其本质。这就是大千对我最有吸引力和挑战的地方。

一、不是锦上添花

张大千是中国画史上最爱好交朋友、最得人缘也是最会运用人际关系和新闻媒体的画家，因此他生前身后享誉之隆、报道之多，何止是"五百年来第一人"，实在是千古一人而已，他对人情、世故的运用确是到了上上乘的至高境界。依笔者的个性，向来不喜欢做锦上添花的事。老实说，张大千的成就有目共睹，吹捧、揄扬的文章众多，本人根本不想凑热闹。笔者虽然在习画阶段（编者按：傅申先生为台湾师范大学艺术系 1959 届毕业生，毕业前后曾获系展及省展等多个奖项）也曾在私下学习过大千先生的山水画，但是在他生前并没有发表过一篇揄扬或详介他的文章。当我决定要在华盛顿佛利尔美术馆为他办一

图1 傅申在"血战古人：张大千六十年回顾展"现场向王方宇（左一）、李顺华（左二）、黄君实（右一）介绍张大千作品《文会图》

个展览时，也已是在他过世之后。如果他尚在世，即使我钦服他在绘画上的成就，也绝不会办这个展览。由此可见笔者办此一展览绝不是锦上添花，更无攀附之意。

二、"血战古人：张大千六十年回顾展"（图1）

我的朋友直言问我，究竟我与大千是什么关系，大千先生生前曾否赠画给我，我是否是他的座上客？又是否尝过大风堂的名菜？因此我想追述并分析一下我与大千先生之间的因缘。

回忆笔者在1956年考进当时台湾唯一的艺术系（台湾师范大学艺术系）时，由于从小缺乏国画的教育，如同当时大多数的同学一样，一心一意想做一个西洋画家。但自二年级开始，不但觉得西方绘画在思想上与我很远，且连一件原画也无法看到！但随着对传统书画金石的兴趣愈来愈浓厚，我决定将来走中国美术的道路，要成为书画篆刻家。

在绘画上，我对山水画兴趣浓厚，除了受到在校的黄君璧、溥心畬老师的较大影响，课余又在傅狷夫老师的心香室习画。到了四年级以后，渐渐看了些张大千的画展和画册，对他描绘台湾横贯公路及阿里山、日月潭等作品有深刻印象，所以在私下他也是我取资模仿的对象之一。大学毕业前后，由同学陈瑞康兄的介绍我得识书画家陈子和先生。陈先生曾对大千先生的画展出过力，其后在陈先生生活比较潦倒时，他常画一些松柏寄去巴西请大千合作以后售卖，

图2　傅申（左）与丁翼（右）在台北拜会张大千（中）1964年

张大千有求必应，因而使我甚为佩服其为人。我的书法篆刻老师王壮为先生常为大千先生刻一些闲章，也得些大千先生的赠画，其中《玉照山房图》给我留下了极为深刻的印象。

我与大千先生第一次见面就是在王壮为老师 1959 年六月的 50 岁生日宴上，当时台北书画界名人都在，我是年纪最轻的小辈，属于新成立的七修金石书画社成员，与其他的社员——吴平、江兆申、沈尚贤、陈丹诚、李大木、王北岳诸兄同坐旁边一桌，故而除了被例行介绍而与大千先生握手，并未与之交谈一言。

记得第二次见面的情形也类似，那是 1964 年六月十九日，由叶公超、黄君璧、陈子和诸位先生联名欢宴大千先生夫妇，到场的台北艺坛人士如马寿华、谭伯羽、陈定山、孔德成诸老，当时我正在台湾电视公司主持书法教学节目，餐后由书法家丁翼兄拉着我与大千先生合影。第二天，三人合影刊于报纸，并有介绍道："与会人士百余人，其中最年轻者为青年书法家丁翼及电视节目书法教育主持人傅申，老少合影，艺坛佳话。"（图 2）照片见报只是让反对我报考艺术系的家父转变了对我的看法，但是那一次除了合影，也没有与大千先生交谈、请益的机会。

第三次见面是在叶公超、陈雪屏二位先生推介江兆申先生与我同进台北故宫博物院书画处服务之后，从那时起，我就热衷于古书画鉴别这门学问。一次，张大千先生来台北故宫博物院观赏名画，在演讲大厅摆的凹字形的会议桌上看画，所有的贵宾及台北故宫博物院正、副院长及各处主管都一字排开，各自倚桌而坐，好像开会一样，只有书画处库房的"老牛"在旁服侍——准备一些画卷、画册，但看画是由大千先生自卷自看，没有一人与他同赏或讨论。当我无意间闯进去时，就很自然地、静静地走到他背后同赏名画。记得当他看到一卷后人伪造的五代赵幹的山水卷后，说了一句俏皮话："这一卷连照（音赵）着幹的都不是的啊！"意思是说这是一幅毫无所据的伪赵幹之作，我听了为之失笑。自此之后，也就对其他的画偶然提出一些问题，与他讨论。

我那时正在研究五代画家巨然的传世画迹，发现了几幅大千先生的游戏伪作，一为今存大英博物馆的传巨然《茂林叠嶂图》，一为陈仁涛氏所藏的传巨然《溪山兰若图》（图3），还有一件波士顿艺术博物馆藏五代关全名下的《崖曲醉吟图》（图4）。这幅关全的画，实际上是根据大千先生自藏的所谓刘道士的《湖山清晓图》伪造的。在台北故宫博物院有一卷巨然名下的《溪山萧寺图》与《湖山清晓图》同出一手。当大千正在展卷观赏此画时，我立刻趁

图3　张大千伪作巨然《溪山兰若图》　香港陈仁涛旧藏

图4　张大千伪作关仝《崖曲醉吟图》
美国波士顿艺术博物馆

机请教，提出了波士顿艺术博物馆的所谓关全这幅画不应该是关仝真迹，我也想要看看他的反应如何。自我站在他背后看画交谈起，他始终未曾回头看我，当我提出对这幅关仝画作的看法之后，他才第一次回头看了我一眼，并且说："不会的吧，那幅绢看起来很旧的！"但我坚持说："绢虽破旧，但画是新的！"随后他又看了一些别的古画。

当大千先生看完了所有为他准备的画卷之后，他就起身，蒋复璁院长和其他在场同仁们到门口准备送别，大千先生一一和他们握手告别。在他离开之前，巡视全场，发现我远立一角，他就特别穿过中间人群、走到我的面前与我握手，并问我的"大名"，我当即答："我叫傅申"，随后他就被拥簇着离去。

下一次就是我最后一次见到大千先生，也不知道他有没有见到我。那是在1970年，当我从美国普林斯顿大学应蒋复璁院长之邀回台北故宫博物院参加第一次中国古画讨论会，会议隆重，由蒋夫人发表开幕演说，贵宾云集，大千先生亦应邀回国。如同往常一样，他照例被一大堆人围绕，我只有在远处望他。当我发表有关董其昌及《画说》的作者问题的论文时，也不记得大千先生是否在座。

自从我进台北故宫博物院工作之后，因时间和精力有限，就集中精力作书画史之研究与鉴别工作，虽不至于"焚笔碎砚"，但除了写写字，画是几乎完全停止了。不过，我还是注意时人的画风发展，对大千先生的画展和作品也是特别留意的。

当我在普林斯顿大学就读期间，方闻老师要我将沙可乐氏的藏画加以研究并整理、出版。除了藏画中有不少石涛之作，大千先生还寄存了一箱子的石涛作品，我可随时去研究、观赏。由于我对石涛真迹的大量接触，又进行了全面

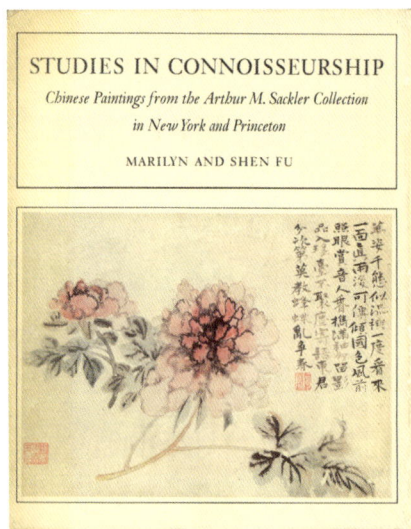

图5
《鉴别研究》之封面

的研究，因此也使我对大千先生伪作石涛有了一个深入的了解。

1973 年普林斯顿大学出版社出版了我的第一本书《鉴别研究》（*Studies in Connoisseurship*），又名《沙可乐藏画研究》（图 5），书中发表了一部分大千先生伪作的石涛书画。此书出版之际，听说在大风堂的门生中有人气愤地怂恿大千先生说："去向法院告傅申毁谤罪。"我们知道，大千先生不但有容人之量，而且自己也常常以当众指出他当年的伪作为乐事，哪会将此事芥蒂于心呢？所以我也失去了和他对簿公堂的机会。

1983 年初，张大千将要过 85 岁的生日，《雄狮美术》发行人李贤文先生来信要我撰稿，我就以"大千与石涛"为题，罗列故事与作品，较全面地述说了石涛对他的影响，并且也不加避嫌地指出了他伪作石涛的作品。然而在稿子发出之前，即收到大千先生因病去世的消息，我非常遗憾，因为这篇文章虽是为一般读者而写，但也有一部分内容是写给他看的。揄扬大千成就的人虽多，但是究竟有多少能真正了解他在绘画上的苦心和血战古人的过程？我自问我对他有相当程度的了解，然而他竟去世了，不能读到我的那篇文章，因此使我怅然若失！

1979 年秋，我应华盛顿佛利尔美术馆之聘，担任中国美术部主任。在该馆所藏的名画中，有一幅 1957 年购入的传为李公麟的《吴中三贤图》，经我研究，可以充分证明那是大千先生的伪作。我在 1985 年就撰好中文稿，到 1989 年九月才以英文发表在香港的 *ORIENTATIONS* 上，该文同时指出了分散在海外各

图6　傅申先生于1987年已着手策划"血战古人：张大千六十年回顾展"（李贤文摄，引自《雄狮美术》，1991年第12期）

大博物馆中大千所伪作的其他唐宋古画，说明了他要借这些作品，一方面向古代名家挑战，另一方面向世界上各大博物馆及国际上的中国古画专家们挑战的心理。

佛利尔美术馆的藏品规定是不外借的，因此其也不举办借品展。1987年沙可乐东方美术馆开幕，并与佛利尔美术馆合并在同一行政组下。但新馆藏品少，为弥补老馆之不足，规定可以举办借品展，因此我为该馆筹划了一个展览（图6）。

从我这些经历，相信读者可以看出我研究并举办大千作品展览的渊源了。我对大千先生既没有身受其惠，也无恩可报，他也没有送过我画。虽然很想登门求证我所搜集到的流散在海外、他伪作的假画，但是知道他门客太多，不能畅谈，所以在他生前我也没有成为他的座上客，更没有尝过大风堂的美味。我钦佩他在书画上的努力、才气和成就，也很喜欢他大部分的作品，在很多方面我认为他是中国画史上难得的大家，他当然也是二十世纪最有成就的画家之一。尤其作为一个研究古书画史及鉴别工作的人来说，张大千是一个最理想的研究对象，因为他是历代画家中对传统绘画研习最深和了解最广并且是最好的画家，因此他的作品与绘画史最富有关联。在他的作品中，不但有他个人的画史，也有中国绘画的历史。

三、血战古人，画中有史

"血战古人"，我在前文已说明其蕴含的多种含义，张大千所"血战"的并不仅限于古人。张大千在绘画上所取径的方向是传统的古人和古画，与和他同时代的若干大家的"西为中用"、由外向内的路径是有所不同的。大千是由内向外，从传统来开拓现代，所以他在古画中吸取养分的同时，他也一一向古人挑战。他临摹古人是为了学习，当他在仿古尤其是伪古时，显然是在与古人较量、一比高下，他绝不是要做古人的奴隶，其最终目的是超越古人，所以他在艺术的晚期力图创新，在他深厚的传统基础上，努力独开蹊径，其不甘于古人束缚的心态是极其明显的。

张大千在绘画上的范围之广、功力之深、天赋之高、精进之勤、超越之速、自期之远、自负之高、成就之大，不论你喜不喜欢他，不得不承认他不但是近代大家之一，也是整个绘画史上的大家之一。

我数年来不自觉地耗费数年的光阴在他身上，并不代表我认定了张大千是近代"唯一""最伟大"的画家，我喜欢并敬重的近代大家其实还不少，如大家熟知的齐白石、黄宾虹、徐悲鸿、傅抱石、李可染、林风眠等，但是由于个人做研究的方法以及有限的时间和精力，不能同时对各家都作深入的研究。不过最重要的原因，恐怕还是因为我在过去是研究中国传统绘画史的，而在以上这些现代大家之中，除了黄宾虹和傅抱石差可并论，没有一个画家对中国绘画史像张大千那么熟悉，同时又刻意地从传世古画中加以探究和学习。诚如何怀硕兄笔下的张大千："中国美术发达史自上古迄近代，各流派、各家法，尽集其腕底，一生作品可谓为中国画史之缩影，其为一代宗师，不但并世无匹，衡诸先人，亦罕有广博精深如大千者。"[1] 又说："他搜罗中国绘画史上一切的精华，不论宫廷的院画或在野的文人画，不论是贵族的或民间的；不论南北、古今，他的恢宏有容、兼收并蓄，在美术史上难得如此第二人。他可以说是中国传统绘画的大百科全书。"[2] 即使像黄宾虹这样兼有画史家素养的画家，但从对古画真正能体悟其精髓且在临仿学习时能做到形神俱似的角度看，黄氏仍然远不及大千。这可以由五六十岁的黄宾虹误认张大千在 20 岁出头时伪仿的一幅石涛为真迹精品，就可见出两人的高下。不过，黄氏的误鉴倒是给大千打了一剂强心针，他从此壮了胆。

---

[1]　何怀硕：《细说五百年来一大千》,《矫情的武陵人（第二辑）：艺术批评》,台湾立绪文化事业有限公司，2019 年，页 244。

[2]　何怀硕：《细说五百年来一大千》,《矫情的武陵人（第二辑）：艺术批评》,台湾立绪文化事业有限公司，2019 年，页 248。

在张大千的绘画发展过程中，他不断地向一个个古代大家挑战；在他学习消化之后，就要求自己能与他们媲美，比如他最敬重八大山人，但是有一次题自己仿八大山人的得意之作说："个山（即八大）得意处未必有此。"或自题简笔山水人物图云："予之此幅，清湘（即石涛）能作此人物，不能为此山石；八大能作此山石，却不能为此人物，至于全幅运笔构思，起两公于九京，当亦无由落墨矣！"

等到后来，张大千不但出入宋元，上攀隋唐，他的自信心更强了。他在一幅《幽壑鸣泉图》上长题云："欧阳公尝自称其庐山高，今人莫能为，唯李太白能之，明妃曲后篇即太白亦不能为，唯杜子美能之，至于明妃曲前篇，子美亦不能为，唯吾能之。此幅宋人有其雄伟、无其温润，元人有其气韵，无其博大，明清以来毋论矣。闻斯言者，莫不莞尔而笑，愕然而惊。"大千固然有好胜雄心，但绝不是狂妄之徒，偶然发表这样的豪语，那确是他"血战古人"的成果，而不可以"狂言"视之。

当然，张大千也不是完美的，从不同的角度去观察时，我们确实可以说他很多的画太偏于甜美，用笔流滑的应酬画太多，其内容与历史、时代及中国的民间疾苦好像都无关而脱节，因而可以大致同意何怀硕兄对他的批评："过于偏向唯美的营造，缺乏深厚的人性体验之表现，故他的成就，不无自外于他所处的这个苦难的时代的遗憾。"[1] 当然我们也可以反观黄宾虹、傅抱石、林风眠等人，他们的山水、花卉、仕女、高士，徐悲鸿的墨竹、麻雀等又表现了什么时代性呢？显然绘画的品评标准是多方面的，美本是艺术表现最终的一环而已。

这也是张大千个人的选择，他是有意识的，因为他曾说："画以表现美为主"[2]，"真正美的东西才画，不美的就要抛弃"。绘画的优劣，不在乎唯美与否或是否有关民瘼，而在于作品本身的技巧（用笔、设色、结构）与内容的深度是否真诚和谐地配合。这与书法有某种程度的相似，就像书法的好坏并不决定于书写文字的内容，拙劣的书法并不因为写了一首有关时代苦难的诗就变成了艺术品，但是好的书法一般都有铢两悉称的内容。

张大千入古之深是自古以来所罕见的，因而要真正了解他的作品，并不是单单用一般的美感直觉就一目了然的，因为那只是表面的了解。如果用诗来比

---

[1]　何怀硕：《细说五百年来一大千》，《矫情的武陵人（第二辑）：艺术批评》，台湾立绪文化事业有限公司，2019 年，页 265。

[2]　谢家孝：《张大千的世界》，台湾时报文化出版事业有限公司，1982 年，页 241。

喻，许多写景咏情的诗用白描手法，就能令读者产生共鸣；但是许多善于用典的诗，在体悟时，只用直觉的美感是不够的，还要以学识来辅助。欣赏或研究大千的画，对古画知道得愈多愈好，尤其是对大千曾经收藏、观赏过以及他曾经阅读过的古籍和书画著录。当然，大千创作的来源过半来自传统的古人诗文和古画，也有不少来自他的游历。因此，他游览过、居住过的地方，最好也跟随他的足迹跑一趟，身历其境，体会则又不同。其实对于每个画家的研究都是如此，不只限于研究大千。

由于职业关系，我对与张大千相关的古画有某种程度的熟悉，对于大千一生创作的作品，经过多年和各方的收集，累积数千。在过去数年，我到过他的出生地内江，求学地重庆、上海，北京颐和园、苏州网师园、黄山、成都、峨眉、敦煌、兰州、香港，印度的大吉岭、阿坚塔石窟，南美洲阿根廷布宜诺斯艾利斯、安第斯山温泉桥，巴西圣保罗摩诘城的八德园，美国卡迈尔的可以居、环荜庵，十七里半岛公路，东京横滨的偕乐园，法国的巴黎、英国的伦敦及瑞士的雪山，中国台湾的横贯公路、苏花公路、阿里山及摩耶精舍。因此，我对张大千及其绘画的了解，已经尽了我可能的范围内所有的努力了。

四、面对大千的挑战

我之所以研究张大千先生，除了他的画风发展是一个很好的范例，另负有一个绘画史工作者的主要任务——澄清流传各地的大千伪古画。游戏伪作古书画，不但是大千不讳言的事实，而且也是他的得意之事，因为他除了在向古代名家挑战，也是向当时的鉴赏家、收藏家挑战。他得意，因为他是胜者。

我站在书画史工作者以及鉴别工作者的立场，承继同行先辈之志，来面对他的挑战。

就个人对美术史的认识来说，毫无疑问，我可以说他是整个中国绘画伪作史上第一人。因为古今其他的伪作家，往往只是专做一家，或至多能做数家而已，哪有像大千那样能做数十家、时代的跨度超越千余年的？他伪作之精，不但大鉴定家如黄宾虹、罗振玉、陈半丁、程霖生、叶恭绰以及他所钦佩的吴湖帆等都误以为真，而且他伪作的历代古画分散在全世界，如中国、日本、法国、英国、瑞典和美国等各地一流博物馆中，这绝对是史无前例的一项特殊个案。在此不妨让我们套用大千的豪语，为他说出他自己不便说的话："抑知吾之伪作古画，上自隋唐，下抵明清，足使罗振玉、黄宾虹、陈半丁、程霖生、吴湖帆等走眼，世界各大博物馆专家误鉴，五百年内外，又岂有第二人哉！"

我并不有意提高伪作及伪作家的历史地位，我提出大千伪作这一项研究，完全是站在客观的绘画史研究的角度，只在求真、求事实而无意于褒贬。

由于大千先生的伪作范围之广，流传之多，当绘画史工作者研究古画时，常会遭遇一些困难。这些流传在国内外各大博物馆里的伪作，只有在全面了解大千个人画风的发展以后，才能掌握得到。这些不同时代、不同画家的作品，如果要等待各种各样的专家去对各古画家的作品作个别识破的话，可能需要集合很多人，并需要几年或几十年的时间。但是如果有人能彻底地认识大千，那么通过他一个人就可以在较短的时间内作全面的澄清。仅从这一角度来看，就已经非研究他不可了。

研究张大千而不研究他伪作的古画，那绝对不是完整的研究和认识。他入门学习书画，虽与绝大多数的画家相同，是走临摹的路子，但是他特殊的才能，使他不论临或仿都能逼真原迹。他学古人，目标并不只限在一家、两家或明代、清代，他是不断地向古人学习和挑战。他以过关斩将的气概和姿态，由清而明、而元、而宋、而唐、而隋，各时代都有他的伪作。

陆抑非记其在二十世纪三十年代与大千的接触并录其对临摹的看法："临摹前人的作品时，一定要不怕反复，要临到能默得出、背得熟、能以伪乱真，叫人看不出是赝品，只有这样，才能学到笔墨真谛，学到前人的神髓。"[1] 这就充分说明了他临古、仿古甚至伪古本是为学习。但是学到一种程度，他就要和古人一较长短、高下。如何与古人比较？最具体的方法之一，是看看当时的鉴赏家和博物馆专家能否将他的伪作和古画真迹区分出来，这是大千向当时的专家发起的挑战。事实上，流传的伪作不仅是他研究和临仿古画的副产品，而且都是大千"血战古人"的精心之作。通过鉴藏家和美术史家的再三考验，他也由此建立起他的自信心。他多数的伪古画也是临古、仿古的进一步发展，是"意与古会"的再创造，而不仅只是依样画葫芦而已。

在临、仿、伪的实践过程中，使他又有两种成就：一是使他成为眼光敏锐的鉴赏家，因为他观看古画时，能见他人之所不能见。因此，在他自叙大风堂所藏名迹时毫不掩饰他的得意、自负，他说："世尝推吾画为五百年所无，抑知

---

[1] 宁夏回族自治区政协文史资料研究委员会编：《张大千生平和艺术》，中国文史出版社，1988年，页254。

吾之精鉴，足使墨林推诚，清标却步，仪周敛手，虚斋降心，五百年间，又岂有第二人哉。"一是提高自己的绘画要求和水平，他每临一次古画或伪造一古画，就会得到更深入的体会，因而就往前跃进一次。

当他潜心于某一古人的阶段，在他作伪的同时，他自己的一般创作也往往与该一古人的风格相近。反过来说，如果我们要研究他画风的形成、成熟和改变，就应考察与之同一时期他临古、伪古的作品。同样，当我们发现了一件大千所作的伪古画，要断定伪作的年代，就一定要依据大千画风的发展。

仅就研究中国古代绘画的立场，想要在难以计数的古画中将大千的伪作加以区别，如果只是片面地了解大千的绘画，不但困难重重，更会因误判而徒增困扰。因而，为了正确地了解大千的伪古画，就无可避免地要对他的收藏和收藏史，甚至包括他见过的古画、影印本或照片等。总之，这些都是有机地关联在一起的，抽离而作单项的研究就会失去其意义。

综合来说，我们要研究张大千的绘画发展一定需要同时了解他的收藏、鉴别、临古、仿古、伪古、游历以及其绘画理论和美学思想，等等，否则就不够全面。比较起来，像他这样复杂博大的画家是少有的，这就是为什么需要更多时间去研究他。

我个人之所以勇于接受这项挑战，一是时间上有了距离，比较客观；二是目前资讯发达，资料掌握较易；三是个人多年来对大千先生的综合研究，略有心得，以此求正读者诸君。（编者按：原文《血战古人的张大千——张大千六十年回顾展缘起与简介》载于台湾《雄狮美术》1991年第12期，页134—172，本文在原文基础上由编者增删而成，现标题"张大千研究缘起"为编者加）

第十四节

张大千仿古绘画举例

《松梅灵芝图》（图 1）

若非张大千的署款，《松梅灵芝图》这种着色明亮而大胆的作品很容易归属于另一位艺术家。这幅画是张氏已知最早的纪年作品之一，它展示了一位不满25 岁的艺术家在笔法上令人瞠目的丰富才艺。

梅树那珠玉似的笔触、璀璨的色泽与景致中张大千结合了写意用笔与淡彩泼染绘就的其他元素形成对比。张氏以一系列的迅捷用笔刻画松树。他先勾勒全树，然后在内部刷以淡墨，在墨仍湿润时又添加一层淡彩。紧接着，张氏用饱蘸墨汁的毛笔轻点树木来表现高光。而最后墨与彩的朦胧感则昭示了光影，给予松树一种梅树未有的三维效果。

张氏由内及外的画石技法体现了来自李鱓的影响。首先，他以淡墨猛刷于纸，之后在墨干之前勾勒轮廓线，令其与内部颜料融合。最后他平添几许暖色调的赭石。

每一步经营都需干透才落下一笔，这种耐心的步骤造就了梅树。张氏先以浓墨勾勒其树，再于树干内部、顺着树干边缘添加点线皴擦。张氏以未调色的靛青层层填染树干与树枝；又以明亮的朱砂绘制梅花。梅树这份令人动容而又意料之外的色彩引发出张氏与其同时以大胆的色彩实验著称的法国野兽派画家们的类比。张大千不知不觉地共享了他们在绘画中将具象艺术与多彩抽象设计加以平衡的目标。

张大千的灵感来源于他对色彩、装饰的热爱以及对中国纺织物的倾慕，特别是纬线编织的缂丝织锦。在缂丝织锦中，纬线并不贯通织边，而是仅在设计需要有色彩的地方与经线交织。这允许在构思时最大程度、自由地改变颜色，因而使缂丝技术成为制作"编织"书画艺术的理想方式。织工们使用未经调色的纯色与黑色织线制作纺织品，还经常在构思中巧妙地处理黑线，以模仿画中墨色轮廓的效果。1917 年至 1919 年间，张氏在日本学习织物染色与商业织造，缂丝织锦中营造的那份绘画似的优雅构思对他产生了巨大影响。即使画中一些元素的浓墨与彩色颜料对织物效果有所缓和，绽放之梅的爽利（却略微浓重的）轮廓、炫目的色调以及《松梅灵芝图》中各个元素的相对独立都与缂丝图像十分接近。

在张大千的题跋中，他将此作归于其他渊源。勾勒绽放梅树的重墨轮廓，张大千取自沈周，璀璨的色彩又取自黄筌；然而，若非他在题跋中提到这些人，我们不一定会领悟到这些。在画《松梅灵芝图》之前，张氏几乎没有机会认真

图1
张大千
《松梅灵芝图》
1923年
77.0厘米×33.1厘米

研习黄筌或沈周。虽然这两位画家风格的融合是一种新颖的尝试，然而，纵观张氏的艺术生涯，他都在例行公事般地将不同画家的细微差别加以结合。

另一个明显的影响来自张氏的书法老师曾熙和李瑞清，尤其是李瑞清。1972年，张大千为他在旧金山亚洲艺术博物馆的"张大千四十年回顾展"书写序言时写道：

> 两师作书之余间喜作画。梅师酷好八大山人，喜为写松竹石，又以篆法为佛像；髯师则好石涛为山水松梅，每以画法通之书法。

描述绘画技法时，篆书表现为行笔平缓的圆润笔画。在《松梅灵芝图》中，张氏用此法刻画了梅树。当张氏画《松梅灵芝图》时，李氏已经去世三年，但他的影响依旧强烈。李瑞清的"梅"拥有强烈、单调的色彩，也有篆书般以聚集的笔尖描绘的浓重笔画，它们展现出的绘画方法与张氏用来描绘他自己画中梅树的方法相同。张氏的书法混合了隶书与楷书的元素，也反映出李瑞清的个人风格。

传统植物主题的画作，尤其是那些如松树、灵芝这样承载长寿甚至永生夙愿的绘画，在上海画派中十分流行。吴昌硕是上海画派中的一员，他在植物画题中的光辉成就无疑影响了张氏。表面上《松梅灵芝图》与吴氏的造诣相似，但张大千却舍弃了吴昌硕那种将书法用笔、重墨与鲜明设色相结合以强调悦目的图像。无论其范本是纺织艺术、五代花鸟画还是明代文人画，张大千都拥有一种力图复兴并改革往昔艺术的更为复杂的愿景。张氏极富巧思地将多种渊源交织于一体，成为他创造性画法的独特标志。（本文由吴奇唯译自傅申著 *Challenging the Past: The Paintings of Chang Dai-chien*, University of Washington Press, 1991, 88-90 ）

《士人赏石图》（图2）

晚明画家张风对张大千影响至深，这种影响正体现在《士人赏石图》中。它是张大千临仿张风年代最早的作品之一，却不是张风的典型风格。通常来说，张大千模仿的是张风最负盛名的画风，即以枯笔描绘点缀着小型人物的宏伟山水。

青年时代，张大千钦慕张风的道德品质与他细腻而直率的优雅画风。张大千与兄长张善子不谋而合，选择张风的字"大风"作为他们的堂号。"大风"既指"狂风"，也指"恢宏的气度"，这恰能精准地描述张大千的风貌。"大""风"二字都含有部分褒义，并且悦耳动听。这两个字写起来也简单，为张大千的书法表达留有诸多余地。"大风"不仅是张风的字，也是一首汉高祖所作的歌谣的名字，"大风起兮云飞扬"就是歌中的句子。虽然"大风"其名可能源自张风，但一些作者却误认为张大千的定名缘于歌谣。

二十世纪二十年代，张大千与张善子开始收集张风的画。张风与张大千姓氏相同，所以他构想出一种远亲关系，但鉴于他们的祖先出处不同，这种亲缘并不可信。张风的故里是江苏南京，在明朝覆灭时他正准备着晋升为进士的考试。张风怜悯明代忠臣，便焚毁考卷，投身于艺术，并恪守一种佛门弟子的清贫生活方式。他拒绝侍奉初立之清廷，这份坚贞的遗民（字面意指"遗留的臣民"）的忠心令张大千为之着迷。张风曾加入一个俊杰云集的南京社团，其社员十分欣赏他的山水画与人物画。后世的鉴赏家张庚言简意赅地以"散仙"形容张风，张大千也颇为赞同。

张大千与其兄长善子在上海的共同画室以"大风堂"为名。兄长去世后，张大千便沿用"大风堂"这个名字指称自己的画室。因为张大千的声名使其兄长黯然失色，人们通常认为此堂号仅为张大千所用。事实上，最令"大风堂"这个称号声名远扬的原因，在于张大千还用此号来指代他们那琳琅满目的古代艺术收藏。善子殁后，张大千又沿用此名指代他自己的艺术收藏。据善子的女儿张心素所述，1927年她的父亲与叔父在他们上海的画室中悬挂了一幅张风的画，那时是他们首次使用这个名号。[1] 而事实上，在一幅记为1926年的画作题跋中，张大千就用过"大风堂"这个名字。同年，这个名号也出现在一件仿石涛山水的钤印上。

《士人赏石图》是一件率意的小幅戏作，细瘦的轮廓充满着张力。髯须士人

---

[1] 张心素：《我的父亲张善子先生和我的八叔张大千先生》，《大成》第173期，页5。

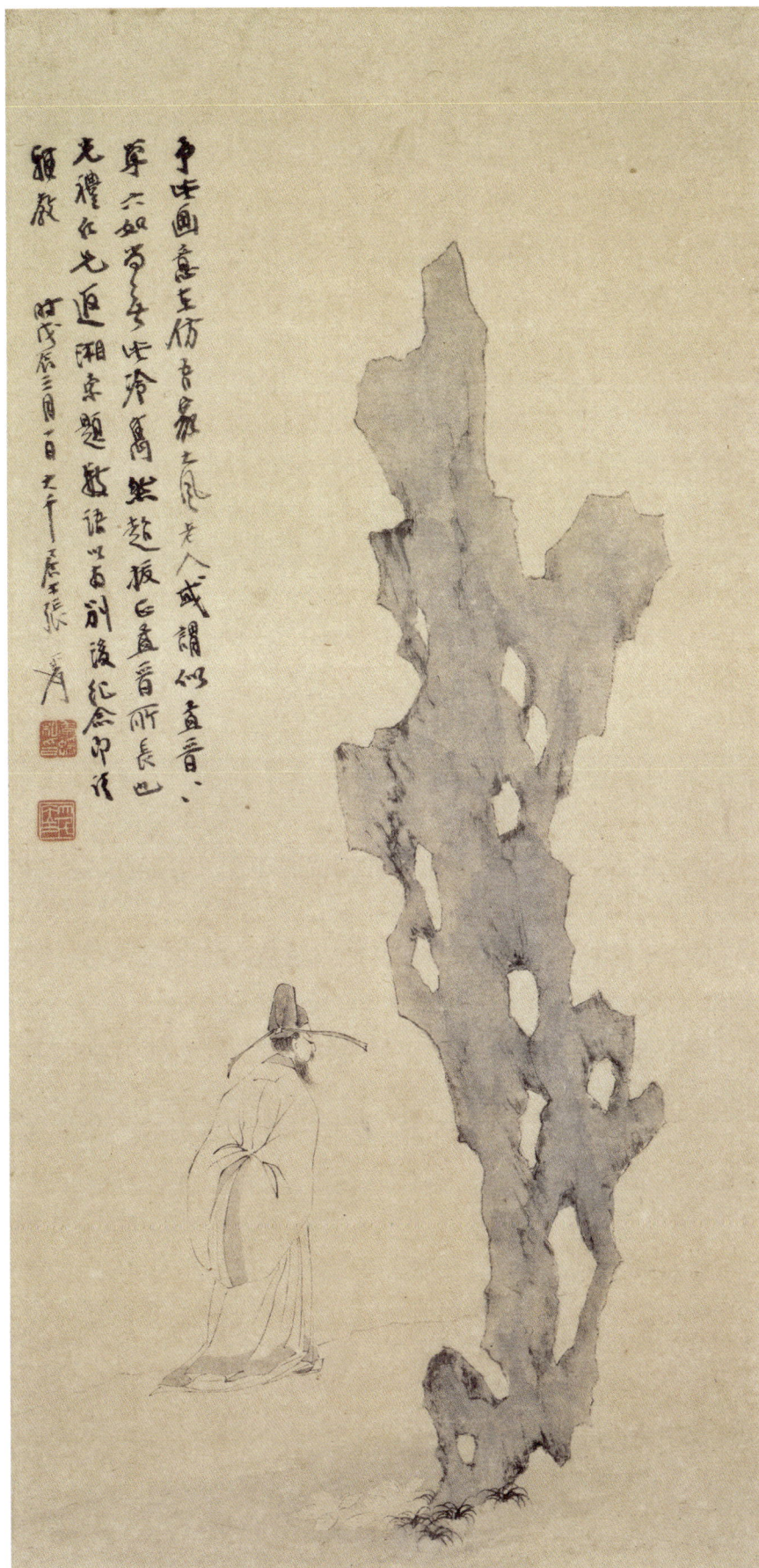

图2
张大千
《士人赏石图》
1928年
55.0厘米×28.0厘米

面对园中巨石陷入冥思，将中国人对巨石最为激赏的三种品质尽数展现：上身略重的形态至底部逐渐细瘦（瘦）；石有孔洞，令击石声宛如玉钟鸣（漏）；轮廓扭曲、质地粗糙，状若小径、石穴居于山岳间（透）。中国画中有文人米芾拜石的传统主题，但张大千画中的士人却不像传统那般对石头鞠躬。

与张大千同时代的人未能领会这件作品得益于张风，其思路显而易见。而张氏自己却否认这种揣测：画作中竭力追寻的端庄优雅是在借鉴张灵的生动用笔。张灵是唐寅的挚友与追随者，除此对他知之甚少。张风也时常取法唐寅，二者仅此相关。《士人赏石图》中胸有成竹的用笔流露出张大千早年的自信，这份自信帮助他发展出一种独立于上海画派主流风格之外的画风。而他笔下联动的张力与克制的优雅则展示了他最初复兴张风清峻风格的方式。

根据张大千古代绘画收藏的记载，1925 年春，他曾得到一件张风的人物山水手卷。在二十世纪二十年代、三十年代，张大千膜拜张风，并将他看作中国的顶级画家。1934 年，他在《桐荫高士图》上作此题跋：

> 大风劲而有韵，新罗秀而不佻，三百年来话人物者，只此两人也。

同样在二十世纪三十年代，张氏在《树下士人图》中表达了相似的观点，他说这幅画的用笔取法上元老人（张风）与华新罗（华嵒）之间。

张大千在敦煌佛教石窟中研习唐代人物画之后，他采用了一种较之张风更古雅的人物画法。然而，当张氏创作伴有小型人物的山水图亦或刻画写意山水间与孤松为伴的士人时，仍会不时地唤醒"老大风"。张大千这般始终如一地效仿张风洁净、流畅的笔画，以至于这种风格终成他的个人特色。

根据张大千的题跋，《士人赏石图》是应友人光礼索画而作，光礼其人身份不明。作画时，张大千常与客人谈笑风生，随后就将作品赠与观者。这种"社交应酬"的画作通常由单个人像与松、柳、芭蕉这样的简单背景组成，其用笔则一如既往地取法张风。即使张大千作画时可能会与人攀谈，他依然创造了这样一幅令人神往的画作，体现出他对古代范本有加无已的探究。（本文由吴奇唯译自傅申著 *Challenging the Past: The Paintings of Chang Dai-chien*, University of Washington Press, 1991, 96-98）

《黄山文殊台》（图3）

起初，张大千对中国安徽的宏伟山脉——黄山的了解来自石涛的绘画。石涛用笔的节奏和柔和的色彩给张氏以山峦的清晰图景；而1927年时，他便得以亲自探访黄山。黄山以壮丽的山峰和肆意依附在陡峭岩壁上的松树著称。张氏为那里的景致深深着迷，以至于黄山风貌成为他漫长艺术生涯中最为常见的画题之一。

二十世纪二十年代，张大千对那些将黄山当作其毕生绘画主题的众多艺术家愈发倾心。张氏将自己研习的对象从石涛扩展至梅清、弘仁以及所谓安徽画派的所有成员。张氏勤勉地临习他们所有人的作品，甚至时而会仿造。而更常见的是，张氏将亲眼所见的景致和对安徽画派画家的引征加以融合，用这种风格描绘黄山。1935年在《黄山九龙潭》的跋文中，张氏写道：

> 黄山皆峭立而瘦，上下皆松……渐江（弘仁）得其骨，石涛得其精，瞿山得其变。

这些文字体现了他对安徽大师们的深刻理解。梅清来自一个显达的文人家庭，其门第中包括著名的学者、诗人梅尧臣。自青年时期梅清以擅画与擅诗受到激励；他对黄山的诸多刻画使他在中国绘画中占有极高的地位。1666年，梅清最后一次尝试通过最高等级的官吏考试。失败后，他令自己摆脱了对庙堂的向往，便开始游览黄山，也逐渐熟悉起卓越的艺术家团体，包括钟爱黄山的石涛。

当梅清画黄山景致时，他倾向于既剪除不必要的细节、又夸大些许精选的特征。梅清大胆地在他的画中将虚实、浓淡和干湿并置。弘仁发展出一种颂扬结构之宏伟的线描风格，而梅清饱满的墨汁和活跃的笔触则捕捉到山峦无尽的变幻。云带在峰峦中穿梭，改变了山脉的外观，这是他的特质。

张大千对梅清从一丝不苟到无羁肆意的多样用笔的印象尤为深刻。张氏喜欢援引梅清描绘树石的风格；他既自由演绎梅清的画风，也真实临摹他的画作。在《黄山文殊台》中，张大千仿造了梅清的署款和钤印，然而用笔上的微妙差异则显露出张氏的技法。

在画中，以文殊菩萨命名的文殊台远高于黄山山脉半山形成的著名"云海"。张氏作品的上部吸引了观者的目光，在那里他描绘了以文殊台水平横面相

文殊臺乃黄山
中央土也左天
都右蓮華三
十六峰四面羅
鮮其六滇史
鋪海大是奇
觀
翠山

图3
张大千伪作梅清
《黄山文殊台》
约1930年
105.5厘米×40.5厘米
美国大都会艺术博物馆藏

附图1　清　梅清（传）《黄山图册》十二开之《文殊台》　安徽博物院藏

附图2　张大千伪作梅清《黄山文殊台》
日本永原织治旧藏

连的 H 形构造的触目山峰。二位士人坐在地上闲谈，身后则是松树环绕的文殊院。白云的波浪与昏暗的天空相对，填充着画面较低的部分。在底部，五座针形山峰耸入云层下端，山峰根基则隐没在画面边界之下深不可测的远方。在高地和下部边缘的深色山峰间有一片广阔的空间，这种构造呈现出一种巍峨的雄壮。而他所临写的梅清作品则拥有更加紧密的结构，得以灵巧地契合于方形纸张，那种效果是张大千的独创。

《黄山文殊台》受到两幅不同画作的启发。张大千极少满足于一笔一画地临写某物。从梅清那画有文殊院的《黄山图册》的第一页（附图 1）中，张氏借用了他的题跋，以"台"替代"院"。对于绘画，张氏仅仅改变了比例和规模，精准地复制了梅清的另一件《文殊台》画作。

张大千复制的另外一件伪作《文殊台》（附图 2），曾被日本的永原织治当作梅清真迹收藏。在那个版本中，张氏从一幅称为《文殊院》（瑞典斯德哥尔摩远东文物博物馆藏）的梅清作品中誊抄了一首诗。张氏在诗后附加了一行他自己的跋文："黄山文殊台，用黄鹤山樵笔意写之。"

虽然张大千的两件伪作没有显露任何王蒙的直接影响，但他也意识到梅清与王蒙画风之间的密切联系。梅清的解索皴和牛毛皴笔法源自王蒙的作品。当张氏在约 1930 年画出这些仿作时，他还未认真研习过王蒙的绘画，而那种进修反而会使他模仿梅清的才能枯竭。张大千的笔画呈现为单薄而颤动的线条，它们无力"穿透"纸背，并且最终以些许的油滑和媚人的肤浅使他的版本失誉。这些具备张氏早年风格特征的笔画指引学者们辨认出《黄山文殊台》是一件伪作。

卷轴装裱的物理状态是另一部分证据。题在外部包装标签的八个行书文字写道："梅渊公（梅清）文殊台真迹。"字体模仿的是收藏家伊秉绶的书风，然而在行笔中张大千的用笔痕迹十分明显。此外，丝制裱纸和象牙轴头也与《自云荆关一只眼》中使用的相同。（本文由吴奇唯译自傅申著 *Challenging the Past: The Paintings of Chang Dai-chien*, University of Washington Press, 1991, 99–101 ）

《谢安乐师东山图》（图4）

东山在浙江会稽附近，这幅画没有张大千的纪年或题名，但在一幅相似的作品上有"东山丝竹"的题识。[1] 东山是东晋士大夫谢安的故乡。谢安大才槃槃，屡受东晋朝廷辟命，却在晚年谢绝了朝廷的所有征招而甘愿高隐。作为隐士，谢安令人称道的是他的高洁、巧思和率性而为，而描绘谢安与女伶相伴的赏心乐事就发展为中国画的传统主题。在《谢安乐师东山图》中，张大千融合了古典的优雅与二十世纪对大型人像画的赏鉴，用一种全新的方式表现这个画题。

三人身形高挑，正沿着江岸慵懒地漫步。一位女子弹奏着琵琶，谢安正停步聆听琵琶的旋律。在琵琶弹奏者的肖像中，张大千尤为清晰地刻画出长袍，其边缘以线条表现出褶皱，这意味着每迈出一步，丝绸都会发出沙沙声响。张氏用不同的视角描绘人物：一位乐师以正面示人，另一位背对观者，又描绘出谢安的侧身。在他笔下，流畅的线条与柔和的色彩搭配协调。

这件作品部分借鉴了清代绘画的风格，但它也反映出明代流行画风的微妙之处。清代画家费丹旭专精于研习仕女背面肖像。当张氏尝试以背面视角表现女性魅力时，便像这件作品一样资鉴费丹旭的成功诀窍。张氏解释道：

> 至于背面皆极不容易施工，侧面的轮廓由额至下颌凸不得、凹不得、蹶不得、蹴不得、缩不得、丰不得、削不得，这些皆须十分着意，背面那就要在腰背间着意传她袅娜的意态。[2]

张氏笔下人物的娴雅气质很可能借鉴了郭诩的白描画《东山携妓》，这幅作品现藏于台北故宫博物院。郭氏的用笔略微粗放恣意，而张氏的笔画则如丝般流畅却不失张力。张氏以圆润的笔法表现出人物肉身的质量，而当他描绘钩斫斧劈般雄浑的山岳时则借鉴了南宋绘画的用笔。虽然这种侧锋笔画对轮廓和质地的描绘行之有效，但张氏却很少使用这种艺术语汇。

《谢安乐师东山图》并未纪年，但一定是在张氏的人物画溯源更为古老的敦煌时期之前。从风格上看，这幅画的年代可限定在二十世纪三十年代初，若是

---

[1]　这幅作品张大千至少画了三个版本。他的弟子孙云生也画了一幅极其相似的临作，现归霍宗杰收藏。见《孙云生画集》，台湾历史博物馆，1979年，页28。

[2]　高岭梅编：《张大千画》，香港东方艺术公司，1961年，页98。

图4
张大千
《谢安乐师东山图》
二十世纪三十年代初
188.5厘米×95.2厘米

如此，这件作品则可置于那个时期张氏最优秀的人物画之中。相比于他数量繁多的其他人像作品，张氏夸张地放大了人物体量，并描绘出更加细腻的面部表情。（本文由吴奇唯译自傅申著 *Challenging the Past: The Paintings of Chang Dai-chien*, University of Washington Press, 1991, 102−103）

扇面四帧（图 5）

张大千创作这些扇面意在向四位艺术巨匠致敬，其中三位是弘仁、八大山人、石涛，皆居于声名卓著的四僧之列。他模仿的第四位画家金农则是扬州八怪之一（称为"怪"是因其某些作品显现出独树一帜的写意画风）。张大千以与之相埒的巧思模仿四位大师独特的书画风格，很可能他并没有径直临摹原画，而是独创了这些作品。他熟练地以四位大师的风格作画，以至于这些画风得以创造性地复现。又因张氏以古代画师之名署款，初见之下很难相信这些扇面不是古代真迹。但是这一次，张大千在每个署款下盖了自己的名号章，宣示作品的归属。

仿弘仁笔的山景使用了"廓填"技法。张氏用墨线一丝不苟地勾勒外形，又以柔和的淡彩填色。黄山主峰置于作品左侧，那里有常青林生生不息，伸延至扇面底部之外。无根的松树显得格外高大，赋予扇面一种超脱其真实尺寸而展现出更为广阔的空间。最右方有较小的山峰插入云霄。在扇面中央，张氏描绘出一片朦胧的山谷以作画面留白。

弘仁简疏的线描风格很适合描绘黄山清透的山峰，在描绘山峦时他侧重表现山石的结构。张大千不止一次地评论，弘仁捕捉到山水的骨气。 而这件仿作则说明他已经掌握了弘仁清刚简逸的画风。

仿八大山人扇面取朱氏之拙朴风格。山景左侧的前景矗立着两屋一松。一座木桥横跨扇面正中。张氏别具巧思地安排小桥的位置，令它的弯曲形态与展开扇面的弧度两相呼应。扇面顶部切断了一块阻遏远景的岩壁，在石屏前的凉亭边，观者可将江河全景尽收眼底。

张氏的用笔完全不同于前一幅扇面中效仿弘仁的瘦削、锐利的笔画。在仿八大山人的扇面中，每一笔都是圆润厚重的。纵使这帧山水并无特定的范本，就连轻淡的设色都忠实地再现了八大山人的技巧。

第三帧扇面很容易被当作石涛真迹。巨砾、树林与浓密植被组成画面前景中的江村风光；掩映的层云隔开村庄与远山，远山呈锥状，以青色湿墨绘成。张氏的湿笔与苍翠繁茂的河景相协调。甚至张氏的题跋也取法石涛典型的率意楷书。

最后一帧扇面是仿金农的作品。张氏在 20 岁时初次临摹金农的作品，起初他研习金农具标志性的罗汉图、枇杷图与独特的隶书。逐渐地，他开始取法包括竹画在内的金农全部的作品。

几条竹枝墨色或浓或淡，相得益彰。而竹枝的位置则依照扇纸的形状经营：中间的竹子紧密簇拥，但在扇纸更宽的两端则用疏落的竹茎填补空间。张氏以墨色渐变巧妙地表现景深，深色竹叶仿佛占据了前景，而浅色的似乎更远。短而饱满的朝天竹叶俗称"凤尾"，展现出晴天里竹子的姿态。

张氏模仿金农书法与他借鉴其画法一样成功。金氏的"漆书"有一种统一的黑亮光泽，看上去似乎不是用墨而是用漆这般黏稠胶着的颜料缓慢而谨慎地书写的。张氏从一幅金农的画竹立轴上临写了跋文，但那幅立轴中的竹子与此扇并不相似。

张氏重现弘仁的线描用笔、八大山人的重笔焦墨、石涛的淋漓墨法、金农的"刻镂"笔画，这些令人瞠目的才能都仰赖他不可言喻的天赋与孜孜不倦的钻研。他最常研习的是石涛的画风，但在他艺术生涯早期也曾频繁临摹八大山人与金农的作品。他几乎不临弘仁的作品，因为没有弘仁的画供他使用。这些扇面都没有纪年，但他1978年在仿金农画竹扇面的裱纸上题写过说明文字：

> 此予年二十六岁，初入故都。主汪慎生家，汪图工新罗花鸟，而酷嗜予所为石涛、八大、浙江诸作，尤喜予为冬心书，固出优丐督予为之，当时以为乱真，今日对之，不觉汗濡重棉也。六十七年戊午元月十一日，台北大寒，大千居士爰。

1972年旧金山亚洲艺术博物馆举办的"张大千四十年回顾展"的序言中，张氏也曾说到友人汪溶。论及他所崇敬的鸟类、动物类画家，他就提到了王梦白和汪溶的"点染飞动，鸟鸣猿跃"。当张氏应友人所请画这些扇面时，他正殷切期盼着在他景仰的艺术家面前展露才华。

张氏在题跋中说，他画仿金农扇面时正值26岁，这个日期尚不明确，不知是指墨竹画还是指全部的四帧扇面。尽管张氏记忆力绝佳，1924年这个日期仍有疑问。这些扇面与其他纪年于1924年左右的画作十分不同，而与他二十世纪三十年代的作品更为相近。

仿弘仁扇面的布局有确切的原型，那并非弘仁的画而是张氏自己拍摄的黄山照片，这些照片对四帧扇面的定年有所助益。1927年和1931年，张大千与兄长张善子两次游览黄山。第二次旅行时，兄弟俩带了两架相机：一架配以三

图5　张大千　《扇面四帧》(册页改装扇面)　1931—1932年　每帧22.8厘米×63.5厘米　黄天才旧藏

附图1　张大千摄影作品《黄山画景》之一《狮子林后奇峰》（张大千亲笔着色与添笔）之一　1931年

脚架使用，另一架是手持式的。他们对黄山风景进行写生与摄影，还一同拍摄了三百多张照片，并从其中择取十二张出版成册，以飨友朋。影集名为《黄山画影》，每一页左侧都以附注文字标明摄影作者，有时还注有日期，其中大部分都记为 1931 年秋。

影集中的照片《狮子林后奇峰》（附图 1）与大千仿弘仁扇面极其接近，想必这就是作品的原型。其附注说：

神似云林仿荆浩笔，秀劲处虽大痴犹有不逮。

因此张氏画这帧扇面的时间应该不早于 1931 年。既然这四帧扇面作为一组套件收藏并敬献给汪溶，它们理应年代相同。1932 年十月，张大千拜访汪溶，当时他还为汪氏画了十二帧黄山册页（很可能这就是张氏在 1978 年仿金农扇面的题跋中提及的那次拜访）。因此我们可以推测，张氏在他 1932 年访友前、黄山之旅后的 1931 年、1932 年间创作了这四帧扇面。而他记忆中 1924 年被索画之事必定有误。

这些扇面是展现张大千以何种方式融会古今的重要实例。创作仿弘仁扇面时，张氏同时从古典绘画与现代摄影术中汲取灵感。或许张氏可被称为最后的传统主义者，但他也在通过改良传统的方式使之长存，正如这帧扇面是以十七世纪画风呈现通过相机镜头观察到的自然景观一样。张氏以古典意趣润饰，使得相机镜头下原始而真实的自然变得典雅。弘仁一向偏爱疏朗的布局，为了还原这种风韵，张氏在他创作的扇面中剔除了照片中多余的细节，同时他也熟练地模仿了弘仁的清淡设色与笔法。

这些扇面之所以极有价值的另一原因在于它证明了张氏的模仿才能。张氏对古典画风的模仿分为两类：一类是他大方承认的临作，例如这些钤有他名号章的扇面；另一类则是他未曾坦白亲自落笔的伪作。署名的临仿作品是划定他临摹能力的最佳凭证，因为它们会显露出某些他始终难以抑止的个人的艺术特征，比如他的设色。这些扇面连同张大千于 1920 年至 1922 年间以石涛署名创作的《自云荆关一只眼》和 1940 年临八大山人的《安晚册》一起对学者鉴定他其他的伪作有所助益。（ *本文由吴奇唯译自傅申著* Challenging the Past: The Paintings of Chang Dai-chien, University of Washington Press, 1991, 104−107 ）

《睡猿图》（图6）

张大千画这两幅《睡猿图》立轴时惜墨如金，猿猴造型简约，布景质朴，反映出张氏并非单纯模仿自然，而是尝试营造一种宁静的氛围。猿猴柔软的体态、细毛丛生的笔触和张氏意在捕捉动物即将入梦的瞬间，都使这种平和气氛得以加强。他又令每幅卷轴空出近三分之二，用这些留白加深静谧的效果。

画中迅疾的湿笔和对空间的强调是南宋艺术的典型特征，事实上，张氏也都在两轴中的猿猴右方署以梁楷（活动于十三世纪初）之名。张氏充满写意的个人风格表明，这是两件二十世纪三十年代前期制造的伪作。同时，他还不辞劳苦地做旧画纸、添加相称的跋文。

张氏的挚友溥心畬无所顾忌地在迈伦·福克（Mr. and Mrs. Myron S. Falk, Jr.，第一幅画的收藏者，此画现藏佛利尔美术馆）的画上题款。尽管溥心畬的跋文看上去情真意切，但他未必是在陈述自己的观点。通常张大千会不停地劝说溥心畬为他题写鉴定文字，甚至有时还会指定题跋内容，这就解释了为何溥心畬会出自真心或并非出于本意地赞美张氏的许多伪作。张氏通常会设法回避自己与其伪作的关联，但在这份题跋中他却颇为罕见地令溥心畬提到了大风堂。或许他对此作信心十足，以至于可以冒风险作为藏家出现。

虽然这两件立轴几乎相同，但张氏最终只承认他伪造了略富生机的那一幅（附图1），它在1956年被檀香山艺术学院收藏。两幅立轴都有梁楷的签名和相同的朱芾伪印。然而，檀香山本上的印鉴更多，并在画纸上题有归为中国历史上最著名的鉴赏家之一的廖莹中名下的跋文。[1]

毋庸置疑，这则简短的跋文可以追溯至张大千，其笔迹与廖莹中或任何一种南宋书法样式都不相像。单字结体表明张氏受教于他的第一任书法老师、研习北魏书法的权威——曾熙。张氏伪造廖氏书法时也将曾熙使用过的法帖《张黑女墓志铭》作为范本。虽然略微不自然的比例和钝拙的书法笔画掩盖了张氏个人流畅的书风，但他与曾熙的关系则揭示出廖氏的题识并非真迹。

对许多人来说这幅画十分可信。如同有溥心畬鉴真钤印的福克本画作，檀香山本也得到一位二十世纪的重要鉴赏家的认可——吴湖帆在画面左侧的绫边上题有几列小楷。吴氏的题跋记年于1935年春，其称这幅画是他的祖父吴大澂

---

[1] 廖莹中在位高权重的南宋官僚贾似道（1213—1275）幕下从事艺术赏鉴、主持书法摹拓，贾氏是历史上最贪婪的藏家之一。

图6　张大千伪作梁楷《睡猿图》　约1934年　163.6厘米 ×67.1厘米　纽约私人藏（现为美国佛利尔美术馆藏，编号： S2002.6）

附图1　张大千伪作梁楷《睡猿图》　约1934年　131.2 厘米×45.6厘米　檀香山艺术学院藏

于 1892 年在杭州购买的。毫无疑问，吴湖帆继承了他祖父的印鉴，所以画上钤有吴大澂的印章并不是吴湖帆从宗亲处得到此画的确凿证据。为了增强鉴定的可信度，吴湖帆往往夸大言论，这使他声名受损，或许他使用吴大澂的钤印也仅仅只是为将此画鉴定为十三世纪的作品而添加分量。后来吴湖帆承认，这幅他由衷期望是梁楷真迹的绘画实际上是现代的伪作。

另一份写于檀香山本上部裱纸的题跋也宣称它是真迹，但这份跋文无疑是吴湖帆要求写的。与张大千同时代的苏州鉴藏家叶恭绰以大字书法题款，称《睡猿图》是"天下第一梁风子画"。

众所周知，张大千曾向友人自夸他是那幅檀香山本《睡猿图》的作者。或许是因为他失去了那幅双胞伪作的线索，所以仅仅将这一幅画归于他的名下。1958 年，香港学者、藏家朱省斋在《中国书画》（第一集）杂志刊载的论文《论书画赏鉴之不易》中记述了张大千的坦白。同时，据张大千的私人助理冯幼衡记载，张氏乐于一遍遍重申檀香山艺术学院收藏的《睡猿图》出自他的笔下。[1]

二十世纪五十年代，张氏拜访可敬的学者、檀香山艺术学院的古斯塔夫·艾克（Gustave Ecke），当时他坦率地承认了这幅伪作。艾克并不惊讶，1936 年艾克在南京见过这幅画，也熟知围绕此画的争议。当《睡猿图》经由艺术家、收藏家蒋毂孙进入檀香山艺术学院收藏时，艾克曾将它标注为"传梁楷"。

为了创作这两幅《睡猿图》，张氏融合了不同范本的要素。在描绘大型猿猴的绘画中并没有梁楷甚至传梁楷的作品，张氏的范本则是他在日本见到的传牧溪三联画中的一轴（传牧溪《睡猿图》，日本福冈美术馆藏）。在三联画中，两件猿画分列两侧，居中的是佛法的守护者、神圣吠陀之一韦驮天。虽然这三轴的品质令其归属成疑，但它迅疾的湿笔学自僧人画家牧溪，所以它可能是与牧溪年代相近的画家的作品。张大千沉醉于这件宁静的作品，在创作中他舍弃原作中并不出众的画艺而选用了梁楷迅疾如刀劈的用笔。

最好的牧溪绘画与规模略小的梁楷作品都收藏在日本。在日本的书画复制品广为流传之前，中国鉴赏家并不长于鉴定牧溪、梁楷的作品。当张氏使用传牧溪的绘画来塑造梁楷伪作时，他正是利用了中国鉴赏家见识的短浅。同时张氏也了解，藏在中国的梁楷作品十分罕见，这会使藏家趋之若鹜；而令这位画家信心倍增的是，甚至连吴湖帆都斥巨资购买过《睡猿图》。

---

[1]　冯幼衡：《形象之外：张大千的生活与艺术》，九歌出版社，1983 年，页 227。

吴湖帆题跋中所记的日期 1935 年是檀香山本《睡猿图》的时间上限。两幅画十分相似，所以这个日期对它们应该都适用。若没有吴氏的题跋，这些立轴仍会被断代于 1940 年之前，那一年张氏开始取法著名画猿画家易元吉（活动于十一世纪中期）。

迈伦·福克藏品的第二则题跋是溥心畬的诗作，它为作品定年提供了另一条线索。虽然这首诗似乎在写实自然，但诗作的主题却适时而鲜明，令人联想到这样一片景象：严冬将临，森林凋敝，猿猴不得不面对繁茂家园被毁的境遇。诗作哀婉的语调预示着平和与宁静即将逝去，但张氏笔下的猿猴却举止安详。视觉图像与诗作的对比如此强烈，令人如坠云雾中。

或许溥心畬想起了他的堂兄溥仪，1912 年清王朝覆灭时他正居帝位，又在 1934 年重新登基，声称自己是日本人在中国东北建立的傀儡政权伪满洲国的皇帝。日本人妄图统治中国，溥仪正中诡计，而溥心畬忧心忡忡的诗句则反映出他目睹中国与自己的堂兄即将步入深渊而产生的深深的忧虑。溥心畬洞察到毁灭将至，时间大约可以定为溥仪第二次登基的 1934 年。

无论我们是否将创作年份定为 1934 年或 1935 年，这两幅《睡猿图》都很可能是张氏初次伪造的宋画，也是他最早的猿画。因为梁楷和牧溪都以自然即兴的风格著称，也因为张氏早年的个人风格正强调了这种大胆的湿笔写意，当他开始研习宋画时，便合乎情理地将梁楷与牧溪的绘画要素加以整合。二十世纪四十年代中期，张氏转而研习精细而优雅的工笔风格，便再也没有伪造过这种独特的南宋画风。（本文由吴奇唯译自傅申著 *Challenging the Past: The Paintings of Chang Dai-chien*, University of Washington Press, 1991, 116-119）

《华山苍龙岭》（图7）

1934年张大千先生居住在苏州网师园，然而是年三月及八月他曾两度到北平借居颐和园，九月他首度在北平举办个展。其后大千与兄长善子搭乘火车初次前往华山，在山上度过九九重阳节，游兴酣畅，得画稿及诗文极丰。归来后，大千屡以华山为题材，创作颇勤。

此幅《华山苍龙岭》是大千归来数月后，根据记忆、画稿和摄影所完成的作品。大千在二十世纪三十年代前后，受到石涛的画风与黄山实景的影响甚大。此作虽因华山自然景色的激发而有新的风貌，但是仍未脱石涛的影子，特别是画幅的下部几全来自石涛。在日本京都泉屋博古馆的藏品中，有最著名的石涛立轴《庐山观瀑图》，该图气势高耸，水晕墨章，云瀑显晦，而下方悬空突兀于云雾中的巨岩与林木，尤其是岩顶背面一坐一立的两高士，则毫无疑问是大千此作的范本。

大千先生在此作中描写的二位高士是在下方的松岩上正远眺白云外的峭壁峻峰，有石阶层叠曲折而上，时隐时现，达至峰顶。夭矫如龙的"苍龙岭"，正是大千诗句起首两句"百丈苍龙岭，昂头看入云"的写照。瀑布自峰顶直泄而下，掩于云雾中又转折忽现，复隐于松岭再没入云壑，山谷深邃不可测。画中岩石的皴法因欲表现坚硬的山石，除取法清初黄山画派弘仁的方峻造型，复参以夏圭的斧劈皴，以凸显峻嶒的石质和肌理。不过因为大千的个性，全幅山势虽峻峭，但表现手法及色彩的运用仍倾向于秀朗明丽一路。

此画在色彩方面表现得相当特殊，因为他用了乾隆年间监造的五色墨，直接用各种颜色去皴和染，因无水墨皴线，一般仍将之归类为没骨山水，却又不同于传统的没骨画：以色彩渲染为主，以线条为辅。

大千初游华山一如他游黄山时携带了当时不甚普遍的摄影器材，在其归来后照片即由北平琉璃厂的集粹山房发行，怀英照相制版学校印刷，还请了当时北方书画界的大师溥心畬先生题字，在民国二十四年（1935）十一月二十四日出版了《华山画影》一集。其中印有大千坐在北峰一影，背景即苍龙岭主峰。另一帧苍龙岭特写横幅，大千附有说明：

> 苍龙岭千仞一脊，如蜕龙之骨，是即水经注所称搦岭，须骑而行者。今虽磴道修广，犹人人自危，匍匐方可进也。岭尽为龙口，即退之投书处。

图7
张大千
《华山苍龙岭》
1935年
126.2厘米×47.2厘米

　　末句所云系指唐代韩愈登上此岭后回头下望，四面悬绝，斛悚腿软，心胆几丧，不得下山，而有投书绝命一举，故大千另有"韩公痛哭苍龙岭"之句，可见此峰险峻非常，近代画人多喜绘之。大千亦曾数次画华山苍龙岭，他在另一幅画上的题诗之后并有跋云："千仞一脊，状如翔龙之骨，令人不敢左右视。"也可为此画添一注脚，帮助我们了解画中景象。

　　在作此画 25 年之后的 1960 年，远在海外巴西的大千还忆及华山之高耸险峻，又画了一幅《华岳高秋图》，读者可以比观。（原文见傅申著《张大千的世界》，台湾羲之堂文化出版事业有限公司，1998 年，页 114—115）

《悬崖峭壁》(图 8)

为了避免这窄小而精妙的山水立轴负荷过重，张大千仅仅题以短款。棱角分明而清澈透亮的山石能让人立即想到安徽画派的著名画家弘仁，画派之所以如此命名是因为其成员常常描绘安徽黄山的景致。弘仁用他独特的简疏线描出神入化地勾勒岩石构造，以此表现黄山的宏伟壮阔。虽然张大千以镂砺括羽之道再现石涛、八大山人、石溪与弘仁的画风，但他临摹弘仁之作的机会却最少。因此，《悬崖峭壁》记录了张大千艺术研习中不太为人所知的一面。

张大千先以增添赭石的墨笔勾勒山峦，再于山石上施以淡彩。最后，他审慎地用水平横线去丰富山景却并不扰乱士人的心绪——他们正临瀑冥思，安心恬荡。

题识中张大千提到了江苏武进的谢觐虞，其弟是知名学者、书画家谢稚柳。谢觐虞与张氏同年，二人都醉心于诗词书画。谢觐虞曾这样描述他们的友谊：" 海上比居，瞻对言笑，惟苦日短，爱余画若生命，每过斋头，徘徊流连，吟咏终日。"[1]

时常有张大千的朋友和熟人向他索画，而谢觐虞作为张大千的好友更是频繁受到眷顾。1932 年三月谢氏的妻子亡故，之后他委托张大千画一百幅菡萏卷轴（谢夫人的父亲给她取名 " 素蕖 "，是因为在她出生时家中的白荷盛开）。当谢觐虞提出此请求时，他已经在武进的家中因病卧床了，张氏住得离苏州很远，但他依然每隔一日就乘火车来看望他并为他作画。可是，即使是这般努力都无法满足谢觐虞对张氏画作的索求。[2] 无人知晓张氏赠予了谢觐虞多少作品，但几乎没有存世者。《悬崖峭壁》作于谢氏去世前一个月，在创作中，张大千选择仿作弘仁画风来赠予他敬重的友人，说明张氏对弘仁怀有崇高的敬意。

谢觐虞以他的活泼天性、艺术禀赋和博学多识著称。他是一位仿金文书风的专业书法家，还写有一手极为特别的行书。1934 年，谢觐虞邀请他的八位友人加入并创立了模仿晚明画风的社团 " 九社 "，以此扬名于艺术界。

---

[1]　张大千：《玉岑遗稿序》，乐恕人编：《张大千诗文集》，台湾黎明文化事业公司，1984 年，页 110。

[2]　张大千：《玉岑遗稿序》，乐恕人编：《张大千诗文集》，台湾黎明文化事业公司，1984 年，页 110。

图8
张大千
《悬崖峭壁》
1935年
81.3厘米×33.0厘米

社团成员被称为"民国九友"，其中最知名的有汤涤、张善子、郑午昌、陆丹林，当然还有张大千。这些艺术家都努力坚守着传统文人的价值观，并遴选现代元素以令古典艺术重焕生机。不幸的是，谢氏于 1935 年离世，此意味着"九社"也随之消亡。（*本文由吴奇唯译自傅申著* Challenging the Past: The Paintings of Chang Dai-chien, University of Washington Press, 1991, 120-121）

《巫峡清秋》（图 9）

张大千约在 1934 年开始尝试用没骨技法创作山水画。在这种技法中，物体外形完全以淡色颜料构建、以不透明色彩涂抹，而非勾勒轮廓。没骨是长久流行的花卉技法，一个单独的笔画或逐层的水染可以同时界定轮廓和花瓣、叶片、茎干的内部色彩。没骨画法应用到山水画中却并不常见，虽然早在六朝时就有人用此法画过山水。张大千首先将此法追溯至王诜（约 1046—1100 年之后），再追至其创立者张僧繇（活动于 500—550 年）和杨昇（活动于 714—742 年）。几乎没有张氏的同侪画过没骨山水；最后一位使用没骨法画山水的重要画家是董其昌，而张氏在二十世纪三十年代、四十年代曾得到过他的作品。

二十世纪三十年代，张大千经常在上海和他的故乡四川之间乘船旅行。他沿着扬子江穿越三峡，其中最长、最险的巫峡就在西岭峡和瞿塘峡中间。陡峡间秋色绝伦，余晖带来暖金色泽与雪峰顶上的金光闪闪。正是张氏江中旅行时看见的饱和色彩启发他尝试没骨技法，他深知山水画上的墨色轮廓会减损他努力追求的充盈而璀璨的效果。张氏的没骨作品如此成功，以至于在二十世纪三十年代他画了许多相似的山水画。一套朱、白、绿、青、赭就是张大千再现巫峡光辉夕阳所需的全部色彩。巫峡在四川省东部，靠近湖北省的丹巫山。陡峭的岩壁在江岸两侧拔地而起，以至于只有在正午阳光直射头顶时太阳才能显现。构成巫峡的十二座山峰以神女峰（女神的山峰）最为陡峭，在《巫峡清秋》中张氏重点描绘了它的峰顶。住在山林间的猿猴的啼声曾经萦绕峡谷。张氏对猿猴十分着迷，于是那份猿鸣之声就成为他对峡谷的回忆。

直到现在，穿越巫峡旅行都是既危险又令人兴奋的事情，当奋力航行在散布着突出岩石、漩涡和窄峡的水路上时，船只时而会猛撞于绝壁之上。张大千从每次旅行所见的非凡景致中储备图像，但实际上他早期则醉心于石涛与其他安徽画派大师的风格。怀着捕捉灵感的期冀，张氏偏爱安徽的黄山而对描绘三峡有所抗拒。至二十世纪三十年代张氏才转向三峡的画题，并且在此约十年间频繁描绘了这些景象。

根据《巫峡清秋》上张氏的题跋可知，他模仿的是王诜，然而没有任何证据表明王氏曾以没骨法画过山水。对王氏运用色彩唯一的、明确的资鉴是对他青绿或金碧风格绘画的记载。张大千曾藏有传王诜的《西塞渔社图》（美国大都会艺术博物馆藏），虽然此作有丰富的青绿色彩，但《西塞渔社图》并不是《巫

巫峡清秋

图9
张大千
《巫峡清秋》
1935年
76.0厘米×37.7厘米

峡清秋》那样的没骨山水。

　　张大千从不同的古代范本中借用元素来创作《巫峡清秋》，并且在作品中他也展现了对装饰效果的偏爱。张氏致力于从历史早期阶段的绘画中精研色彩，甚至当他在敦煌学习色彩灿烂的佛教壁画——他色彩运用的一个关键时刻——的二十世纪四十年代之前，已然掌握了一种极其精致的颜料运用方法。约在1930 年至 1950 年之间，张氏经常使用没骨技法描绘山水，如此丰富的色彩与他的美学理论相符。在未来的几年中，张大千又引入一种将没骨法延展至夸张与美学极限的泼墨泼彩法，从而产生了创造性的突破。（本文由吴奇唯译自傅申著 *Challenging the Past: The Paintings of Chang Dai-chien*, University of Washington Press, 1991， 122-123 ）

《秋声图》（图10）

虽然《秋声图》只是一件小手卷，但它却因不依赖于古代范本而成为张大千早年最重要的一件作品。显而易见，它仅有一丝古代大师的痕迹：树木与山石模仿的是石涛的《秋声图》，而模糊的风格主义则令人想起华嵒的一件相同题名的作品（日本大阪市立美术馆藏）。张氏独创性地裁割作品的上部、下部，模拟出一种照相机镜头变焦放大的视野，在他后来的作品中也时常重复这种大胆的图式。《秋声图》有一种纯净的氛围，峭壁出现在手卷的右方起始处，将山间的隐士居所与尘世隔绝开。倾斜的巨砾、飘摇的绛红叶片与树丛将观者的目光引向茅屋。屋内有一位士人，正向书籍上方仰望，一名僮仆在敞开的门边侍立，聆听秋风呼啸。

张氏的画题无疑是取自欧阳修的自传体辞赋《秋声赋》，它在起首说道：

> 欧阳子方夜读书，闻有声自西南来者，悚然而听之，曰："异哉！"初淅沥以萧飒，忽奔腾而澎湃，风雨骤至。其触于物也，鏦鏦铮铮，金铁皆鸣；又如赴敌之兵，衔枚疾走，不闻号令，但闻人马之行声。予谓童子："此何声也？汝出视之。"童子曰："星月皎洁，明河在天，四无人声，声在树间。"[1]

这首赋哀婉地表现出秋日的肃杀之气，隐喻着人类生命瞬息万变的本质。在赋的结尾，欧阳修与四季更迭、生命轮回达成和解，写道："亦何恨乎秋声？""童子莫对，垂头而睡，但闻四壁虫声唧唧，如助予之叹息。"通过还原此景，张大千令观者与欧阳修心有灵犀。诗意的用笔与柔和的红褐设色超越了诗作表面的忧郁氛围，在欧阳修自我和解的那一刻，观者认出了他，并予以祝福。

1935年末，杨岐山请张大千为他的友人张学良画这件作品。张学良是一名位高权重的将领，在二十世纪二十年代晚期他是中国东北的实际统治者。张学良兼任东三省保安总司令和奉天的东北大学名誉校长，此外他还担任过几年北京宪兵学校的负责人。二十世纪三十年代初，张学良发现他收藏的石涛作品中有一些张大千的伪作，他并不愠怒，反而愉快地会见了这位技艺精湛的艺术家。

---

[1] 刘子健（James T. C. Liu）:《欧阳修》，斯坦福大学出版社，1967年，页139—140。

图10　张大千《秋声图》　1935年　34.5厘米×178.1厘米

当张大千创作《秋声图》时，他们刚刚熟识，到 1960 年之后他们才变成好友。

张大千完成《秋声图》后，杨岐山请北京杰出的篆刻家、诗人寿玺为卷轴题诗。寿玺题于 1936 年一月六日，但那时杨岐山却无法交付手卷。1936 年后《秋声图》的历史便模糊不清了，直到 1980 年它又在香港露面并被出售。胡惠春买下这件卷轴，并辨认出张大千在作品题识中提及的张学良的号。胡惠春的父亲是张学良的挚友，于是他请张大千的密友张群（1889—1990）来交付此画。1983 年三月，几乎是迟到了五十年，张学良才满怀喜悦地收到了《秋声图》。[1]（本文由吴奇唯译自傅申著 *Challenging the Past: The Paintings of Chang Dai-chien*, University of Washington Press, 1991, 124−125）

---

[1] 文广生 :《张学良喜获秋声图卷》,《大成》第 113 期, 页 23。

《黄峰千仞图》（图11）

耶鲁大学美术馆藏张大千曾用力研习过的十七世纪个人主义画家梅清和四僧——石涛、八大山人、弘仁与石溪的作品。而直到1930年，张氏才开始模仿石溪，那是因为石溪作品的稀缺限制了张氏对他的关注。石溪是一位致力于禅宗的苦行僧，他用山水画来表现他的精神信仰，也以此怀念他与友人的胜地游览，尤其是在他度过大部分生命的南京地区。

特别是在二十世纪三十年代、四十年代，张氏模仿着石溪之作。在一件张氏1935年所作的《仿石溪山水图轴》上，他以跋文表达了自己深深的倾慕之情：

石溪上人画苍润茂密，有子久、山樵二家之长。

张氏对石溪艺术的取法促使他追随黄公望与王蒙。

约1935年张氏开始创作石溪的伪本和"忠实的临作"。张氏决心证明他能与他的前辈并驾齐驱。那就意味着他时而会以自己的名字落款以确保他作为顶级临者的技艺能够被认出，而另一些时候，如《黄峰千仞图》这般，张氏以石溪的名讳署款，以此审视他的画是否能够愚弄某些鉴赏家。金钱也是促使张氏作伪的一个因素，虽然似乎是到了张大千离开中国后的二十世纪五十年代它才在更大程度上成为张氏作伪的诱因。

张氏以自身名讳署款的仿清代大师作品提升了他的名望。他的石溪临作尤其出色，以至于广东的专业画家、收藏家黄君璧（1898年出生）都深深受其触动，而黄氏在1939年末也曾请张氏为他仿作石溪绘画。

《黄峰千仞图》拥有十七世纪画作的表象，张氏巧妙地复制了标志石溪画风的具有实感的质地和草木恣生、山林苍茫之感。当它1978年进入市场时，笔者辨认出它是一件伪作，并以张氏出众的模仿技艺及艺术史中真伪问题的例证为由推荐耶鲁大学美术馆收藏这幅画。

随后石溪的一件立轴《水亭读书图》（又名《黄山烟树图》，广东省博物馆藏，附图1）的出版，令笔者发现了张氏的范本。张氏对绘画与诗作进行自由临写，然而他却改变了画面氛围。虽然石溪的题字位于左上角，但张氏却将书法写满纸张左右，几乎遮蔽了天空，同时张氏也略去了左下角的人物。张氏给此轴署年为1661年，与《水亭读书图》同年。张氏完美无瑕地再现了石溪书法通常的

图12
张大千伪作石溪
《黄峰千仞图》
约1936年
99.7厘米×44.5厘米

附图1
清　石溪
《水亭读书图》
广东省博物馆藏

节奏，然而其个人书法的结体表露出乃师李瑞清对他的影响。

张大千总会在临作中改变一些细节或变换基调，因为他深知两幅完全相同的画作会令人起疑。张氏重新书写了题字，以便它们得以填满山峦上部的空白区域——张氏在他对石溪的忠实临作中使用的技法——此消除了空白感，并使他的山水形式平面化，从而比石溪的山水更具图式性。而这种变化则对区分真迹与伪作有所助益。

张大千在《黄峰千仞图》中的用笔是写意而自信的。虽然这种用笔模仿了石溪的笔意，但实际上张氏却在此画中赋予了相当多的个人风格：笔画的光滑流畅，从灰青到明亮的靛青、赭石这般典雅的着色，都是张大千绘画的特征。石溪对色彩的运用有种可控的、步步经营的方法，但张大千却如松针的描绘那般，在墨线细部之上以席卷之势大手笔刷上湿彩。在二十世纪三十年代，这种方法正是他作品的典型特征。相比石溪的画作，张氏画中的松树树皮包含了一些更加紧实的圆圈，而相比石溪，松针也画得更为纤弱稠密。一般而言，张氏的用笔比原作更加迅捷、锐利和均衡。张氏沿着岩石表面的点画韵律模仿了石溪画风的点和线，但张氏的点画却排列紧致又十分锐利，舍弃了石溪的参差与粗短。而茅屋后竹林的迅捷用笔也同样暴露出张氏的手法。

《黄峰千仞图》应当归属于 1940 年之前李瑞清对张氏书法依旧有强烈影响的时期。其他一些 1936 年左右的作品也展现了相似的线条与对色彩的运用，因而可以佐证此画的年代。在张大千如这般掌握石溪风格臻于化境之后，他开始尝试结合石溪和石涛的特征以创造一种独树一帜的画风。因为石溪与石涛的名字中都含有"石"字，他对石溪的崎岖质地和对石涛迷人色彩、着重用笔的融合被称为"拟二石绘画"。二十世纪四十年代开始，张氏极其偏爱这种混合风格，从而进一步证明了拥有纯粹石溪特征的《黄峰千仞图》应定年于二十世纪三十年代。一旦张氏精通了石溪的技法，他便将石涛与石溪独特的微妙之处转换成卓越的新山水画风，逐渐令往昔艺术焕发新生。（本文由吴奇唯译自傅申著 *Challenging the Past: The Paintings of Chang Dai-chien*, University of Washington Press, 1991, 126-128）

《临松下问道》（图12）

根据张大千先生的题识，获悉此画系其1937年向吴中友人借得赵孟頫的《松下问道图》所作之临本，后存于画箧中，当时并无题字。过了一年，也就是戊寅年（1938）他又见到赵孟頫的诗帖，遂兴起将之临写于此画的上端。是年五月朔，大千决定将此画再题并寄给上海的艺事红粉知己李秋君女士。

大千自1937年七月返回北平，为日军软禁达十个月之久。九月间大千返颐和园居所，与溥心畬为邻，十二月中上海、苏州相继沦陷，二哥善子弃家逃返四川，大千收藏散失。可想而知其时大千的情绪不佳，虽然仍持续在创作，但是如其题识所云，"当意者"不多。此画大概就是在这种国难家变的环境中完成的，故题识中大千告示秋君："一年来悒郁湖上，间或作画，无可当意者。"大千寄画不久，终于设计成功，经天津搭船逃至上海，匿居于秋君家，再由其协助逃往香港，转返重庆。[1]

此画之所本，大千题记为赵孟頫之作，但笔者至今未获见原作，而即便寻获，赵孟頫亦非此画之原创者。因在南宋绍兴年间的画院，有父子画家马兴祖与马公显，分别是南宋大家马远的祖父和伯父，他们的作品不易见，但日本京都南禅寺藏有马公显的《药山李翱问答图》，若将大千此画与之并列相比，即可看出所谓赵孟頫的画其实也是临自马公显的作品，无论人物姿态、桌椅摆设、松树、栏杆位置等，都一一相符。不过马氏一画的笔法为标准的马氏家法，秃笔中锋、圆劲挺拔。大千之作则锋颖秀美，一方面固然是他本人笔性如此，再者是他依据赵氏临本，应当也与马公显的原作有所改变。

大千早年的山水原从南宗入手，到了北平与溥心畬交往之后，因溥氏当时倾向于北宗，大千耳濡目染，故偶尔也仿学北宗的画法。马氏之作本属北宗，但经赵孟頫和大千的两度诠释后已经被柔化许多。不过，此作仍然与大千仿石涛、石溪等人的风格绝不相类，显示他此一时期开始迈向宋元画的领域。值得注意的是，大千在此画上端留下了难得一见的临仿赵孟頫行书的书迹，包括子昂的款署，居然形神并似，足以展现他模仿能力的高超。

在大千临摹此画的九年后，丙戌（1946）年中大千至少又画过两幅《松下问道图》，其一作于夏天，将原画改变为青绿设色，高僧席地而坐，两位人物被放大且皆披红袍，色彩鲜丽，松树改用己法，并添远山，全幅已是大千的再创

---

[1]　请参阅谢家孝：《张大千的世界》，台湾时报文化出版事业有限公司，1983年，页96—109。

图12
张大千
《临松下问道图》
1938年
128.0厘米×46.7厘米

造。此画后为王新衡所得，大千于 1974 年再题其上云："目疾虽愈，不复能为此矣。"根据资料，另有一幅系作于大千在峨眉山时，作于同年九月，[1] 想来未必如以上二画之精谨完备。

　　大千在二十世纪二十年代得识李祖韩、李秋君兄妹，与李府成为通家之好，尤与秋君相互敬重、肝胆相照。秋君对大千一往情深，李家曾议婚，但因大千已婚生子，岂可委屈大家闺秀的秋君为妾，婚事虽罢，大千凡到上海均在李府做客，将上海画室设在秋君的瓯香馆，而秋君因此情竟终身不嫁。[2] 张大千另有 1946 年画赠李老伯母方太夫人（据说即秋君之母）的《花开纳福图》以及 1948 年为秋君祝寿所画的《赠李秋君秋水春云图》。（原文见傅申著《张大千的世界》，台湾羲之堂文化出版事业有限公司，1998 年，页 124—125）

---

[1]　李永翘 :《张大千年谱》，四川省社会科学院出版社，1987 年，页 213。
[2]　请参阅谢家孝 :《张大千的世界》，台湾时报文化出版事业有限公司，1983 年，页 152—164。

《安晚图》（图 13）

若不读此画左侧之张大千的题跋，甚至连鉴赏家都会将《安晚图》误认为是八大山人的可信真迹。钝朴的笔触、粗率的树石与屋舍模仿了八大山人那种将物体简化而不加渲染的简疏手法。除了对八大山人绘画再作创造，张大千还在右方的题跋中使用了一幅八大山人绘画中的文字，巧妙模仿了他的书法。张氏甚至再现了八大山人狂放的署名，设计将他的四字称号"八大山人"交织在一处，展现出一张笑容骤然变成蹙眉的脸庞。张氏对八大山人书法的模仿确实惊人，而这份题跋并非真迹的唯一证据是八大山人钤印的缺失。

左侧题跋是张氏对八大山人简短的品评。张氏使用中国书画的"临"来代表复制，它通常意味着一位艺术家在模仿特定的作品而并非以早期大师的常见风格仿画。张大千确实拥有《安晚图》的直接范本，但八大山人的原画却是一张小型册页。事实上，张氏通常只在创作有松树、花鱼这样的小幅作品时才会模仿八大山人。其他唯一能证明张大千模仿八大山人画风之成就的大幅杰作是《茅屋》（原为日本永原织治收藏），那是他在二十世纪三十年代早期画的伪作。

张氏在将八大山人的方形小册页转化成窄高尺寸的立轴时具有极大的自由。张氏的范本是八大山人 1694 年画的山水、花鱼、动物图册（二十二开，日本京都住友宽一藏）的第一张作品。在《安晚图》的右侧题跋中张氏复制了该册引首处、纪年之外的一段文字："安晚。少文凡所游履，图之于室，此志也。"当张氏拉长了八大山人的设计以符合立轴比例时，他调整了结构和用笔，令它们更显厚重，但他忠实地再现了八大山人画作的局部，例如远崖顶端的小型树丛。

在张大千的毕生之作中，那种他运用在山水画中如炭笔似的干刷墨线很少，这表明张氏是如何小心翼翼地模仿着范本。他通常模仿石涛那更加湿润的技法作画，而《安晚图》前景树丛里的湿润浓墨和滋润苔点仍然属于八大山人风格的范畴。张氏模仿石涛、八大山人与这些用笔技法间的随意转化出类拔萃，而在相对立的用笔技法成就中只有极少数中国画家能与之颉颃。

这个画题来自八大山人对著名佛教、道教大家宗炳的征引，在中国艺术中他因发展出"卧游"理论而声名远播。宗炳称之为"卧游"的观念起因于他晚年的羸弱。他在青壮年时，宗炳漫游山岳以寻求宁静平和，但当他变得过于老迈而无法离开居室时，他领悟到在墙壁上的山水画与真实的山水景致具有同等价值，观赏壁画能让他像走进自然一般获得同样的神交之感。这便是八大山人

图13
张大千
《安晚图》
1940年
131.8厘米×52.0厘米

与张大千提及的"安晚"。

张大千将《安晚图》赠予张善子长女张心素缔结连理的侄女婿晏伟聪。张大千与他兄长善子对张心素十分宠溺，因为在她儿时母亲就去世了，甚至在她成年之后张大千还继续宠爱她。张心素的丈夫晏伟聪是一位来自她家乡四川内江的化学家。在1940年初他们结婚时，张善子行旅至欧洲、美洲为中国的抗日战争筹募资金，因此张大千在婚礼上充当了新娘父亲的角色。他还送给她四件卷轴做嫁妆，主题为一件山水和三件花卉。花卉拥有适合于新娘的象征关联：一件象征和睦的莲花；一件隐喻美好祝福的佛手形香橼；一件驱散哀愁、预祝新娘多怀子嗣的灵符萱草。

在侄女结婚后不久，张大千就离开了四川并前往敦煌研究佛教石窟。在途中，他得到了张善子已于1940年十月二十日去世的消息。于是张大千返回重庆参加葬礼，在服丧期间他一直待在那里。重庆是战火集中的地区，所以张大千与他的侄女及其丈夫在重庆近郊的村庄寻求避难所，那是张氏作画状态足够安静的所在。晏伟聪是一位业余画家，他很快便与张大千成为朋友。张氏认为八大山人的简疏画风尤其适合业余艺术家，便鼓励晏氏模仿；他将《安晚图》赠与晏伟聪当作范本，并在重庆期间还将一些其他画作送给侄女和侄女婿。晏伟聪仍在作画，并且至今都遵循着张大千的建议。

1949年当张大千从中国移居海外时，他的侄女张心素与晏伟聪留了下来。起初他们无法和张大千取得联系，后来张氏能与他们书信往来。1981年时，虽然张氏已经从美国移居中国台湾，他仍然邀请他的侄女去加利福尼亚看望她留在美国的堂亲。张氏请一位帮他在香港卖画的商人担任经纪人，为他的侄女筹集机票钱款。张大千还计划支付她在美国的开销。然而这份安排却付诸东流：张心素的签证即将到期，而她却还未收到张大千的钱款。因此，张心素和晏伟聪将包括《安晚图》在内的一些画作卖给北京的荣宝斋以充当她的旅费。晏伟聪对舍弃此轴深表遗憾，但他的妻子却拥有了绝妙的旅程。她特别喜爱她的白宫之旅，在那里她的父亲曾是富兰克林·罗斯福的宴会贵宾。张善子曾赠予总统一幅老虎画作，以代表中国终将战胜日本。

1988年，佛利尔美术馆在纽约的苏富比拍卖会上购得此《安晚图》。在去上海的旅途中，笔者对张大千的学生糜耕云谈及此画。依然珍爱此画的晏伟聪听闻，便向佛利尔美术馆索求此画照片。晏伟聪指出了《安晚图》的珍贵价值：它是张大千极少的、仿八大山人的大幅画作之一。（本文由吴奇唯译自傅申著 *Challenging the Past: The Paintings of Chang Dai-chien*, University of Washington Press, 1991, 131-133）

《红叶鸣禽图》（图 14）

张大千通过对徐渭、八大山人和华嵒的研习，首次掌握了描绘花鸟的写意画法，随后在二十世纪三十年代早期，他将关注点转向素净而精细的工笔画风。不久之后张氏就掌握了工笔画法所需要的精确用笔、设色以及精准预制颜料的技术要求。他工笔绘画的巅峰是在 1935 年左右至他视力衰退的二十世纪五十年代早期。虽然《红叶鸣禽图》尚属张氏的早期之作，但它却凝结了张氏模仿伟大的宋代花鸟画的成就。在张氏的视力衰退之后，他的花鸟画回归写意风格。

张大千曾将陈洪绶的绘画当作范本，而他对陈氏的钦慕则引导他从事工笔绘画。陈洪绶的艺术显示出来自宋代的多重影响，这促使张氏如在跋文中指出的那样研习如滕昌佑、林椿这样的五代、宋朝花鸟画家。

除了通过临写古代艺术家来学习经典，张大千还直接观察自然。当张氏住在北京时，他经常游览花鸟市场，观察鸟儿、梳理它们多彩的羽翼。在张大千的艺术理论中，作画前先观察自然中的对象是一个重要原则。张氏最早受到他的母亲、兄弟和姐妹的影响，他们都画花鸟与动物，也都强调观察现实生活的重要性。

当北京笼罩在抗日战火之中时，张大千于 1938 年离开京城、前往他家乡四川。他搬到离成都不远的青城山，并在他频繁的远足中探寻种类丰富的野生花卉和异乎寻常的鸟类。张氏也开始养鸟以充当他绘画的范本。正是在前往甘肃敦煌学习古代佛教石窟绘画前不久，张氏在青城山创作了《红叶鸣禽图》。

《红叶鸣禽图》流露出一种悠然自信之感，尺寸适中的绘画并没有炫技的元素。张氏创作了一个活泼小鸟的精细肖像，它扬起的尾巴暗示着起飞前的即时跃动。叶片惊艳的深红和它泛白的底部拥有完美的装饰感，既非反复经营又非过度细致。《红叶鸣禽图》中的树木是张氏在青城山观察到的品种；然而，那矫健的鸣禽却更不易辨认。有时张氏会将他观察到的真实鸟类的局部与早期画作研习中获得的图像特征相结合。张氏将不同种类鸟儿的元素加以融合匹配，从而创造出理想的绘画对象。

当张大千声称自己能与古人颉颃时，他不谦虚地承认：自己已然超越了与他同时代的大部分花鸟画家。1941 年末，张氏在敦煌画了一对瓦雀，并题写道：

写禽鸟以瓦雀为难，以其难于娴雅，宋人擅此者黄筌、崔白、道

做荣入滕昌祐筆 辛巳春日張大千

图14
张大千
《红叶鸣禽图》
1941年
58.4厘米×25.4厘米

君皇帝为巨擘，沙洲秋日朝暾初上，瓦雀群集，偶尔涉事，自觉视崔、黄辈在伯仲间。

同样的跋文也可题在《红叶鸣禽图》上：当张大千试图描绘灵巧的鸟儿这一他虽喜爱却并非频繁描绘的对象时，他能够捕捉宋代绘画的优雅。宋代的宫廷画家发展出一套描绘精细、设色典雅的风格，被称为"现实主义"。这个术语强调了一种意料之外的活力，当这些画家使用一种实质是将主旨减损为彩色剪影的技法时，令这份活力得以传达。张大千领悟到宋代画院画家的理念，并将这种理念与现代绘画元素自由融合。例如在这件作品中，他压缩了宋代画家留在画面上部的典型空白。同样，张氏也自由添加了取法于写意绘画训练的元素，例如那些沿着树枝的浓墨与水蓝的苔点。在《红叶鸣禽图》中，张大千并不局限于以机械临摹来展示一种唤醒宋代花鸟画笔意的卓越才能。（本文由吴奇唯译自傅申著 *Challenging the Past: The Paintings of Chang Dai-chien*, University of Washington Press, 1991, 134-135）

《临唐人朱衣杨枝大士》（图 15）

大千曾三抵榆林窟，首次在 1941 年五月前往敦煌途中；第二次在同年十二月，停留约二十天；第三次在 1943 年五月，也是最后一次，他离开敦煌返安西途中，于此停留一个半月，至六月中旬离开，此期间他夜以继日地临摹，以此次得画最多。

此幅《临唐人朱衣杨枝大士》画在喇嘛僧精制的画布上，上有粉底，宜于用笔设色，因此五十余年后，石青、石绿及朱砂等仍然鲜艳如新。此画虽无纪年，但是考虑各种因素，推测应作于 1943 年五六月间。盖此种画布的制法和品质，应当出自喇嘛画僧之手，而七月大千一行抵兰州以后，因当年与青海省主席马步芳的协议，承诺邀请喇嘛画师协助的时间不超过一年半，业已到期，大千便命儿子张心智及学生刘力上护送昂吉三知、晓梧格郎、罗桑瓦兹和杜杰林切等五位藏族画师返回青海塔尔寺。再者从画法上看，将此作与一年半以前大千寄赠张岳军的《吉祥天女像》相较，此幅显然是大千敦煌时期临摹之作中最成熟的作品。

三次榆林窟之行也只有最后一次临摹的时间最长，也只有这一次有喇嘛画僧协助，因此推断此幅成于 1943 年五六月间应当最为合宜。至于题字书法则都是大千先生台北时期的晚年风格。事实上，在 1981 年，此作目前的收藏者蔡一鸣先生在摩耶精舍初见此画时画上尚未题字，这是大千应蔡氏之请、允予割爱时才补上的题款。

大千离开敦煌将近四十年后补题此画时，其对当年所作敦煌、榆林两地三百六十余窟中所现之种种法身之大士像，似乎还记得十分清楚。他特别指出其中作朱衣杨枝之大士像仅此一躯而已，原画在榆林窟张大千编号的第 17 号石窟内。与《摹唐人吉祥天女像》相较，二作在五官、手足等方面颇为相类，不过此大士姿态虽然也略呈弧形，但身躯壮硕而端正，两手一托物、一拈杨枝，姿态极为优美。如观实迹，乃知此朱衣大士几乎是吉祥天女的两倍，壮伟富丽至极，大千此画可能与原壁画同等大小。

足踏莲座，每一花瓣之线条均流利曼妙，凸显了大千个人的最高修为。此画除了部分设色出于助手，全画绝大部分应当由大千亲自为之。（原文见傅申著《张大千的世界》，台湾羲之堂文化出版事业有限公司，1998 年，页 134—135）

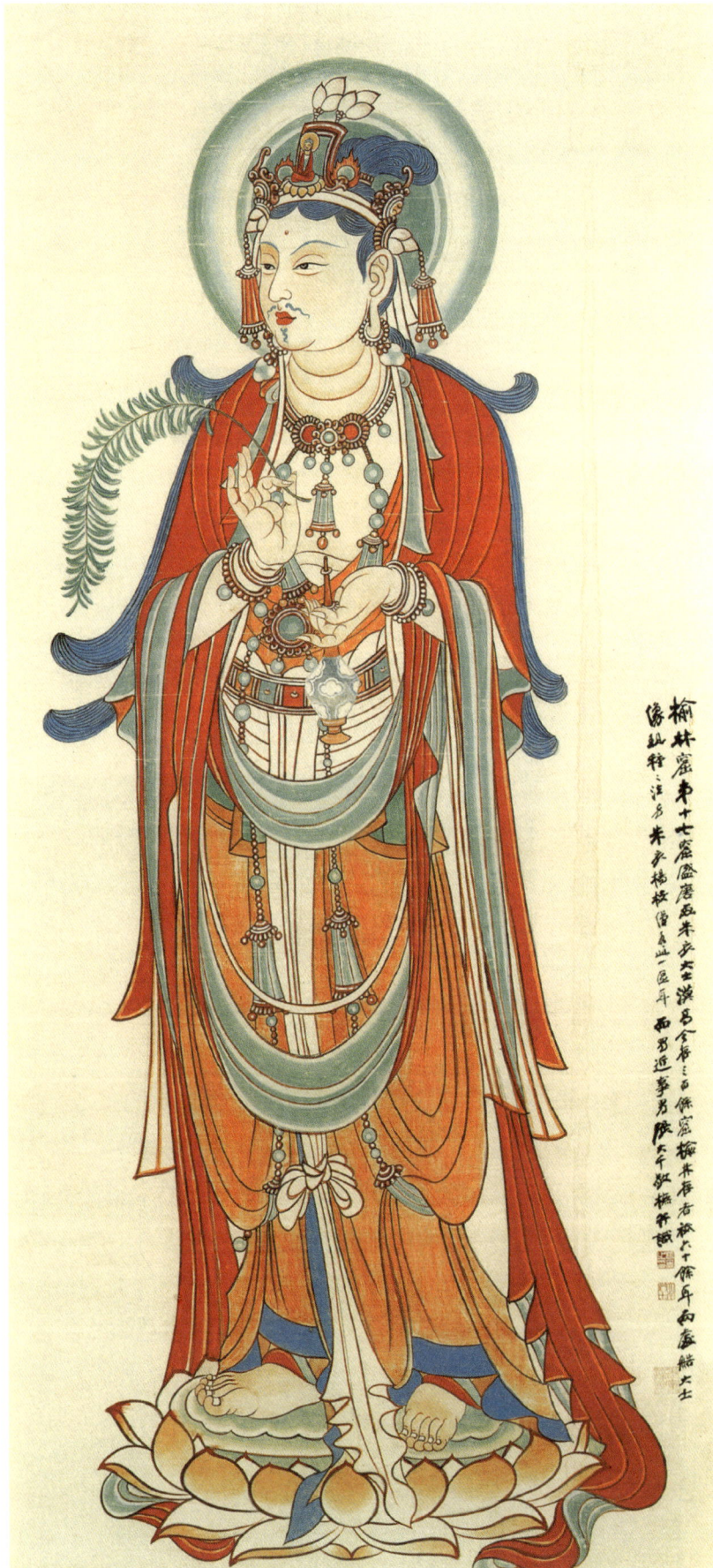

图15
张大千
《临唐人朱衣杨枝大士》
约1943年
189.0厘米×88.0厘米

《停琴听阮图》（图16）

一种古典的优雅气氛遍布这片宁静的场景：两位士人坐在豹皮垫上沉醉于他们弹奏的乐曲中。丝制衣襟、缎带和冠冕的青玉光芒与士人飘扬的长袍交相辉映。弹琴者指压琴弦以停止乐器的震动，以便聆听他的同伴弹奏四弦阮——月琴（也称为中国吉他）。为了增添古典优雅的氛围，张氏使用薄纱般的笔触表达溪水的涟漪，又以如丝般细长的轮廓线勾勒树木。这些技法以六朝时兴盛的绘画传统为根基，与自元代开始流行的渐粗渐细的书法用笔迥然不同。河岸与岩石上璀璨的青绿色泽呼应着士人衣袍的镶边，但张氏也在为古典的联想择取色彩。石青、石绿就是六朝画家画案上的主要颜色。

在中国传统中，音乐是个人涵养的象征。张氏无疑从这些乐师士人的创作中获得了微妙的乐趣，因为他偶尔也自己弹琴，并十分喜爱他最年轻的妻子徐雯波和拥有此画的儿子张保罗的演奏。张氏还收藏古琴，包括著名的唐代琴——春雷。中国士人曾被期许身兼鉴赏家与演奏者的音乐修养，因此文人艺术家时常将乐器绘于他们的画作之中。

在《停琴听阮图》中，张氏描绘了嵇康如何停止他的琴音以聆听阮咸随心弹奏月琴的传统故事。嵇康和阮咸都属于六朝时的士人团体——竹林七贤，他们以机敏和擅于"清谈"著称。阮氏擅于弹奏琵琶（或称中亚琴），在琵琶的基础上他创造了一种有圆形音箱的新式中国琴。这种乐器以他的名字"阮"命名，又被称为月琴。另一位士人嵇康常常被描述成琴的象征，琴则是嵇康所作的著名散文诗——《琴赋》的主题。除了琴，嵇康也研习诗画与书法。

张氏约在1944年画了《停琴听阮图》，他在题跋中解释了其画风的渊源。因为丘文播（活动于933—965年）的画作并无存世，张氏试图以赵孟頫为媒介描绘画面氛围。晚明以降，数件"停琴"主题的作品传为赵孟頫所作。其中一些存世之作虽然古老却都不是赵孟頫的真迹；尽管如此，许多版本中相似的元素表明它们曾有一个共同的原型。其中品质最佳的一个版本（赵孟頫《高逸图》）藏在北京故宫博物院，但它却不是张氏的直接范本，因为画中嵇康的姿态不同，并且在人像的另一边有一棵巨松。

虽然张氏在他的题跋中并未提及仇英，但他可能至少见过一件归为仇英的《停琴图》。一件记年1549年的传仇英作品《桐荫琴阮图》（台北故宫博物院藏）中的嵇康与张氏之作中人像具有相同的姿态。

图16
张大千
《停琴听阮图》
约1944年
83.0厘米×41.0厘米

附图1　张大千　《停琴听阮图》　1949年

鉴于张氏在他的题跋中用"临"字代表复制，这就意味着张氏的《停琴听阮图》应有一件赵孟頫的确切范本。然而，1949年，张氏在一件与《停琴听阮图》几乎相同的画作（附图1）上题写的跋文透露出他对"临"字的使用相当随意。后者的跋文则声称张氏从未见过赵孟頫的《停琴图》：

赵文敏有停琴拨阮、听阮二图，见诸前人著录，今俱不传于世，此以意拟之，不似之似，乃为真似，观者当如九方皋之相马，略得其玄黄也。

张氏提及九方皋的故事是在提醒观者，评价张氏的绘画应诉诸画作与赵孟頫之间的精神共鸣而非表面的相似。秦穆公（公元前621年去世）请九方皋挑选国中最好的雌雄马匹，但他却呈给秦穆公一份昏聩的报告。之后，秦穆公的谋士解释说，九方皋的视野得其上乘，所以他所洞察的是事物的内在本质而非表象。

张氏1949年的题跋表明他早期和晚期的《停琴听阮图》都是对赵氏绘画应有之貌的想象和他记忆中的一些古代作品，包括任何一件张氏亲见的传赵孟頫画作。当张氏画他第二个版本的《停琴听阮图》时，他只改变了背景：那幅画中，以更加厚重而富有韵律的用笔描绘繁茂树丛环绕在士人乐师周围。

张氏的两个版本都使用了有别于明代以前画风的某些特征，这说明他从未打算将"临"字当真。例如在约 1944 年的版本中，张氏以一种二十世纪营造聚焦特写效果的典型手法对梧桐树加以裁剪；人像与背景元素的巨大尺寸也都不是元代绘画的特色；至于青绿着色，虽然借用了赵孟頫使用过的古代传统，却暴露了技法上的微妙转换。元代艺术家对石青、石绿的使用比张氏后来的处理更加浓厚统一，他避开了早期绘画浓重璀璨的外观而偏爱一种更加淡雅的装饰。因此，张氏将部分的地表和相邻的树木着以柔和的水墨色调，仅仅在岩石上使用明亮的色彩。在士人的长袍上，他重复了这种对比，勾勒了朴素的墨线并以璀璨的色泽予以强调。1941 年至 1943 年，张氏在敦煌研习唐代或唐以前的佛教壁画。这些作品灿烂的色彩激发张氏以他一贯适度的方式对装饰性的润色进行实验。

当张氏在二十世纪四十年代中期创作《停琴听阮图》时，他的人物绘画达到了顶峰。即使没有赵孟頫的特定范本，张氏也能够处理动态活力与典雅二者之间的平衡，正是这种平衡令赵氏的人物绘画声名远播。事实上，张氏的用笔与设色营造了前景与背景元素间微妙的互动，令他的画比传为仇英的那个版本（《桐荫琴阮图》）更胜一筹。在张氏的《停琴听阮图》中，他将他在敦煌学习的典范、对赵孟頫文人画传统的领悟以及他对更久远渊源——例如丘文播——加以综合。（本文由吴奇唯译自傅申著 *Challenging the Past: The Paintings of Chang Dai-chien*, University of Washington Press, 1991, 142-143）

《明妃出塞图》(图 17)

1945 年日本无条件投降，张大千先生于是年十一月即飞北平，寓居颐和园万寿山养云轩，此画为其时所作，故大千自题作于昆明湖上。十二月中张大千为筹集资金购买由长春溥仪伪满洲国宫内散出的名画（包括《韩熙载夜宴图》等），于中山公园水榭与于非闇合开画展，所以此画有可能是当时展出的作品之一。画上有溥心畬的题诗，溥、张二人在抗战前、大千居北平时交往甚密，常有合作画及题画，[1] 此时是"南张北溥"交谊的第一阶段。至抗战胜利以后，大千又与溥心畬为近邻，故此作上有溥氏题诗，此为二人交往的第二阶段。

大千所作《明妃出塞图》有多本，此为 1945 年冬所作，五年后（1950）大千避暑大吉岭期间曾作一白描本，人物位置悉同此幅，画上大千的自题提供了此画稿的出处。原来此图稿乃大千二兄张善子所创，设色则仿唐人法。当时该画藏于大千门人萧建初 [2] 处。白描本用的是尼泊尔纸，大千自云此作出于背临，故"略得其位置"。逐一比较先后两本时，会发现其人物状貌、冠服、衣纹悉同，可见大千离开四川时曾携出画稿粉本。

明妃是指汉元帝的宫人王昭君，名嫱，晋时避司马昭讳，而改称明妃。由于元帝当时按图召幸，故宫人皆贿赂画工以求龙眷，唯独昭君自恃美貌而不与，因此怀恨于心的画工擅改其画像以陷害，致使昭君被选送匈奴和亲。等到昭君向皇上辞别时，元帝始惊见其沉鱼落雁的美貌，许为后宫第一人，可惜已后悔莫及。昭君终于随使者入胡邦，下嫁呼韩邪单于为妻。元帝遂穷案其事，画工毛延寿等皆当众处死。

此画描写昭君随使出塞的一景，已在大千自敦煌归来后，故人物画的线条虽不改其秀丽但益趋圆劲，设色虽绚丽而不失清雅明净，是融会敦煌壁画以及《韩熙载夜宴图》以后的新境界。大千将明妃画得明艳照人，神色却流露内心淡淡哀怨的楚楚可怜，发黑如丝绒，是以凸显人物神采，以专用于仕女眼睛和头发的槟榔墨所染 [3]，与泥金勾勒的石黄、朱砂、石青凤冠形成强烈的对比。而且大千特以细致的花纹装饰明妃的华服，而较矮小的男女二侍者皆着无纹饰浅色

---

[1] 　傅申：《南张北溥翰墨缘》，《雄狮美术》，1993 年第 6 期。

[2] 　萧建初为大千之婿、张心瑞之夫。该画影印本见高岭梅编：《张大千画集》，香港东方学会，1967 年，第 38 图。

[3] 　郁慕贞等：《缅怀先师，回首当年》，宁夏回族自治区政协文史资料研究委员会编：《张大千生平与艺术》，中国文史出版社，1988 年，页 127—128。

雪憶冰顔胡馬肥澤畔千里逢
明妃珊環委地生秋草鞘驕
帝東至廄婦 溥儒題

明妃出塞圖
倣唐人韻

图17
张大千
《明妃出塞图》
1945年
107.5厘米×43.0厘米

服装，强调明妃的身份。张大千虽然借用了二哥善子的画稿，但无论线描的质量，还是色彩的调配、色感的古艳，无疑已青出于蓝而胜于蓝了。

至于大千的自题，其用笔犀利，横画斜上，结体右耸，基本上出于石涛书法的变体。（原文见傅申著《张大千的世界》，台湾羲之堂文化出版事业有限公司，1998 年，页 146—147）

《仿唐人控马图》（图 18）

大千先生这幅《仿唐人控马图》作于乙酉（1945）嘉平月，与《明妃出塞图》作于同时、同地，都在北平颐和园。此画描写一片绿色平原上，一位白衣红领、唐人冠服的控马师向后拉控一匹全身乌黑但有白蹄的雄武骏马，马的前蹄腾空，马尾激烈地摇动着，人与马的姿态相呼应，画得极为生动传神。当大千于 1960 年左右为画谱中动物一节作插图时，亦将此马的姿态画入谱中。

此画在色彩上，乌黑的马身是用一种不发光的槟榔墨多次晕染而成，有一种浓厚的感觉。无际的平野则用石绿敷染，由幅顶至底边略分深浅。在上半幅中，点缀远近两组大小岩石，用石青、石绿渲染，近处的一组岩石后生出一丛矮树，用殷红的朱砂点缀红叶。右方平整的地面出现裂隙，显示出高原的景象；裂隙用泥金及赭石涂染，使得一片平坦的绿地上出现了生动、鲜明的变化。如此画风好像令人如见唐人壁画一般，不但为明清绘画所无，即使宋元绘画中也未见，只有在张大千对敦煌壁画作长期钻研之后，方能有这般浓丽与清雅并俱的风格。然而在同一年的夏天及秋天，大千曾经至少两仿宋人刘永年的《乌骝图》，为此画风格形成过程中的关键。大千在此画所题的一首四言赞马诗，较早已见于他在敦煌时期所作仿唐人的一幅画马的作品上，唯有像大千亲身体验过大漠风光的人，才可能有如此画境与诗境。

不久之后，此画为一位银行家收藏，大千为之题上款云："味实仁兄法家正之，大千张爰，昆明湖上作。"说明他是在北平颐和园中所作。后由收藏家味实之请，一直蛰居在北平的溥心畬在画幅右上角题诗，大千这样一幅画的确在当时令观者耳目一新，也包括溥心畬先生在内。这幅画随后被携至台湾，为王壮为先生购得并于左右裱绫作长跋记其事。

张大千的二兄张善子善于画各种动物，在养虎、画虎之前早就精于相马、画马。大千从其兄习画又耳濡目染，因此也精于画马。大千的马画作品主要创作于其二兄 1940 年过世之后，且大部分作于二十世纪四十年代、五十年代。善子既以画虎闻名，大千一生则几乎避免画虎。

大千先生在 1954 年再题 1948 年所作《人马图》时论画马云：

> 画马当以唐人为最，盖于物理、物情、物态三者有得，是以为妙，
> 宋人唯李伯时一人而已，元明以来，殆无作者，无论有清，赵吴兴名

图18
张大千
《仿唐人控马图》
1945年
94.5厘米×46.3厘米

盛一时，观其题语，往往自负，以予鄙见，尚是纸上讨生活耳。[1]

　　张大千批评元代大家赵孟頫的马画，也是嫌他对真马的体会不足。由于大千在甘肃、青海等地多有骑马的机会，又研究中国古代的《相马经》，兼之他对唐宋人画马确实下过苦功，因此他对自己的作品颇有信心，而且到了相当自负的程度。此幅精妙绝伦，堪称大千画马的代表作。（原文见傅申著《张大千的世界》，台湾羲之堂文化出版事业有限公司，1998 年，页 148—149）

---

[1]　笔者录自原画照片。

《渡水头陀》（图 19 ）

宾头卢尊者居十六或十八罗汉首位，因而"自东晋至南朝唐宋，宾头卢的渡人显化事迹，代代不绝"[1]。常见的宾头卢尊者像为"头白眉毛长"，但历代描绘其像者笔下也有不同形象，然皆持龙头状天然木根的手杖，一般多作坐像，此作则仿宋人本作渡水状。宋徽宗《宣和画谱》载有唐卢楞伽名下的作品《渡水僧图》，而宋李公麟名下亦有《渡水罗汉》，可见大千此画所据其来有自。"面颅百皱"[2] 又是"岩底双眸，光芒难遮"[3]，形容眉骨凸出，双目炯炯有神，自是长寿健康的象征，故大千画此以贺乡长七十大寿。

大千仿宋人作《渡水头陀》较早者见于甲申（1944）嘉平月，此幅作于北平，时在丙戌（1946）春日。自 1945 年冬在北平颐和园昆明湖上作《明妃出塞图》之后，大千仍居北平，一直到该年二月底才飞返重庆再到成都，由此可知此画应完成于二月底之前。在这一时期，北平经历抗战，文物易手频繁，市场极为活跃，好古的大千如鱼得水；他甚至将原拟在北平购屋的五百两黄金转用来买古画，此时是他一生收藏最丰富的时期。此画在大千浸淫古迹的氛围下产生，所以人物线条极为高古；也在此际，大千人物画的巨构《九歌图》也正在进行中。

大千将宾头卢尊者描绘成一身躯庞大的老者，双目炯然有神，头颅峻嶒，脑门甚大，头上仅余稀疏几根短发；老人大耳穿孔带环，眼角颊皮皆松皱，身披蓝衬里的白袍，右手持连根木杖，左手搭在随行小童的头顶，正涉水山涧。侍童头梳一髻、袒露左肩臂，右手举起扶托罗汉，眼睛紧盯水中，两人衣裾皆挽至腰际，相偕谨慎，探步前行。人物线条精练，色彩清雅，造型古意盎然，是全画的中心所在。 至于布景则甚简，左前方几块岩石旁水草劲直，后方背景山壁上端为云雾所掩，下临深潭，皆用斧劈横皴，连皴带染，逸笔草草，与人物的线条形成强烈的对比，成功地发挥了衬托和突出主题的效果。（原文见傅申著《张大千的世界》，台湾義之堂文化出版事业有限公司，1998 年，页 154—155 ）

---

[1]　陈清香：《罗汉图像研究》，台北文津出版社，1995 年，页 289。
[2]　苏东坡语。
[3]　明紫柏语。

图19
张大千
《渡水头陀》
1946年
117.5厘米×66.0厘米

《晚山看云图》（图20）

大千先生此幅山水画作于1946年夏五月，是年春他自北平返回四川，其时由于在成都"颇多酬应，才数日，已不胜其苦，遂移居沱水"，夏天搬到沱水村后，不但清静，而且有花木扶疏的庭院。此画上的长题乃为沈周之七言长诗，以石溪的笔法写就。大千早年山水除学石涛，兼学石溪和渐江，都能达到形神并似的地步。而在二十世纪三十年代前后的画坛上，能学石溪者以黄君璧为首，两人相互推崇；大千也曾应黄氏之请，为他画了一些仿石溪的作品，其中有一幅1939年的《仿石溪垂钓图》，题识如下：

> 石溪一脉，三百年来唯吾友黄君璧独擅其秘，自与订交，予为
> 搁笔。

大千与黄君璧订交于1931年，可见在他们交往之前大千也常仿石溪的画法，而其后也时有所作，此画便是一个例子。

画幅的下半段画的是俯视角度所看到的水滨平远之景，主要是在描绘诗句中的"隐居只在一舟间""平头艇（子）贴天浮""树里平桥秋日长""信脚清溪细路斜"以及林中隐居处的柴门茅屋。至于上半幅的主峰偏左且不甚高耸，则是在描绘云山层叠杳渺之景，呼应诗中起首二句："晚山忽忽看云生，山有云生乃有情。"另外，在右方中景云山脚下，城墙楼阁掩映，则是呼应诗中的"红尘有事满城郭"一句，用以衬托山水间一叶扁舟随波逐流的"与世无求只好闲"，两者相应，显现出诗情里强烈对比的画境。

此幅《晚山看云图》与大千一般的山水画特别是其用笔细秀仿王蒙一路的作品相较，此作用的是石溪粗重的秃笔法，而且设色方面使用较多暖色调的赭石，风格上产生相当的差异，也由此可见大千在创作中喜多方涉猎的一面。（原文见傅申著《张大千的世界》，台湾羲之堂文化出版事业有限公司，1998年，页156—157）

图20
张大千
《晚山看云图》
1946年
157.7厘米×81.6厘米

《北宗山水》（图 21 ）

大千先生的山水画从清初四僧起家，后又受董其昌的影响而直探南宗本源——上追董巨。可是，他并不一味追随董其昌的尊南贬北论。徐悲鸿撰《中国今日之名画家》一文时对大千的评语是："大千潇洒，富于才思……山水能尽南北之变（非仅指宗派乃指造化本身）。"说明大千对山水的取法并不专走南宗路线，也能同时画北宗风格的作品。

在民国初年的画坛，由于溥心畬先生南北皆宗以及故宫博物院的成立与展览，北宗名作如夏珪的《溪山清远图》卷等引起国人学习的兴趣。所以张大千并不排斥北宗，而且他对溥氏的北宗画大为推崇，他说："溥心畬致力此道，功最深，用笔设色，高步元人，叹为绝诣。"[1]

大千友人于非闇在二十世纪三十年代中期高倡"南张北溥"之说，自此大千与溥心畬齐名，两人往来频繁。当有合作画的场合，大千总有机会观摩，再加上他平日留心各种机缘，得以观赏古画名迹，因此大千画北宗画也能得其精神。实际上，北宗的基本技法"斧劈皴"已经时常应用在他的写景山水中，较早的例子如他 1935 年画的《黄山九龙瀑》。

此幅是 1946 年大千在成都近郊的沱水村居所作的北宗山水画，在章法上犹与马夏派相近，偏于左角半边，符合所谓的"夏半边"和"马一角"的一般说法。但是上半幅则有所不同，虽然技法方面用的是大斧劈皴，然而堂堂大山中峰矗立于画面中轴线则又接近北宋山水画的构图。大千显然企图在笔法之外突破南宋人的章法。

大千在另一幅《仿北宗山水》（附图 1 ）上的题识，也有助于我们了解他对北宗的看法和学习途径，他说："偶欲效北宗画法，雅不欲从马夏入门。马夏虽工，才一落笔，便不免作家面目。此幅略似李唐，生拙处时得天倪耳。"所谓"天倪"者是指自然，他在极力避免"作家习气"。

至于下半幅，除了近处水中巨石及半坡的垂直面略施斧劈皴，北宗的笔法并不显著。画树的方法有别于大千此一时期的仿王蒙或董巨的风格。但是由于他用笔惯常流露的秀气，尤其是设色上参用小青绿、花青与赭石的冷暖色调的对比以及水际的纤秀水草，使画面充满了赵王孙（大年）的温润细腻，消除了北宗应有的刚健与峻峭，因之形成大千北宗画的明丽、婉约且毫无霸气的独特个人风貌。（本文由吴奇唯译自傅申著 *Challenging the Past: The Paintings of Chang Dai-chien*, University of Washington Press, 1991, 158-161 ）

---

[1]　笔者目见张大千题时人学北宗山水。

图21
张大千
《北宗山水》
1946年
116.5厘米×61.4厘米

附图1
张大千
《仿北宗山水》
1996年香港佳士得秋拍
近现代书画大家专场

《峒关蒲雪图》（图 22）

张大千为《峒关蒲雪图》题写了两次跋文，每一次都重点指出他取法的是董其昌。他也略微提及了其他更久远的范本，表明董其昌曾临摹杨昇，而杨昇的风格则源于张僧繇开创的、称之为"没骨"或"没骨画"的技法。在这种技法中，物体形态仅仅由色彩绘就而不用线条。虽然没骨画被广泛用于描绘花卉，最伟大的没骨山水的拥护者却仅有杨昇和董其昌，直到张大千和少数其他人使之重焕生机。例如刘海粟在 1956 年临写过董其昌的《峒关蒲雪图》，刘氏的绘画与张氏十分相似。事实上，刘氏临写的董其昌画作或许与张氏使用的是同一幅。尽管刘海粟较张大千年长，他还是屡屡不自觉地效仿着张氏这位树立新风的画家。[1]

没骨画的历史因缺乏早期作品而令人疑惑，但普遍认为张僧繇曾用此法创作壁画。根据文献记载，他不但以宗教和人物主题绘画著称，还以没骨画法描绘花卉和山水而驰誉天下。张彦远在《历代名画记》中写道，当张僧繇在南京一乘寺的门上创作花卉时，不加轮廓线条的独特风格使得满城风雨。张氏显然是仿效了不透明或半透明彩色颜料绘就的花卉，他也营造了色调上的强烈对比以模仿光影效果。这般生动的三维幻象被称为"凹凸画"。虽然张僧繇并无作品传世，但张大千在敦煌研习的一些佛教壁画与之时期相同并保留了大体的要旨。莫高窟第 428 号石窟天顶上的花卉正符合张彦远对张僧繇的描述。一些传为张僧繇的手卷也表明他的山水应是何种样式。其中一个最好的例证是台北故宫博物院的《雪山红树图》，但它是一件晚期的临本。

杨昇是一位活跃于唐玄宗开元年间的画家，他是没骨山水的另一位大师。杨氏生活在一个富裕的时代，那时异域奢华的物产十分丰富，而没骨山水的璀璨效果正与时代相契。遗憾的是，杨昇没有存世墨迹。张大千意识到杨氏作品的稀少并声称自己仅见过一幅他认可的真迹画作，但他并未指明是哪一件。

现代艺术史家们普遍认为杨氏没有真迹存世。于是为了研究杨昇，我们不得不依靠如手卷《雪山红树图》这样较晚的杨昇名下的作品。虽然张大千从未提及这件画作，但它与《峒关蒲雪图》的相似表明他了解此作。

台北故宫博物院出版的《故宫书画录》卷四描述了《雪山红树图》：

---

[1]　王方宇：《从张大千看张僧繇》，《大成》第 30 期，页 32—38。

图22
张大千
《峒关蒲雪图》
1947年
122.5厘米×44.5厘米

青绿画白云青嶂，赤干苍松，林屋溪船，掩映金碧。[1]

1227 年楼观为《雪山红树图》题写跋文，评定了张僧繇与杨昇之间的关联：

> 梁天监中，张僧繇每于缣素上，不用墨笔，独以青绿重色，图成峰岚泉石，谓之抹骨法，驰誉一时。后惟杨昇学之，能得其秘。此卷颇有出蓝意。

杨昇之后没骨山水便衰落了，并在董其昌之前都无人探究。董氏和他如盛茂烨这样的追随者们开始了短暂却又重要的复兴。[2] 然而在张大千之前，没骨山水都很罕见。

董其昌画了几幅仿杨昇的作品，包括《仿杨昇没骨山水图》（纳尔逊艺术博物馆藏），其跋文有：

> 余曾见杨昇真迹没骨山，乃见古人戏笔奇突，云霞灭没，世所罕睹者。此亦拟之。[3]

董其昌尤其倾慕杨昇的《峒关蒲雪图》，他至少临写过三次。根据张大千1943 年在成都出版的《大风堂书画录》，张氏拥有两件董其昌的临作，一件纸本、一件绢本。虽然不知这些作品如今藏于何处，但它们必定与日本慈照寺所藏的董其昌《峒关蒲雪图》相似。

根据《大风堂书画录》中张大千的记载，董其昌在张氏收藏的两幅作品中题写着同样的评述："偶阅杨昇《峒关蒲雪图》，仿其笔意，董玄宰。"此外，陈继儒在绢制临本上的题跋声明：朱定国拥有杨昇画作时，董其昌与陈氏曾经见过，而董其昌的临作则令陈氏深受触动。陈氏的题跋也涉及杨昇画风的起源："杨昇《峒关蒲雪图》，为甬东朱定国所藏，为郡司马时出示玄宰与余。尚有骑

---

[1] 《故宫书画录》卷 2，台北故宫博物院，1976 年，页 8。
[2] 盛茂烨的没骨画见有一幅 1632 年作品的复制品，铃木敬编：《中国绘画综合图录》，卷 2，东京大学出版社，1982 年，页 101，S12-013。
[3] 翻译改编自黄君实：《八代遗珍》，克利夫兰艺术博物馆，1980 年，页 243。

马一宰官亦不用墨。玄宰摹其笔法，间带张僧繇没骨山体，非近代画家所能梦
见者也。"当张大千临写董其昌版本的《峒关蒲雪图》时，他在右侧题跋中附和
了陈继儒的跋文。

董其昌颇有争议的绘画观点和他对画家南北宗派的划分影响了他对杨昇的
理解，从而令他对杨氏风格的复兴具有选择性。董氏并不欣赏北宗画家，讥讽
他们过于装饰，而南宗画家们则是他所认为至关重要的画法楷模——基于往昔
艺术的革新。董其昌描绘了他家乡江南的雨意远景和广阔低地，从而赋予他的
没骨山水以清新的个人特色。

董其昌在没骨山水技法和与北宗联系在一起的青绿画风之间划定了清晰的
区隔，然而在唐代这种区分很可能并不明显。石绿作绿色，群青、石青作蓝色，
同样的颜料属于共有的绘画材料，但在青绿绘画中色彩运用得更加浓厚并呈现
出一种玻璃似的光芒。在没骨绘画中，色彩通常是柔和而晶莹剔透的，伴有较
多的白云与红树，此并不常见于青绿风格的绘画。董其昌和他的追随者们将青
绿画法与历代宫廷中流行的精细工笔绘画联系在一起；然而，他们却又认为没
骨绘画可与士人相配。因此董其昌像对待充满写意性的画作一般来看待没骨绘
画。明代的没骨绘画意在更多的自我表达而非装饰。

张大千理解董其昌的见解。在二十世纪三十年代晚期至四十年代早期实践
装饰性的青绿绘画之后，他已做好准备来学习董其昌精妙的山水设色技法。早
在 1937 年张氏就临写了董其昌的《峒关蒲雪图》，并题道：

董文敏题所临唐杨昇《峒关蒲雪图》云：此图不可无一，不可有
二，若日日唱渭城，则又画家所诃也。予不时以其法，写江山胜概，
使华亭可作不将为所诃耶，然华亭不尝数数临之矣。

正如董其昌屡次临写杨昇的《峒关蒲雪图》一样，张大千也创作了许多
董其昌作品的临本。除了 1937 年和这件 1947 年的画作，另一件临本出现在
1990 年三月香港佳士得拍卖会上。张氏挖掘出被遗忘的没骨绘画，通过研习张
僧繇、杨昇和董其昌后成功掌握其风格，之后在二十世纪五十年代晚期他以半
抽象的泼墨泼彩山水发展出自己对没骨绘画的诠释。(原文见傅申著《张大千的
世界》，台湾羲之堂文化出版事业有限公司，1998 年，页 160—161)

《临赵孟頫秋林载酒图》（图 23）

大千先生此幅《临赵孟頫秋林载酒图》作于 1947 年春天，地点在北平的颐和园。在此之前的一年多时间中，大千先生在北平购得不少五代、宋元人的名迹，使他在敦煌临摹了大批重彩作品之后，又接触这些正统派名家的卷轴画，它们工细精谨的笔墨，又成为张大千最新的养分。

画上的自题说明了这是一幅临本，画中并无奇峰异石，但嘉木郁葱，背山面水，山居幽静。全画以青绿色为主调，山石的脉络及不同树种被敷设从深蓝到浅绿的丰富色阶，对比出近画面中央的三株霜叶——从殷红到浅朱，再辅以茅篱、松干、船板、食具等不同层次的暖色调。白云掩映山谷间，使全画呈现出明净华美、精丽而富有士气的装饰趣味，这正是赵孟頫所传承的南宋院体画的风格。

此画在用笔方面，不论山石枝干、松针夹叶、屋宇舟船、流泉波纹，皆细秀劲挺。画中有高士三人，面相、性格各不相同。其中一位高士手执拂尘在岸上缓步转身，神情娴雅，凝目注视舟中动态。舟中则有两位高士对坐，一位望二仆正在交接酒瓮，另一位回首望向舱中的卷轴，而船艄有一名童子正在撑槁。大千将所有人物的神情、衣着和动作，安排得各其身份，同时也明确点出此画的主题：高士们在明丽的秋光中，正要载酒出游。（原文见傅申著《张大千的世界》，台湾羲之堂文化出版事业有限公司，1998 年，页 166—167）

图23
张大千
《临赵孟頫秋林载酒图》
1947年
136.0厘米×61.0厘米

《钱江画舸》（图 24）

此作着墨精简，但见江面辽阔，远山数重，近岸沙浦芦草，随风轻拂，而浪涛拍岸，两艘画舸并泊江边，一如大千题诗："船尾船头白浪高。"稍远处还有一艘帆船和一叶小舟，皆用细劲的尖笔勾勒，描绘物象精准而笔意洒然，了无呆滞。尤其是近岸的浪花翻滚，汹涌而生动；至于江面，大千则用较规整的鱼鳞纹来描绘，自近处起由大而渐次细小，终至消失，略现深浅的层次，成功地表现出粼粼的水面。然而远山却是草草几笔，墨韵山形已具，真有举重若轻的功力。

大千在 1945 年底赴北平，对当时名迹充斥的古画市场大感兴奋，终于在 1946 年初多方觅得他在抗战前曾见过的董源《江堤晚景图》大轴，从此此作成为他的箧中秘宝，一再摹习。该画中"上际山，下际幅皆细描浪纹，中作小江船，何可当也"[1]，其中所指的"细描浪纹"的画法，就是此《钱江画舸》的源头活水。[2] 此画作于丁亥秋，这一时期大千上海画展结束后回到成都，七月并有西康之行，完成《西康游屐》画册，其他的时间大多在成都城北的昭觉寺作画，此幅应属此时的作品。

大千题诗和诗跋提及"二十年前与西江黄晓汀同醉江山船上，历历犹眼前事"，所指是 1927 年左右的往事。据资料显示大千于 1927 年的四月在第一次上黄山之前有浙江杭州之游，与书法家黄元秀（1884—1964）交往甚密，黄氏并引介当地书画界名流客大千于西湖之滨；至于"西江黄晓汀"乃江西籍画家黄起凤（1889—约 1940），则与大千曾有船上快饮的经历，使他二十年后犹念念不忘。至于诗中所谓的"香梦未成"和"枕边消息"究竟何指，便相当耐人寻味，也只有当事人心中了然罢了。（原文见傅申著《张大千的世界》，台湾羲之堂文化出版事业有限公司，1998 年，页 168—169）

---

[1] 张大千摹赵松雪文于该画之下诗塘，见《大风堂遗赠名迹特展图录》，台北故宫博物院，1983 年，页 12。

[2] 请参阅同年十月作《仿董北苑江堤晚景》。

图24
张大千
《钱江画舸》
1947年
109.5厘米×41.0厘米

《临阎立本萧翼赚兰亭图》（图 25）

唐太宗曾密谋夺取王羲之珍贵的书法《兰亭序》，最初这个故事因唐代宫廷画家阎立本的画作而名垂千古。但这件作品仅有临本传世，张大千便追随传统、创作了老迈的僧人辨才和士大夫萧翼会面的场景。

353 年，王羲之在主持上巳节修禊时创作了著名的《兰亭序》。据唐代士人何延之记载，王羲之想要保留这件作品并使其在家族中传承。他的七世孙智永是一位僧人，没有子嗣，他将书迹传给他的弟子辨才和尚。那时，对王羲之书法甚为钟爱的唐太宗全力为宫廷搜罗珍本。辨才将《兰亭序》藏在寺庙的屋梁之上，因而皇帝无从获得。但是皇帝足智多谋的使臣萧翼则佯装成无官职的士人，通过和辨才探讨书法来培养他们之间的友谊。萧翼向辨才展示了一些出自宫廷的王羲之卷轴，声称它们是他的个人收藏。辨才对此深信不疑，便提到王羲之曾有一件更为惊人的杰作，就将《兰亭序》从藏处取出。于是，萧翼为皇帝索取了此卷书法，皇帝心怀感激，把一座新建筑馈赠辨才所在的寺庙。因为《兰亭序》自唐代起就被用作书法范本，几乎每一个受过教育的中国人都知道这个故事。

张大千描绘的辨才坐在一把以扭曲树根制成并覆以典雅织锦的扶手椅上。他的腿部在椅座内盘起，便鞋则放在镶嵌着珍珠母的黑漆脚凳上。辨才面对着萧翼，萧氏的着装与他的官阶无涉，他打扮得像位高贵士人。一位童仆举着存放珍贵《兰亭序》的卷轴盒，这位童子对萧翼感到怀疑，紧张地抓挠着脑袋，却不敢告诉主人。僧人座椅后备茶的侍僧、童仆与辨才一样对萧翼充满信任并意气相投。

在绘画中，张大千以锐利而细瘦的线条娴熟地勾勒人物轮廓，他严苛地运用色彩，展现出非凡的技法。辨才面部柔和的着色给他一种超越世俗的容光。辨才的长袍运用深红和黄色的绸缎块面以引发观者对人物特别的关注。遍及全画，张大千使用了一种华丽的配色方案——注意青色的食器和织物上青色的镶边，但他又将之与过于耀眼的色泽和谐相融，那种耀眼的效果无疑会冒犯传统的文人鉴赏家。张氏的设色与钱选相似，钱氏如张氏那样对职业画师的装饰性趣味持观望态度，并局限在文人画家的趣味之中。

张大千对《萧翼赚兰亭图》这类早期绘画十分熟悉。最早也最著名的是一件收藏在台北故宫博物院的短幅手卷，传为唐代艺术家阎立本所作。即使张氏

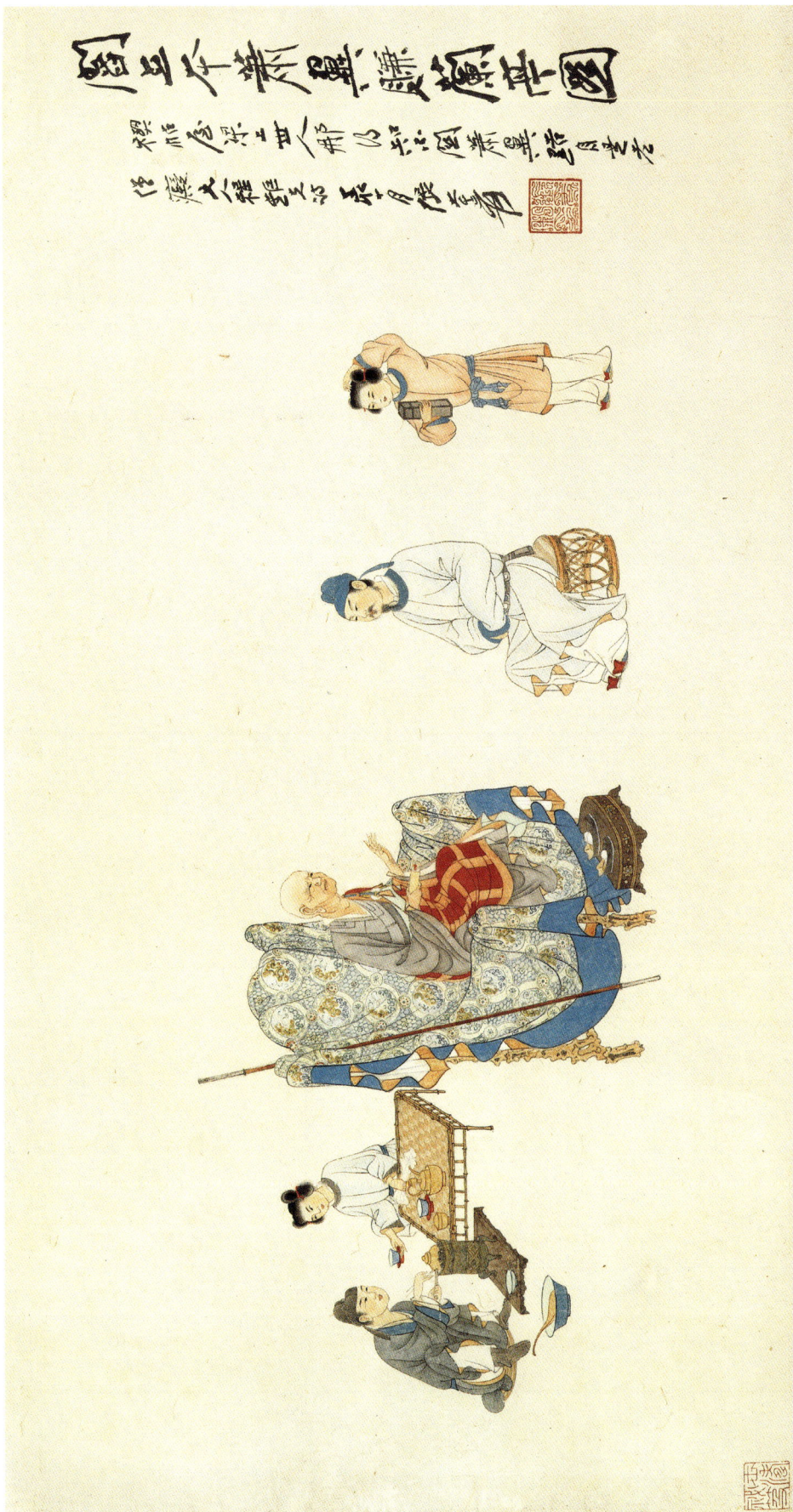

图25　张大千《临阎立本萧翼赚兰亭图》1947年　43.8厘米×80.7厘米

见过那幅画，他在跋文中也援引了阎立本之画名，但却并未以那件作品作为直接的范本。传阎氏的作品远不如张大千的画精美，而某些人物也不相同。张氏的用笔和设色反映了宋代宫廷而非唐代作品的趣味。

一件较晚的作品可能为张大千作品的原型，是一件十六世纪的手卷（佚名《萧翼赚兰亭图》，文徵明 1553 年题跋，佛利尔美术馆藏）。明代的画作遵循着阎立本的传统，却也引入了新变化：备茶的场景更加精致，而在传阎立本画作中陪同辨才的年长僧人也被举着书迹盒挠抓头部的侍者取代。张大千的版本保留了这个人物，但又将侍者变为一个可爱的男童。

或许张大千的作品并非以佛利尔美术馆的画作为原型，但他的范本却与佛利尔美术馆收藏的作品来自相同的范本。相较明代画作，张氏的作品更加出色，线条更为平滑且自信，人物面部表情也更为生动；至于色彩，不仅更为丰富，也运用得更加灵活，从而增强了戏剧效果，也唤起了观者对辨才的同情。（本文由吴奇唯译自傅申著 Challenging the Past: The Paintings of Chang Dai-chien, University of Washington Press, 1991, 164-165）

《红叶玉鸦》（图 26）

大千先生画花鸟初从华嵒、八大山人、徐渭、陈淳等写意风格入手，至二十世纪三十年代始从陈洪绶上追宋人工笔花鸟，如滕昌祐、林椿、宋徽宗等。当大千在北平时，常与画友于非闇去花鸟市场观赏各种鸟类，又在四川青城山居住时期多见山花异鸟，并且自己养鸟作为日常观察与写生之用。所以自二十世纪三十年代中期到其病目之前的二十世纪五十年代初期，是大千工笔花鸟画的高峰，其后他又专画写意花鸟。

由大千此画自题得悉画中的杈丫老枝系得自庭院中的实景，而此种椭圆形的红叶之前从未出现在古画中，乃是大千在青城山上观察秋冬间的实景所得。他亦曾在其他同种红叶的画上题云："青城山中樟柟漆树，未秋先红，璀灿如锦。"此画中的红叶，叶面外圈深红，内圈稍浅，叶背则为浅色，勾勒出叶脉，并点缀大小虫蚀的小孔洞。叶子的正侧、反背、俯仰，布置得生动自然，其曼妙精致的弧形线条与劲挺的老枝形成强烈的对比。

大千诗中有句"凭君好作徐熙赏"，徐熙为花鸟画史上的祖师爷之一，足见大千的自信程度。他又指出"更遣高枝着玉鸦"，这是指枝上栖息的白羽鸟，大千名之为"玉鸦"，有时也称作"雪鸦"，是大千在青城山及成都所蓄的异鸟。画中的玉鸦正张嘴作鸣唱状，眼珠发光，炯炯有神，翅背尾羽皆井然有序，一爪抓紧枝丫，若非观察实物，恐难以达此境地。这种白鸟红叶的画境，在他题记甲申（1944）立秋这件类似的作品时表达得非常清楚：

> 青城檞叶，未霜先红，烂若明霞，以予所蓁白玉鸠坐于枝头，粉光霞彩相映带，如观滕昌祐画图。[1]

由上述一段话可以了解大千的创作意图，他对"粉光霞彩"的惊艳，从此画中红叶的朱色灿然和玉鸦的白羽纯净之间的对比，犹可想象当年完成之初，其色彩应更为鲜丽。尤以白粉因年久稍褪，精神稍逊于昔时。

这幅《红叶玉鸦》用笔虽不多，但是一枝斜拖，实上虚下，题诗于右下方的留白空间，如此章法在古画中未有所见。大千在自题 1942 年作《双雀图》时有云：

---

[1] 《梅云堂藏张大千画》，梅云堂、香港中文大学文物馆，1993 年，第 40 图。

宋人擅此者，黄筌、崔白、道君皇帝为巨擘，沙洲秋日……偶尔涉事，自觉视崔黄辈在伯仲之间。

以上区区数语道出大千先生在花鸟画方面的取径之高及其高自标置，岂是并时画人可及？此画为大千在成都时期所作，虽为小品，但当时目力佳，心境静，用笔、设色均极精致秀雅而无工匠气，正足与古人争一日之长。

此画未题明作画地点，按1947年的冬天大千曾先后飞到北平和上海，但是此画作于该年的嘉平月，以西历计，已是1948年的一月、二月间，与《临仇英沧浪渔笛》同时，所以此作可能同样作于成都。（原文见傅申著《张大千的世界》，台湾羲之堂文化出版事业有限公司，1998年，页174—175）

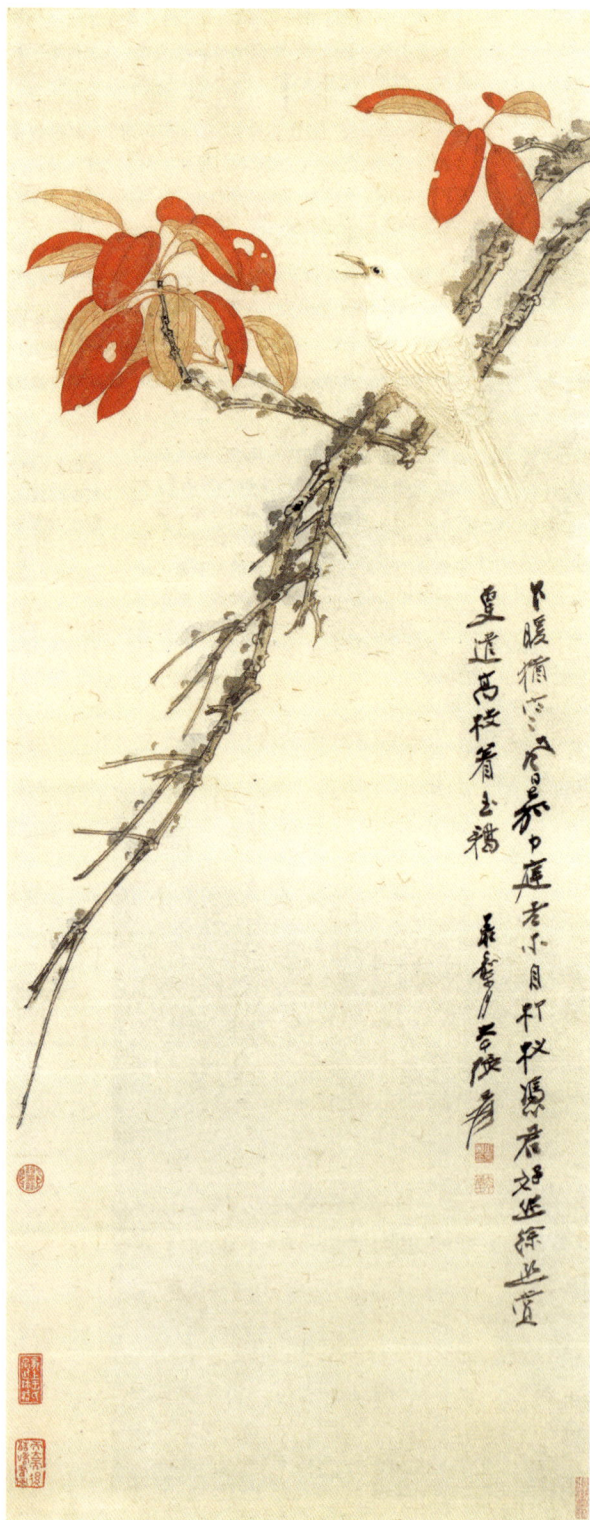

图26　张大千　《红叶玉鸦》　1947年　113.5厘米×45.5厘米

《秋壑鸣泉》（图 27 ）

大千先生此画甫入眼，即为其高峰、峭壁、乔木、虬枝的气势所慑服，是一幅标准的宋人丘壑，但又夹杂了多种风格。从大千自题得悉创作此画的原始动念，乃是他几个月之前在上海友人王文柏处，观赏到高克明《溪山雪意图》卷[1]。若将两图并列时，当会惊讶于两者之间貌似的成分其实有限。首先是因为手卷与立轴在构图上的差异，原作限于手卷的形式，并无高耸的峭壁峰势。然而在皴法上，相对之下，北宗的斧劈皴在原作上，由于多是近景的缘故，则更为大刀阔斧、淋漓尽致。

除了上述从手卷改为立轴的形式变化，大千自己注入不少异于原作的因素。基于大千对原画的理解，他在自题中言及："细玩笔法，乃知石田、六如二公毕生不出此公户庭也"，故而在此画中，特别是枯枝高树及中景茂叶巨树后，矗立的碎点大树，以及全幅精妍的气质，都充斥着唐寅的风韵。下方桥梁，尤其是曲折的水纹画法，则显然出于所谓刘道士的《湖山清晓图》。至于中景崖壁上斜出的青绿灌木，富于装饰效果，其作用一如他日后泼墨画中点缀的青绿泼色。画幅左下方的高士，则完全是大千的本色。然而，此画中的浓荫大树，和左上方悬崖上满布类似溥心畬风格的胡椒密点，均少见于大千其他的画作。

大千从原画所得者：一是近景斜上的高树，但他将原作的长松改为枯枝，并增一宋人李郭派的虬曲老树，以古藤相绕；二是全画中有斧劈皴系统的笔法，使得此画与大千此一时期以董巨派为主的画风迥然不同，而垂直石壁用的横劈皴法，又有别于原作；三是峰顶的松林，以及左方山腰谷地里为乔林所包围的楼阁殿宇，都是从原画中变化得来。

大千此画作于 1948 年的春天，他自 1947 年年冬从北平飞到上海后，又曾飞返成都，准备五月八日至十日在上海成都路中国画苑举行的画展。此《秋壑鸣泉》列于画展展出目录第 80 号，并注明为"非卖品"。大千在次年仓促离开四川成都时，即将此画携以自随直至终老，可知此幅作品在他心目中的分量，乃是他的精心得意之作。（*原文见傅申著《张大千的世界》，台湾羲之堂文化出版事业有限公司，1998 年，页 180—181*）

---

[1] 此画本无原作者款署，但有后人增署高克明三大字。画之品质绝佳，唯长松比例甚大，山石皴法有成熟之斧劈皴法，故时下学界皆不认同为北宋高克明的手笔，而与刘松年之四季山水近似，时代当改定为南宋初期。已见诸文字者则有耶鲁大学之班宗华。

图27
张大千
《秋壑鸣泉》
1948年
212.5厘米×97.2厘米

《仿董源松泉图》（图 28 ）

大千先生此幅《仿董源松泉图》前景作三株繁枝密叶的乔松，一高士坐卧于坡岩上赏瀑，高士的造型属于大千所谓的"大风堂登录商标"之典型[1]。山峰一侧的垂瀑直挂而下，在云树沉沉之间隐没于松梢，复转折为奔流曲泉冲出山脚、注入溪涧，激起水纹涡漩。此画山石以董源的披麻皴为主，层叠而上，辅以直苔，点出山脊走向，然后以花青、赭石两色层层渍染，表现出土石浑厚、草木华滋的效果。

此图章法乃出自大千于三年前（1945 年乙酉夏日 ）在成都昭觉寺所临《北苑松泉图》[2]，其上题识曰：

> 树晕浓厚，山色浑沦，不以险刻取奇，自然高迈，学北苑正当于大开合处着意，一堕巧趣便非真谛。

以上代表了大千在二十世纪四十年代中期对董源山水画的基本认识，有助于吾人了解大千临本所致力达到的境地与画面的效果。

比较间隔三年的两幅作品，前一本应该是接近其所据之原本，而此幅在比例上较为纵长，且将原来占画面三分之二的高大松树缩成不及一半的高度；另外又将主峰向上盘高，增加了云雾的渲染和层次以及水中的波纹。后一本虽不改原画的大开大合气势，但是却在大千繁密的皴苔和渲染下弱化了自然高迈的视觉效果。至于水中细笔的波纹则是大千在得到所谓刘道士的《湖山清晓图》以后才开始使用的画法。

此幅作品是大千在上追董巨过程中变化出的一种风格样貌。大千生前在中国大陆的最后一次个展可能就是 1948 年五月在上海的大型画展，其中展览中编号第 7 号的《仿北苑松泉图》即是这一件临本。[3]（原文见傅申著《张大千的世界》，台湾羲之堂文化出版事业有限公司，1998 年，页 182—183 ）

---

[1] 见《大千狂涂册》，《渡海三家收藏展》，台湾历史博物馆，第 36 图。
[2] 高岭梅编：《张大千画集》，香港东方学会，1967 年，页 8。又见于香港苏富比拍卖目录，1987 年 5 月，第 40 号拍品。
[3] 此画在 1995 年 10 月佳士得拍卖目录中编为第 148 号拍品，标注画名为"赏秋图"，兹后又有"听泉图"之名。但本处依据 1945 年所临《北苑松泉图》改为今名。

图28
张大千
《仿董源松泉图》
1948年
106.7厘米×35.0厘米

《临弘仁山水卷》（图 29 ）

张大千先生曾对黄山画派诸家画风有过深入学习，并在日后三度裹粮畅游黄山后，对诸家画法作进一步的钻研。他在 1935 年作《黄山九龙瀑》一图时说：

黄山皆削立而瘦……渐江得其骨，石涛得其情，瞿山得其变。

三家之中，弘仁的作品存世最为稀少，经过大千的探索，弘仁的画风不只是造型上属于瘦削一路，而主要在于他用笔中的"秀骨"。一般论弘仁画风的来源，主要认为他是出自元末清闷阁主人倪瓒，但是经过全面研究，会发现他一部分的作品也显示出来自黄公望的影响。例如这一幅手卷起首三分之一处的平坡远丘仍具倪瓒折带皴法，但是中段一山则土厚树茂，远近村居，渔舟荡漾，不似倪瓒的冷峻，反而散发着黄公望绘画中浓厚的人间情味。

倪瓒的山水画中一般不着人物，此卷的卷首有高士二人徐行，将过石桥，前往山前古树围绕的寺院；左幅则有小舟四艇，上着六人，容于浩阔的水面。临水村居，高挂酒帘，远岸城外，村居古寺，笔墨精简，幅面虽小但画境阔远，疏密开合，足见构景之匠心。

根据画法及大千两次自题的内容，知此画是对临弘仁真本，并评曰："此卷尤精，当为生平合作。"又说："昔未题名为何处，以景物度之，其皖南池州乎！"因为从山寺城郭以及长堤等景致观之，画家胸中当有实景为凭，据大千先生的辨认，此地可能是皖南的池州，由此可见大千的行踪之广。

1948 年的八月大千曾去峨眉一游，八月底其偕新婚夫人徐雯波女士前往上海。此幅当是在四川时所作，携到上海装裱，又加长题三行而完成的。大千此一临本的存在，使得传世作品稀少的弘仁仿佛增加了一个分身。（原文见傅申著《张大千的世界》，台湾羲之堂文化出版事业有限公司，1998 年，页 188—189）

图29　张大千　《临弘仁山水卷》　1948年　27.2厘米×146.0厘米

《仿宋徽宗佛头青牡丹》（图30）

牡丹以其花丰色艳象征富贵，一直是中国人普遍喜爱并且经常入画的花卉，大千自不例外。然而芍药的花叶与木本的牡丹相似，大千也兼喜画芍药，但表现方法略为不同。他说："芍药之于牡丹，别具一种婀娜之致，当以软美之笔为之。"

在大陆时期，令大千印象最深的是1941年及1943年在兰州赏牡丹的经验："皋兰雷坛道观牡丹百数十丛，并皆名种，泼墨紫推为第一。晚春初夏，万萼婆娑，徒绮争发，初月微烘，露华未坠，浓姿半躲，宝马香车，士女如云，惊赏留恋，抵暮不去。"（己丑秋自题牡丹）

大千先生离开中国大陆以后不改赏花之乐，常到日本观看梅花和牡丹，到巴黎看芍药。他早期仿青藤、白阳喜作水墨写意的墨牡丹，大约在二十世纪四十年代中期敦煌归来后多作工笔重彩的牡丹，后半期则多作没骨牡丹，妍丽而不失清逸。大千对工笔牡丹的看法："画工笔花卉，要拿牡丹来代表……牡丹种类特别多，但是我生平所爱好而最喜欢画的是照殿红、泼墨紫、佛头青三种。"他说在成都的文殊院曾有刁光胤画的牡丹，所以他画的牡丹都是仿其画风。至于画佛头青的牡丹，则是根据宋徽宗的画法，如此扇所题：

> 道君皇帝佛头青牡丹，二十年前曾见于强村丈（朱古微）斋中，
> 追忆其仿佛写之。

大千又说："画这种画，须要下些功夫，不是草率而成的。"此话特别指矿物颜料加胶水的技术性问题以及分层设色的次序和技巧。画佛头青牡丹，花瓣部分先用石青设色，再以花青及泥金勾勒轮廓，其色彩沉静又富丽。为使青色花朵更出色，大千以墨色渲染叶面，只用石绿染叶背。由于纸上原已饰有密雪般的泥金底，不但将青花衬托得益发灿然夺目，而且通过叶面浓淡的墨色，隐隐泛着金光，能够表现妍丽的色彩而不失意境的高雅。这些复杂的绘画过程和技法之间的互动，都是大千善于变化和融入新意之处。

二十世纪的上半期，夏天使用折扇的风气仍盛，大千一生中画过不少扇面，并且还曾经举行过多次扇画特展，此件作品即为当时的展品之一。

此扇背面有大千行书"梦窗"（宋代吴文英）词一首，内容为"汉宫春"，

图30
张大千
《仿宋徽宗佛头青牡丹》
1949年
34.3厘米×49.7厘米

主要描写饮酒赏花的情景，诗词与画面配合，相得益彰。

　　大千先生于1948年飞往香港，居数月；至1949年春返四川，此画乃是为夏天在成都举办的扇面画展而作。（原文见傅申著《张大千的世界》，台湾羲之堂文化出版事业有限公司，1998年，页192—193）

《觅句图》（图 31）

作品标题中的"觅句"描述的是一位凝视瓶中莲花、寻觅赋诗灵感的士人。观者被领入他的世界：士人坐定，双臂交叠置于桌上；纸笔在前，暂未理清思绪；身后有一棵梧桐树，延展至图像边缘之外。通过描绘这样的场景，张氏将士人带入观者的直观世界。

《觅句图》中的士人样貌滑稽，他有瘦长的脸颊、鼓凸的鼻子和巨大的耳朵。他的双腿很短，显得有些笨拙。然而，张氏却以他高超的画技将这些粗笨的特征编织成温文尔雅的形象。另一方面，粗朴的石桌配以多节树根制成的木椅，这些细节也传达出一种质朴而文雅的品格。

一只青铜古瓶相当引人注目，令粗陋的家具显得更有意趣。花瓶后有一方钟形石砚，它的造型很像汉字"风"，所以被称为"风砚"。这类砚台历来受文人珍视，还被遴选为书桌清玩。荷花、莲叶与小花朵相互映衬，花艺精巧，传达出一种典雅的情致。

张大千用尖头小笔作画，他有所克制地按笔，令线条光滑平稳地描绘出人物与前景。"游丝描""铁线描"这样的古称表现出它们轻盈而有张力的笔画特点。而对于梧桐树和竹子，张氏则使用另一种截然相反的画法——笔势迅捷，全然取自即兴的写意绘画。张氏取一支略大的毛笔，饱蘸浓墨，迅速地画出树叶，不等墨干就再添下一笔。墨水仍旧洇湿，他就用青色颜料为叶片着色。于是，这株独具魅力的繁荫大树呈现出墨晕和彩染的效果。尖尖竹叶更需要一丝精工细作，于是张氏将竹叶描绘得类似于迅疾书写的书法。

《觅句图》的主色调是柔和的白、青与淡赭。尤以张大千在敦煌石窟中研习唐代艺术之后，他至少会在着重表现的地方使用色彩明亮的颜料来修饰画面。此画中则以清丽的绿色莲叶、花瓶下的红漆托盘和一双红鞋呈现。张氏又用赭石色画出石桌、树根椅和士人的上身衣袍，直观地将士人与他四周的纯净氛围加以联结。

张氏的题跋是对画面的补充，它着重阐述了作诗所需的全面素养。同时，他又将觅句比作雕虫这般精细的工艺。

张氏反常地没有在跋文中透露他所取法的画风。画中人物与他常画的俊美文人截然不同，因此他心中很可能已有特定的范本。或许他认为这个范本太过明显以至于没有必要指明。树根椅、莲花及"铁线描"的用笔与张氏对士人的

图31
张大千
《觅句图》
1949年
85.7厘米×34.3厘米

塑造都来自个人主义画家陈洪绶。而一件有陈洪绶署款的相似作品（附图 1）则可以确定为此画的原型。在这幅称作《抚髯会神图》的画中，士人抚须的同时凝视着一瓶秋菊。

张大千画的几幅《觅句图》彼此相似，其中一幅在跋文中直接提到了陈洪绶。第二幅是香港莫士撝（Hugh Moss）的藏本，1953 年夏末张氏画于日本。而仅通过出版物得知的第三幅是 1949 年夏季画的，在这幅作品中张氏不仅以太湖石代替竹子，还将梧桐树的画法从墨彩泼染改成"勾勒填色"。这三幅画的人物几乎相同，不同的是后两幅中的士人都和陈洪绶原作中的人物一样戴着帽子。张氏为这三幅画题写了同样的诗作，但在 1949 年夏的版本中，他还写道：

老莲勾勒结构盖自六代石刻来，其设色则仍未逾宋元矩矱耳。

张氏偏爱唐代的鲜艳设色，在敦煌旅居时他将这种技法运用得炉火纯青。于是，当他看见陈洪绶那般含蓄的着色时便有所轻视。即便如此，他对陈洪绶依然钦佩不已。1934 年的一些绘画题跋表明，张大千将陈洪绶视作工笔技法中控笔的典范，早在那时张氏就表露出对陈洪绶绘画的倾慕。张大千第一次去北京时，他的花鸟画受到业界的批评，因为他在创作中过于依赖豪放的写意风格。作为回应，他开始磨炼工笔画的精细用笔。在二十世纪三十年代，张大千与兼为书法家、画竹画家与收藏家的好友叶恭绰一同住在苏州网师园，那时叶恭绰也曾建议他完善人物画技巧。在寻求合适的花鸟画、人物画范本时，张氏选择了陈洪绶极为精雅的拟古风格，这种风格既摒除了仿古的造作，又与张氏已然精通的明清画风相关。

张大千研习陈洪绶绘画的同时也开始收藏陈氏的绘画。1937 年，他从天津收藏家范竹斋处购得《莲花》。而到 1938 年离开北京时，他的陈洪绶绘画收藏已扩充到难以置信的二十四幅，这些作品都被他列入 1943 年的《大风堂书画录》中。

反映张氏对陈洪绶产生兴趣的最早一批作品中有一件是他对陈氏《二叟图》的精临。这件临本（吉林省博物院藏）记年为 1940 年春，并有如下跋文：

老莲画出阎立本历代帝王像，上溯六朝，不落宋元人一笔……此画当非任渭长辈所能梦见，世无赏音，且以予为妄人矣。掷笔三叹。

附图1
明　陈洪绶
《抚髯会神图》
香港郑德坤旧藏

张氏一直景仰陈洪绶，在 1950 年夏他又临摹了一件陈氏的高士图。在这件作品上，张氏写道：

高古而雅，一洗元明以来纤媚习气，或病其奇诡，是少见多怪。[1]

1950 年张氏在陈洪绶《孔明出处图》（张大千旧藏）上题写跋文，详细阐述了陈氏的技法：

设色渲染一以宋人为依归，无一点仇、唐习气。

张氏对陈洪绶的深切认同表明，至二十世纪四十年代初他已完全摈弃了在创作中最早影响他的二十世纪上海画派的风格。二十世纪四十年代时，陈洪绶是张氏研习古典艺术的典范，而到了二十世纪五十年代，张氏则在直接效法陈洪绶的过程中舍弃了其他明代艺术家对自己的影响。

尽管张大千欣赏陈洪绶，但他仍对同时代的人认为陈氏过于奇骇的观点十分敏感。虽然张氏曾反驳过这类看法，但他通常会避免陈洪绶不自然的仿古画法和独有的风趣，从而取悦更广泛的观众。更重要的是，张氏信奉中庸之道，它要求绘画既不可甜媚，也不可怪谲。因此，虽然他精通陈洪绶的风格，却极少创作如《觅句图》这般与陈洪绶有直接关联的作品。（本文由吴奇唯译自傅申著 *Challenging the Past: The Paintings of Chang Dai-chien*, University of Washington Press, 1991, 170-172）

[1]　郭威编：《张大千书画》，卷一，台湾中华书局，1972 年，图 13。

《夏木垂荫图》（图 32）

《夏木垂荫图》中类似几何图形的山石表现得清晰有力，以至于虽然布局简单，但山峦整体却给人以意料之外的巍峨印象。夏木扶疏，以粗笔点缀叶子的几棵树填补了前景，越过河流向树冠望去，士人隐居的小屋坐落在松林环绕的空地上。前往空地的唯一入口是从河边拾级而上的陡峭山路，但画中却无人享用这片令人向往的乐土。隐逸乐园的背后是陡直高耸的山峰，与之产生强烈对比的则是地平线上绵延低矮的小丘。

这件作品以十世纪之后的艺术家为媒介，间接效仿了十世纪山水的形式结构。虽然张大千并未在跋文中提到任何作品原型，但修长的披麻皴、肥大的墨点和黛墨欲滴的叶片都无可争议地将作者指向董其昌，继而最终追溯到董源和巨然。董其昌以董源的风格画了几幅称为《夏木垂荫图》的作品，其中最杰出的一件收藏在台北故宫博物院。如果此作就是张大千的范本，那么他很大程度上精简了原作。

石涛以及其他十七世纪的个人主义画家对张大千有所启发，董其昌所承袭的正统绘画也给予其灵感。事实上，张大千深受董其昌艺术与理论的影响，甚至他曾说，个人主义画家的风格是通过董其昌而化用自董源和黄公望的。张氏最常模仿的是石涛的作品，而在二十世纪三十年代、四十年代期间，他对董其昌书画倾注心血的效仿与他临摹石涛的成就相当。[1]张氏欣赏董其昌，这份欣赏又令他从二十世纪四十年代晚期开始全神贯注地模仿董源和巨然。然而纵观其艺术生涯，张大千对董其昌画风的复兴从未停止。

张大千收藏有董源、巨然与董其昌的画作。1953 年夏，张氏画了另一本《夏木垂荫图》（藏处不详），对此他承认其用笔取法董源。这件作品与他 1949 年的版本类似，但早年的版本更加精简，而稍晚的作品更加完整，细节也更为丰富。

张大千取法十世纪艺术巨匠的同时也效仿着将其画风加以整合的董其昌，这令他通过有节奏的用笔将几乎是平面几何化的抽象元素具象化，从而创造出风格连贯的作品。有时，董其昌似乎是用纯粹理性去理解抽象形式，以此整合山水画中不连贯的元素，但张大千作画时则对具象描绘的功能更加敏锐。最终，他以几何形式勾勒山水的趣味在他二十世纪五十年代的作品中掀起巨浪，也预示着他将在他的泼墨泼彩山水中运用这种抽象形式。（本文由吴奇唯译自傅申著 *Challenging the Past: The Paintings of Chang Dai-chien*, University of Washington Press, 1991, 168-169）

---

[1]　傅申：《沈阳的大千画》，《辽海文物学刊》，1989 年第 7 期，页 369—405。

图32
张大千
《夏木垂荫图》
1949年
116.5厘米×56.8厘米

《仿宋人青绿山水扇》（图33）

此作为大型的泥金扇面，扇骨是湘妃竹，与同年三月所作《仿宋徽宗佛头青牡丹》一扇的样式虽类似，但尺寸则远大之。两扇先后仅差一个月，根据张保罗所忆，此二扇皆为是年在成都的扇面展览而作，款题云："己丑初夏拟宋人法。"但张大千并未说明拟宋代何人的笔法。

虽然此扇甚大，但扇子幅面毕竟无法与巨轴、长卷相比，可用画面空间相当有限，而大千竟能在此有限的幅面中，表现出北宋李郭派的丘壑造型和雄伟气势。右方前景几株耸然挺立的松树和古木，姿态各异。一位高士和尾随其后的侍童正缓步于板桥之上，通往彼岸的茅亭，以观赏对岸深谷中奔泻而下的高瀑。瀑布直落山脚，在乱石堆中形成迸溅的急湍，复注入深潭，留下最后的涟漪。主峰在画面中央，上不见顶，崖下竹树环绕，有一座茅阁精舍面向深潭。如此深邃绝景，在展开扇面的刹那间，仿佛那世外的天地为之洞开。

敷施在树干、茅屋上的暖色系赭石占较小的比例，山石皆以小青绿为主，云和天空则露出细密的洒金原纸。虽然未以泥金细勾轮廓，但效果与金碧山水无异，在极富装饰性的外表下仍然蕴藉着诗情的书卷气，实乃大千先生的过人之处。

扇面背后的书法亦为大千手笔，内容是《满江红》，书写纪年为同年三月。此词作于乙亥（1935），此前一年溥仪成立伪满洲国，是年殷汝耕成立伪冀东自治政府，大千感慨国事而赋此。内容如下：

> 塞雁来时。负手立、金天绝壁。四千里、岩岩帝座。况通呼吸。足下河山沤灭幻。眼中岁月鸢飞疾。问浮云、何处是长安。西风急。悲欢事。中年剧。兴亡感。吾侪切。把茱萸插遍。细倾胸臆。蓟北兵戈添鬼哭。江南儿女教人忆。渐莽然、暮霭上吟裾。龙潭黑。[1]

（原文见傅申著《张大千的世界》，台湾義之堂文化出版事业有限公司，1998年，页194—195）

---

[1]　此词见乐恕人编：《张大千诗文集》，台湾黎明文化事业公司，1984年，页103；曹大铁、包立民：《张大千诗文集编年》，荣宝斋，1990年，页232。但两篇文字互有出入。

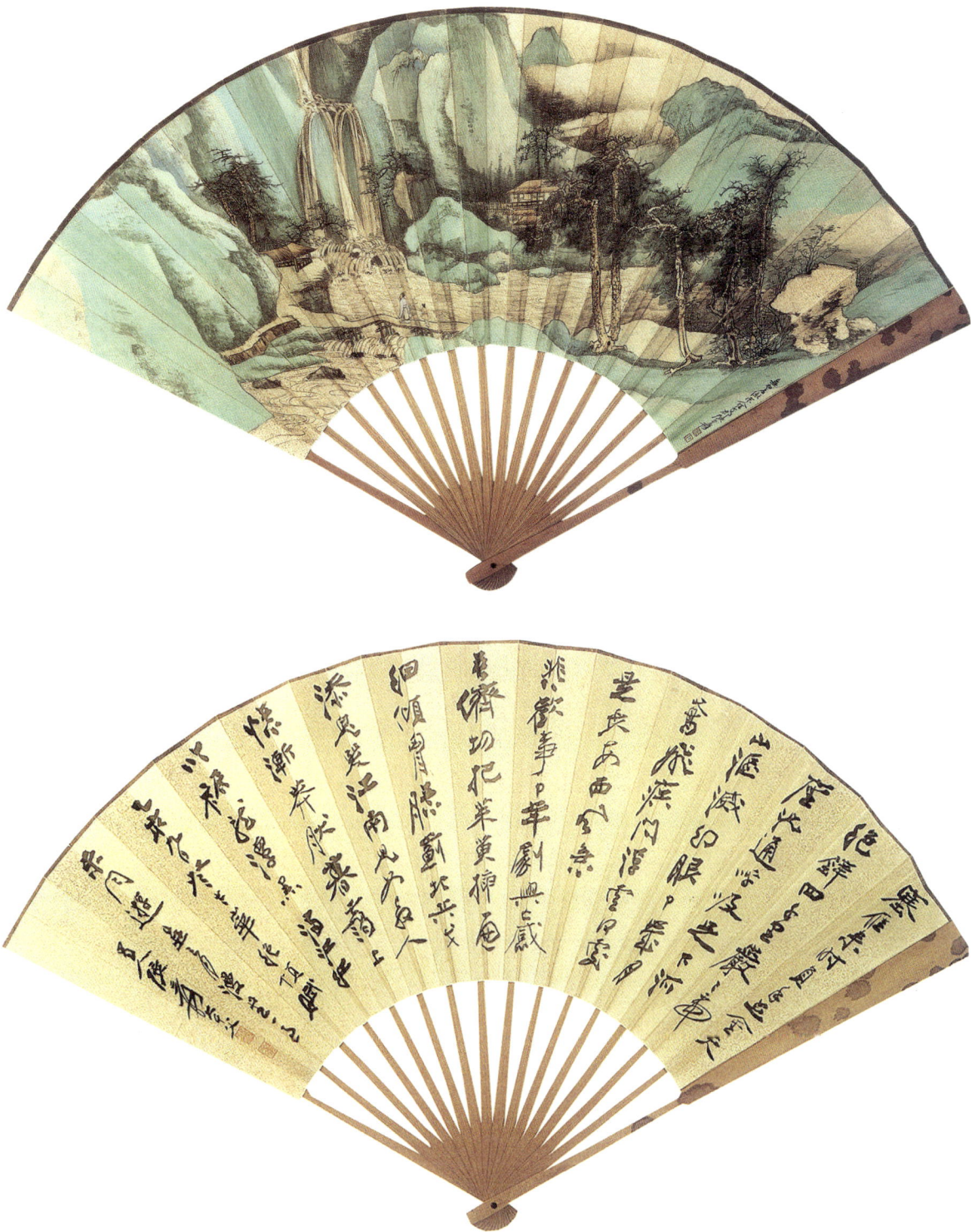

图33　张大千 《仿宋人青绿山水》　1949年　47.0厘米×77.6厘米

《蜀江秋静图》（图34）

张大千很少画这种无尽山河型的景观。在他更典型的山水画中，总有一条清晰的垂直轴线。《蜀江秋静图》没有高耸的峰峦，相反，观者的目光会随着蜿蜒的水路穿过平缓的丘陵直到地平线；河间的帆船只驶向远方的小小村庄，两位士人站在河堤上观赏流川，堤岸附近是他们所居的茅屋。正如理想中的士人园林，茅屋周围绿竹环绕。

在作品上方的题跋中，张大千提到了黄筌，他是成都人，以花鸟画闻名于世，也擅长山水。宋代宫廷绘画著录《宣和画谱》将他记于四川山水画巨擘李升的仿者之列。虽然他几乎没有作品存世，但据称黄筌在创作山水、花鸟时，运用的都是没骨技法（在没骨技法中，艺术家造型的方式是设色而非勾勒轮廓）。

明代张泰阶的《宝绘录》中记载有一件传黄筌的《蜀江秋静图》。就在1928年，关冕钧的《三秋阁书画录》中也收录了这件作品。或许张氏在跋文中提到的"画传"就记录在其中某本著录里。据关冕钧的著录记载，黄公望在黄筌的画上题有如下跋文：

> 此图布置清旷，景物萧疏，或隐或现，或有或无，江天万里，萃于尺缣。

无论张泰阶还是关冕钧都不能完全准确地判断作品归属，甚至也无法得知黄公望题跋的真实性。可是作品的合理性却没有争议，那是因为张大千是通过文字描述去临写作品画意的。张氏画中幅员辽阔的图景恰能令人想起黄公望对黄筌的描述。

二十世纪四十年代初，张氏在甘肃敦煌曾见过唐代的山水壁画，《蜀江秋静图》的画风正是受此影响。莫高窟第172号石窟中的一件八世纪壁画描绘了韦提希皇后面朝旭日冥思的故事，其中有一处山水布景与《蜀江秋静图》极为相似。两件作品都依靠蜿蜒河流的图式设计将观者的目光引向远方的地平线，也都以湿笔淡墨配合着小皴笔描绘幅员辽阔的地表和小丘。《蜀江秋静图》清楚地证明了张氏在他二十世纪四十年代中晚期的绘画中融合敦煌风格的艺术取向。

1941年秋张大千抵达敦煌，在那里他画了一件窄幅立轴《江山无尽图》，有题识道："辛巳（1941）秋日于敦煌石窟临唐代壁画，张爰。"《蜀江秋静图》的山水技法就取自这幅他在敦煌完成的画，然而用笔却融合了宋元艺术的笔意，

图34
张大千
《蜀江秋静图》
1949年
133.0厘米×72.0厘米

尤其是墨点皴擦体现了唐代以后绘画的影响。

《蜀江秋静图》是张大千移居海外前完成的最后一批画作之一。当时中国正受战火蹂躏，但张氏却创作出拥有柔和青绿设色和悠闲动人氛围的《蜀江秋静图》，以此找寻内心的宁静。仅数月之后，张氏就离开了祖国。

一位不知名的画家通过伪造《蜀江秋静图》向张大千致敬。这件赝品被误当成真迹收录于《张大千遗作选》中。[1] 虽然作品相似，但伪作的技法要逊色得多。而出版人并不知晓的真迹则在 1962 年被张大千送给张保罗、李协珂之子，也就是他的孙子张为先。（本文由吴奇唯译自傅申著 *Challenging the Past: The Paintings of Chang Dai-chien*, University of Washington Press, 1991, 178−179）

---

[1] 《张大千遗作选》，四川美术出版社，1985 年，页 6。

《仿董源华阳仙馆图》（图 35 ）

此画作于 1949 年重阳节后一日（公历 10 月 31 日），正值秋高气爽的时节。近三四年来大千从《江堤晚景图》及《潇湘图》等古画，尤其是前者，大悟笔法，因此当他再看明清人的仿本时，常感到它们的不足。他认为明末的赵左虽然"运笔清润"，但是"乏俊气"；而董源之所以成为大家，是他的气概不凡，是他不但"博大"且不粗犷，而且兼能秀逸，其难学亦在此。换言之，大千作此画时特别重视运笔的"俊气"以及"大而能秀"的品质和精神。他画完之后颇为自负，可知大千此时对董源依旧衷心佩服，但是对赵左一派已经不再置于眼角了。因为他并非经由明人间接学董源，而只是从赵左的临本觅得一幅已经失传的董源《华阳仙馆图》的章法、结构，然后大千直接从董源的《江堤晚景图》和《潇湘图》中领悟笔法和设色，在他的运用下使之重生，并借以补足赵左所失去者。所以这一幅作品又代表了大千"借尸还魂"的非常手段，是他活用古人传统的一个范例。

在传世的赵左临董源画中，笔者至今犹未见到大千在此画题记中所说的临本，倒是在台北故宫博物院藏有一幅伪董源的《夏山欲雨图》，全画丘壑章法大致与此画类似，想必亦与赵左所据的原本应有某种程度的近似。故据之相较，两画最大的不同点在于近景，大千画中有四株优美的大树，特别是一红一蓝的两棵夹叶树，以及全画的青绿设色，皆为此画增添了华美的装饰气息。而且大千此画布景的另一大特色则是右下角面对着峭壁飞瀑的那一栋水阁，精细的木造结构和瓦顶，写实逼真得似乎可以依样建筑起来。还有大千笔下描绘的三位作清谈状的隐逸高士，又不免令人有尘外之想。

查是年（1949）秋天，大千自四川成都赴港，十一月去台湾举行画展并旅游，以大千题此画的时间（重九后一日）估计，正是港台旅行途中，真不知他如何得此闲暇画出如是精丽的作品。衡之以情，此作当是大千在该年夏天离川之前，停留成都时期的作品。

在这次展出的作品中，此画应是大千大陆时期的最后一件作品，不过在画风上，张大千出国后的印度时期仍属四川时期的延续。（原文见傅申著《张大千的世界》，台湾羲之堂文化出版事业有限公司，1998 年，页 198—199 ）

图35
张大千
《仿董源华阳仙馆图》
1949年
148.0厘米×71.0厘米

《临刘道士湖山清晓图》（图 36）

1945 年八月对日抗战胜利，同年腊月大千到北平搜访旧迹，在他得到董源《江堤晚景图》的同时，又得到一件传为巨然的山水。后来经大千仔细研究，他认为这一幅画非巨然之作而应属刘道士。

大千在此幅《临刘道士湖山清晓图》的长题中，说明了巨然的画如台北故宫博物院的《秋山问道图》有"矾头风蒲，苔点散簇"的特点，而此画则无。而且世传两人画中的点景人物有道士与僧人之异："刘道士以道士在左，巨然以僧在左"，此画中既有朱衣道士，因而认定此乃刘道士作品，并且将之定名为"湖山清晓"。这一考证作者的长题，首先在 1946 年初夏题写在原作之上。当时大千在成都的沱水村居，也作了他的第一件此画的临本，今藏于上海。

四年后，大千隐居印度大吉岭时又作了此画的第二件临本，也就是此幅。大千将他的长篇考证文字重复书写于两幅临本之上，这样的考证工作已经不是一般画家的分内之事或者能力之所及，在当时大千实际上是走在时代前沿的美术史家和鉴赏家。

不久，辛酉开岁（1951 年 2 月）大千又在此画原题的右方再题三行，记他通过门人唐浩兰提供的照片得悉天津有另一幅巨然的《万壑松风图》，但是感慨"治乱不常"，身在海外，不知何日才能归国，将这两幅画遇合在一起。大千在题识中所指的《万壑松风图》现在收藏于上海博物馆，与《湖山清晓图》比较，可以看出两图的章法和松林山寺确实甚为相似，最大的不同在于山石的造型与苔点。近世学者对此二图之实际作者和成画年代均颇多歧见，但两画仍是董巨派中的重要作品，尤其对于大千戏伪巨然的了解则至为关键。[1]

《湖山清晓图》中的云气渲染为《江堤晚景图》中所无，但这一点却也注入大千在二十世纪四十年代后期的董巨派画风之中。而此图最为独特的表现技法应是水纹的部分，与《江堤晚景图》中规律的鳞纹迥异其趣，前者不但不作水平的波纹，而且水纹由斜向的曲线组成。大千由此水纹画法衍生出许多类似的表现手法，例如 1948 年的《秋水春云图》及《仿北苑松泉图》等。

对于如是繁复的巨画，大千以 50 岁的半百年龄、复身处于这样的乱世，还能够一而再、再而三地细加临摹，如此勤勉与精力充沛，皆令人感佩。继而可

---

[1]　请参见傅申，*Challenging the Past: The Paintings of Chang Dai-chien*, University of Washington Press, 1991, 第 42 图，巨然《茂林叠嶂图》之说明。

图36
张大千
《临刘道士湖山清晓图》
1950年
223.5厘米×84.0厘米

以想象《湖山清晓图》一画对大千也必然产生了影响。

有关大千所临摹的《湖山清晓图》，除了上文所述的两幅皆具名为大千临本，尚有第三本冠以五代画家关全"崖曲醉吟图"之名，1957 年为美国波士顿艺术博物馆购藏。[1]（原文见傅申著《张大千的世界》，台湾羲之堂文化出版事业有限公司，1998 年，页 210—212）

---

[1] 见傅申，*Challenging the Past: The Paintings of Chang Dai-chien*, University of Washington Press, 1991，第 43 图之说明。

《茂林叠嶂图》（图 37）

这份苍翠繁茂的山景令人想起最早也是最出色的一件传巨然之作《秋山问道图》。巨然是一位北宋画家，他以描绘草木繁盛、云雾缭绕的山峦而饱受赞誉。在《茂林叠嶂图》中，张大千用长披麻皴描绘出土壤肥沃、植被茂盛的山景。这类书法笔画线条饱满，往往带有细丝，它们从笔毛留下轻微墨痕的轮廓线中伸出，效果类似于纤维状的麻绳。巨然是能令人联想到这种用笔风格的最早的艺术家之一。张大千伪造《茂林叠嶂图》之前曾临摹过五年董源的画作，而巨然也同样取法董源。

这幅画的前景中有一片树林，树干上生长着厚厚的叶子，由湿墨绘成。一座长桥通往士人居住的楼阁。小径沿着多岩的溪流蜿蜒而上，为观者引路。溪流中的急转弯给予山峰一种物理纵深，山峰几乎如阶梯般由前向后堆叠，引导观者自下而上欣赏画面。峰顶堆着球状石块"矾头"，深色点画则描绘出沿着山巅生长的植被。

大英博物馆得到《茂林叠嶂图》时，学者们都认为它年代久远，用笔方式、山水风格和画面的纵深感都符合对巨然画风的一般认识。《茂林叠嶂图》与《秋山问道图》之间除了用笔、结构的相似，甚至绢帛暗淡的色泽似乎也是由年代久远所致，这就令人更难以察觉张氏的版本是件伪作。可是，一旦熟悉了张大千伪造古代卷轴的习惯，就很容易发现《茂林叠嶂图》是他的作品。

致使张氏能够创作这件杰出伪作的起因始于二十世纪三十年代中期，那时他通过研习深受董源、巨然影响的王蒙和吴镇，开始将注意力转向十世纪的山水画大师。1934 年张氏从敦煌返回后，就越发关注他正开始收藏的宋代及宋代之前的绘画。1945 年他得到一幅《湖山清晓图》，并将它归于董源弟子刘道士名下。这幅画激励他积极地学习、临摹董巨画派的古代大师。1945 年与 1951年初，他前后两次忠实地临摹《湖山清晓图》。第二件临本的创作时间为 1951年一月八日至二月五日，之后不久，他收到了一张此后用作《茂林叠嶂图》范本的照片。这张照片是张氏的天津学生唐浩兰寄给他的，内容是传巨然作品《万壑松风图》（上海博物馆藏）。虽然现在的大部分艺术史家都认为它是明代或清初画家基于十世纪绘画的临本，但张氏却把它视作巨然画风的不朽杰作。张氏认为它的色调与他收藏的刘道士绘画十分相似，甚至二者相对，堪称珠联璧合。

张大千《茂林叠嶂图》的基本布局来自《万壑松风图》。同时，随着张氏在1949 年临摹《秋山问道图》，继而又完成一些其他的巨然仿作，他已做好了充

图37
张大千伪作巨然
《茂林叠嶂图》
约1951年
184.7厘米×73.8厘米

分的准备去模仿巨然的用笔。

近距离检视此作时，能看出张氏的用笔痕迹。此作的明暗对比相较于早期绘画更加粗糙，这令张氏的山水画面较之《秋山问道图》更加平面化。《茂林叠嶂图》中岩石的外缘尤其是远山棱角分明的轮廓线也比北宋绘画更加紧绷平滑。相较于巨然的用笔，这种粗糙的轮廓线更接近张氏的个人风格。并且此作中的一些山水画元素，例如某些同种类的树也出现在张氏的署名作品中。

张氏为伪作挑选的名称来自宋代宫廷绘画著录《宣和画谱》。他特意用一种未经修饰的楷书题名，其书风能令人想起宋高宗。为了完成这件伪作，让人以为《茂林叠嶂图》是件遗失良久的宫廷藏品，张氏还为此画盖上了伪造的历代宫廷印记。其中一些钤印，例如"司印"半印以及据称是宋徽宗宣和年间的印章，也出现在张氏署名关仝的另一件伪作《崖曲醉吟图》（波士顿艺术博物馆藏）中。

最后，画上的书法也能揭露它的出处。虽然此书迹看上去年代久远，但令人疑惑的是，与其书风相似的跋文却出现在已证实为张氏伪作的其他"唐宋"绘画中。

张大千令艺术世界陷入鉴赏的困境，其中的典型代表是苏立文（Michael Sullivan），他曾相信《茂林叠嶂图》是巨然真迹。苏立文在 1962 年七月刊出的《阿波罗》中写道：

> 这幅画非凡的内在凝聚力与巨然或取法巨然的北宋大师的作品一致。鉴于现存已出版的传巨然之作都无出其右，我们应该对此画感到知足。最重要的是，我们应当深切地感激大英博物馆将这件中国山水的杰作带给英国。

1986 年，苏立文给笔者写信：

> 傅申博士建议我为自己的文章写一个注脚……我格外感激……我在伦敦见到这幅非同寻常的画作前，并未见过巨然艺术传统中的经典之作，而傅博士自己的巨然研究也尚未出版。如今事后一想，这件极其出色的作品显然与十世纪风格无关，它是张大千笔下精彩的模仿艺术，也是他画艺与胆识的明证。

苏立文不是第一个被骗之人。张氏装裱作品、做旧外观，让它看上去年代久远。此画几经易手后被成名于香港的收藏家燕笙波（约1910年出生）购得。燕笙波如获至宝，出示给一些鉴赏家鉴赏。讽刺的是，他竟然请了张大千来鉴定这幅画，而张氏通常会避免在他的伪作中添加自己的钤印或跋文。藏家信任这件作品，他在无意中咨询的竟是作伪人的意见，张氏既不情愿承认他就是作者，也不想牵涉其中而引起任何怀疑。即使中国与西方对作伪的容忍度不同，张氏仍然觉得用他鉴藏家的声誉说服他人相信自己的伪作是真迹很不合适。然而这一次，在被要求题写一些会引发误解的句子时，他没能拒绝。最终，张氏同意题写跋文，但仅仅题在绫边上而不是直接写在画心上。因为人们通常不太在意写在立轴之侧的评论，所以张氏希望这样就无需为他的跋文负太大责任。若跋文不直接题在画心上，就可能被切除或重新装裱，人们总会设想这样的可能：这份书迹原本是用在其他图像上的。事实上，在重新装裱时，这份跋文确实与画作分离了，但因为它仍然保存在大英博物馆内，张氏的心思被众人知晓：

> 巨师真迹唯此图与故宫《秋山问道》《萧翼赚兰亭》二图及日本斋藤所藏《山居图》、寒斋《江山晚兴卷》五幅而已。此图《宣和画谱》所收，其署题为高宗中年学钟太傅书，尤古朴可喜。其下有典理纪察司印半印，及李笠翁、王烟客印，流传有绪，尤可宝也。笙波道兄携来共赏，欣然题记，张爰。

张氏的声明列举出他认可的巨然真迹，其中也大胆地包含了两件他自己的伪作：他不得不提到的《茂林叠嶂图》和《江山晚兴卷》。后者的范本是一件传巨然手卷，如今藏于傅熹年处，为傅熹年继承自祖父傅增湘。张氏的《江山晚兴卷》大约在1945年完成，虽然布局模仿的是傅熹年藏本，但用笔却更为生动。最终，大约在1946年、1947年间，此作在香港被香港收藏家陈仁涛当作巨然真迹收藏。

张氏在1951年初次见到《万壑松风图》的照片，这是他能画《茂林叠嶂图》的最早年份。这一年也处于1945年左右至二十世纪五十年代中期之间，也正是他研习董源、巨然最甚之时。在那十年中，张大千创作了至少十五幅伪造的或忠实临摹的董巨画作，其中最为出色的当数《茂林叠嶂图》。（本文由吴奇唯译自傅申著 *Challenging the Past: The Paintings of Chang Dai-chien*, University of Washington Press, 1991, 189-192）

《仿宋人沈子蕃缂丝》（图 38 ）

此幅画中有一片梧桐林，云烟穿绕其间，有一位高士席地坐在兽皮上，风神闲逸，正在抚弄琴弦。古人有句"抚琴动操，欲令众山皆响"，是否琴音真的震动了秋梧，使得大片大片的梧桐叶飒飒飘落？全画用双勾法完成，线条细而遒韧且有弹性，树叶尤具夸张的装饰效果，笔者曾由此联想到陈洪绶的绘画风格。然而大千在题识中却绝口未提陈洪绶，他反说是："拟宋人沈子蕃缂丝。"

按沈子蕃是宋代缂丝名家，笔者在其传世作品中尚未见及此图，原以为是大千从缂丝作品中觅得类似的图案，但因为此作具有装饰效果，且造型高古，因而想象大千可能仿效了陈洪绶的笔法而成。大千注意到沈子蕃或者他对缂丝高古趣味的兴趣，早在二十世纪三十年代就出现过。并时的其他画家，有于非闇曾经受大千的影响也曾以缂丝作为仿古的范本。足见大千取资之广、感受之敏锐以及他要在古法中为寻找出路所作的种种努力。

大千在 1937 年、1938 年春为范竹斋作仿古十二屏中，即有仿沈子蕃缂丝山水一幅。比较两幅作品，此画显然更具装饰性，皆为大千画中仅有的几幅。然而大家都被画家戏弄了，不但沈子蕃的缂丝作品中并无此画意及章法，而且笔者联想到陈洪绶的直觉还是正确的。在华盛顿展出大千画以后，一日笔者在翻阅画册时，无意中看到了十分眼熟的画面，顿时眼睛为之一亮，原来这正是明末清初人物画大家陈洪绶的作品，为南京博物院所藏陈氏杂画册中的一页。

将大千此画与陈洪绶原作仔细比较，显而易见大千秀美的本色，特别是地坡的石青设色、梧桐叶的图案造型和明暗反差强烈对比的色彩，以及他以暖色烘托云气的勾勒等，更见浓重的装饰效果。但是树干及细枝的描绘则更加写实，人物尤为清秀，似是从唐宋人物画中抽出置入，而与陈洪绶的全幅变形画风大不相同。大千也将原作左下角的近石与云气下对岸的泉石都省略了，所以这是大千采用"金蝉脱壳"法又一次巧妙地借古开今之作。

大千先生在 1953 年五六月间曾到中国香港、中国台湾及日本等地，其后即返阿根廷，此画应当是他在南美时所作。（原文见傅申著《张大千的世界》，台湾羲之堂文化出版事业有限公司，1998 年，页 230—231）

图38　张大千　《仿宋人沈子蕃缂丝》　1953年　92.5厘米×61.5厘米

《山林钟鼎》（图 39）

大千先生与张目寒的交谊深厚，兼又同宗，故以兄弟相称。根据张大千的描述，张目寒是"天资峻介，爽迈自得。性嗜书画，而不耐于临摹；随兴为文，而不乐于雕饰；盖涉笔成趣，聊以自适而已"[1]。可见目寒喜撰文评论艺文。大千长目寒一岁，两人结识甚早，在二十世纪三十年代初期大千与二兄善子借居苏州网师园时，即"晤言一室，往往竟夕，论书画、论文字、论古今艺苑贤俊，遇兴会处，二兄必掀髯而喜"[2]。由此可见目寒是大千兄弟的知己。虽然目寒日后涉足官场，大千自己则闲散山林，但从未影响他们之间的友谊，故自题所谓"山林钟鼎不相妨，风雨时时忆对床"，表明大千对这份情谊的心迹。

此幅《山林钟鼎》是大千在 1959 年从巴西遥贺张目寒先生六十大寿的礼物，其章法采元人的一河两岸式构图，将倪瓒风格的山水繁密化。然而用笔沉着与设色苍茫，皆为石溪式的王蒙风格。对岸的云山直林等都是张大千 1946 年所作《晚山看云》的进一步发展，笔墨愈趋苍老。此画最得陈定山欣赏，认为其"得心应手，火候极于纯青"[3]。前景水际波纹密布，为一般元画中所无，是大千从宋画中习得的处理水面的方法。不过，他舍宋画排列整齐的用笔而出之以流畅生动的意笔，充分表现出水波荡漾的感觉。

在大千其他画迹中，显示他们两人较早期的交往者，有 1939 年五月二十日至三十日大千与黄君璧、张目寒同游四川北部的广元千佛崖、明月峡、飞仙阁和剑门等名胜；游罢返青城山，目寒夫妇亦上山同住，其间适逢目寒 40 岁生日，大千遂追记上述川北游踪，作《蜀山秦树图》卷为贺。多年后张目寒定居台北，每逢大千访台，其相关媒体安排及展览事宜均得目寒出力襄助，大千与于右任先生的交谊亦因目寒而益笃。

目寒夫妇屡获大千赠赐书画（大千称目寒之妻为虹娣），大千在 1961 年曾有言："目寒知吾画最深"，而将得意之作《幽壑鸣泉图》相赠。1964 年夏天大千自巴西返台，张目寒特意陪伴大千二度重游中部横贯公路。目寒曾多次求画，日后大千到日本居横滨偕乐园，费时近两个月专为目寒经营六幅横贯公路通景

---

[1]　张大千：《张目寒雪庵随笔序》，乐恕人编：《张大千诗文集》，台湾黎明文化事业公司，1984 年，页 113。

[2]　张大千：《张目寒雪庵随笔序》，乐恕人编：《张大千诗文集》，台湾黎明文化事业公司，1984 年，页 113。

[3]　陈定山：《从吴张巨幅谈画风的趋向》，《艺海杂志》第 13 期，页 143。

图39
张大千
《山林钟鼎》
1959年
143.0厘米×72.0厘米

巨屏，是张大千描绘台湾风景中最宏伟壮观的一件作品。1968 年张目寒从中斡旋促成大千为张群作《长江万里图》卷，成为大千一生中的传世巨制。至 1969 年目寒七十大寿，又得大千力作《黄山前后澥图》卷为寿礼。

大千自 1957 年六月病目以来，辗转日本、美国等地求医，眼力不济，一两年内画作锐减而犹不忘为老友作画祝寿，凡此可以管窥大千的创作与友人间深厚、长远而复杂的互动关系，也反映出大千先生天赋异禀的精力与处世的能耐。（原文见傅申著《张大千的世界》，台湾羲之堂文化出版事业有限公司，1998 年，页 234—235）

《拟宋徽宗竹禽图》（图40）

传世宋徽宗名下流传于民间的作品，其中属于水墨而且比较接近文人画风的、其中之一为《竹禽图》卷。此作分四段，画修竹枝上栖鸟雀，这是大千绘制此画时心中想要拟仿的对象。但是大千先生这幅《拟宋徽宗竹禽图》并不是对本临仿，而是尺幅远大于原作的手卷，而且构图、章法也有所不同。大千因构图需要，于画中添加一方巨石以供禽鸟立足，更是徽宗原画中所无。[1]

大千此画中的竹丛分左、右两组。左边一组是两竿直立的新篁，其中一竿斜伸于后，以淡墨作叶，有一只白头鸟栖于竹梢、转头望向石上的另一只小鸟；右边一组的石前有竹一丛四竿，出竿较矮，竹叶皆作下垂的"介"字形，唯一的小竿作新篁与左方的一丛相呼应。竹竿布排之势实际上与他画荷干颇有类似之处，特别是用横出一竿来破解画面的单调。枝干及墨叶的劲利用笔，竹干挺拔而有弹性，竹叶皆出锋如刀剑，排列疏密交叠，全不落俗套。二鸟用笔简练，颇似八大山人。八大山人是大千早年努力仿学的主要对象之一，在二十世纪三十年代他即已做到形神俱似，书与画皆可乱真。不过大千仍然谦虚地说：

> 古人的画笔妙处，我都可以做到，唯有八大山人的精神气势，我不能表现。[2]

这可是"得失寸心知"的自知之明，此二鸟不全学八大山人，用笔轻逸灵动，自有大千本人的个性。全幅的章法与修竹的左右构图都不是大千一般作品中所常见，也与宋徽宗的绘画形式并不类同。但毕竟是宋徽宗的《竹禽图》卷启发他构思这样一幅画作，虽然大千并非真正意在模仿或貌袭徽宗。这一幅大千先生极晚年之作能将古人"吞入腹中，捣个稀烂"，吐出来时翩然自成新貌，早已悠然自得、出入古今，岂是"借古开今"而已！（原文见傅申著《张大千的世界》，台湾羲之堂文化出版事业有限公司，1998年，页364、365）

---

[1]　大千旧藏中有宋徽宗工笔设色《竹禽图》（美国大都会艺术博物馆藏），为双勾竹石，风格与大千此画无关。

[2]　王方宇：《向古人挑战》，《大成》第222期，页2。

图40　张大千《拟宋徽宗竹禽图》1982年　50.5厘米×94.0厘米

附 录

何创时书法艺术基金会藏张大千仿古作品

《仿石溪山水》（图1）

张大千对于清初四僧的绘画下过很大功夫学习，尤其对石涛与八大山人用力最深，石溪的画常表现出苍劲的效果，而这件《仿石溪山水》与其他石溪山水画比较起来稍显秀润，这样风格的石溪山水画在张大千自己的作品中偶然能看见。这件石溪山水的纪年为庚子，石溪这一年的作品较多流传于世，在《大风堂名迹》（第一册）就有一件落这年款的石溪山水，张大千可能就是在藏画中汲取养分而画成了这一件《仿石溪山水》。

图1
张大千
《仿石溪山水》
何创时书法艺术基金会藏

《仿吴小仙仕女》（图2）

张大千的早期仕女画从明清画风而来，常常学习唐寅、吴小仙等人。这件《仿吴小仙仕女》出自他收藏的一件吴小仙所画仕女（见《大风堂名迹》第一册），人物造型、构图虽根据他的收藏，但从开脸以及头发的画法来看，却是大千本色。先说他画仕女眼睛的黑眼珠部分，往往都是以两个圈圈呈现，这样表现瞳孔很生动，在张大千大多数的画作中都有这样的特征。张大千画黑白水墨人物时，嘴的表现也有特殊的方法，他先以淡墨勾出嘴形，再用较浓的墨在两片嘴唇中间加上一道深影，虽是单纯的水墨，看起来却有立体感，在这张画中也有类似的表现。张大千所画的头发也是一大特色，他强调画毛发一定要有蓬松感，脸与毛发的交界处必定要自然，这件作品相当能展现大千画头发的功力，与大千其他写意仕女的表现可找到共通处。

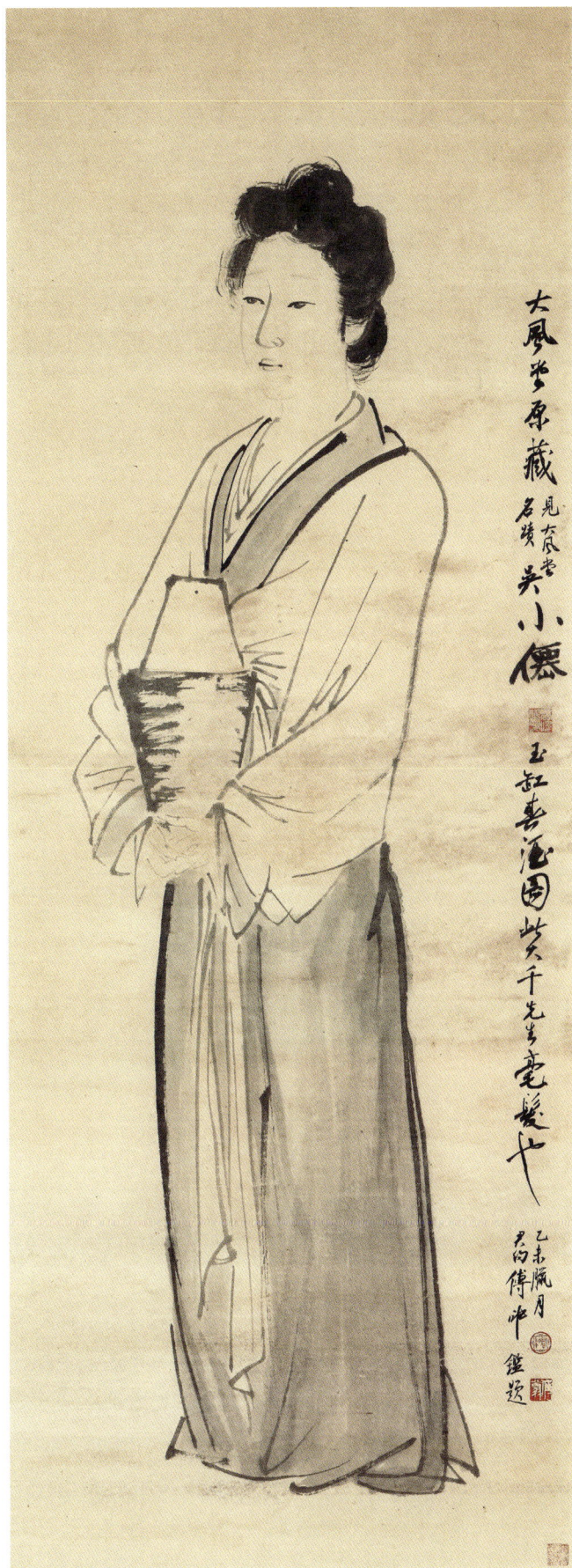

图2
张大千
《仿吴小仙仕女》
何创时书法艺术基金会藏

《仿方方壶江雨泊舟》（图3）

这件《仿方方壶江雨泊舟》的主山所使用的牛毛皴并非方从义惯用的笔法，而比较像张大千仿王蒙牛毛皴的画法，张大千用这类笔法所画的作品为数不少。而这件作品有可能是从张大千藏的一件无款古画变化而成，画题四字用方方壶惯用的隶书款，而小字年款及名款则是从他所收藏的一件方方壶精品（见《大风堂名迹》第一册）而来。

图3
张大千
《仿方方壶江雨泊舟》
何创时书法艺术基金会藏

《猿猴图》（图4）

这件《猿猴图》初看像宋代梁楷风格，与张大千伪仿
的梁楷《睡猿图》有异曲同工之妙。但此《猿猴图》身上
的毛发与《睡猿图》稍有不同，《睡猿图》上的毛发是以直
线写出，而这件猿猴身上的毛发稍有弧度，但画法大致相
同，《猿猴图》的开脸也可看出有张大千写意画法的习惯。
配景的枯藤、老树用笔流畅轻快，比较接近大千早期的作
画风格。

图4
张大千
《猿猴图》
何创时书法艺术基金会藏

《敦煌文殊菩萨赴法会》（图5）

这件画作完全是敦煌所出土古画的样式，能画出这样的人物造型与线条的画家，大概只有画过这些画的唐宋画家与张大千。此画多处斑驳，看起来非常古老，但细看却像是刻意画出来的，这是张大千作旧的技法。张大千使用的颜料都承袭古人，用的是石青、石绿、朱砂等，唯独他所使用的白颜料常常是近代所制的钛白，如果能取下少许样品化验，便更能证明此事。张大千类似的画作在台北故宫博物院也有一件隋朝的菩萨像，可以当作参考作品相互比对，能在上面找到许多共同点。

图5
张大千
《敦煌文殊菩萨赴法会》
何创时书法艺术基金会藏

图6　张大千　《仿支仲元商山四皓》　何创时书法艺术基金会藏

《仿支仲元商山四皓》（图6）

宋代支仲元有《商山四皓图》传世，而张大千就以这个题材进行仿作。张大千画人物衣纹的笔法较为圆转，而这件作品人物的衣纹较多转折、起伏、停顿，不类张大千惯用的笔法，这可能依照一件古画中的样式而作，但人物的开脸却是标准的大千样式，由此就可判断此作为大千所作。卷尾有两棵大树，树干上节瘤处的圆润造型及起伏有致的笔法都是大千本色。再从画上的用色来看，张大千仿作宋代人物画时常用这样的色调来呈现，绢的作旧方式也是大千的手法。

大千先生仿前蜀支仲元 四皓圖

大千目敦煌歸後尤人爲畫功力大增

此畫擬舊本倣作轉出古本之上真

神奇也　其上古印纍纍皆

其倣製者余書於八德園廧壁中

捨白鋒版古印約伯百枚以贈華府米又術館所藏待此題

苐二尚中暑日遷�’何创时书法传基金会題傅申記

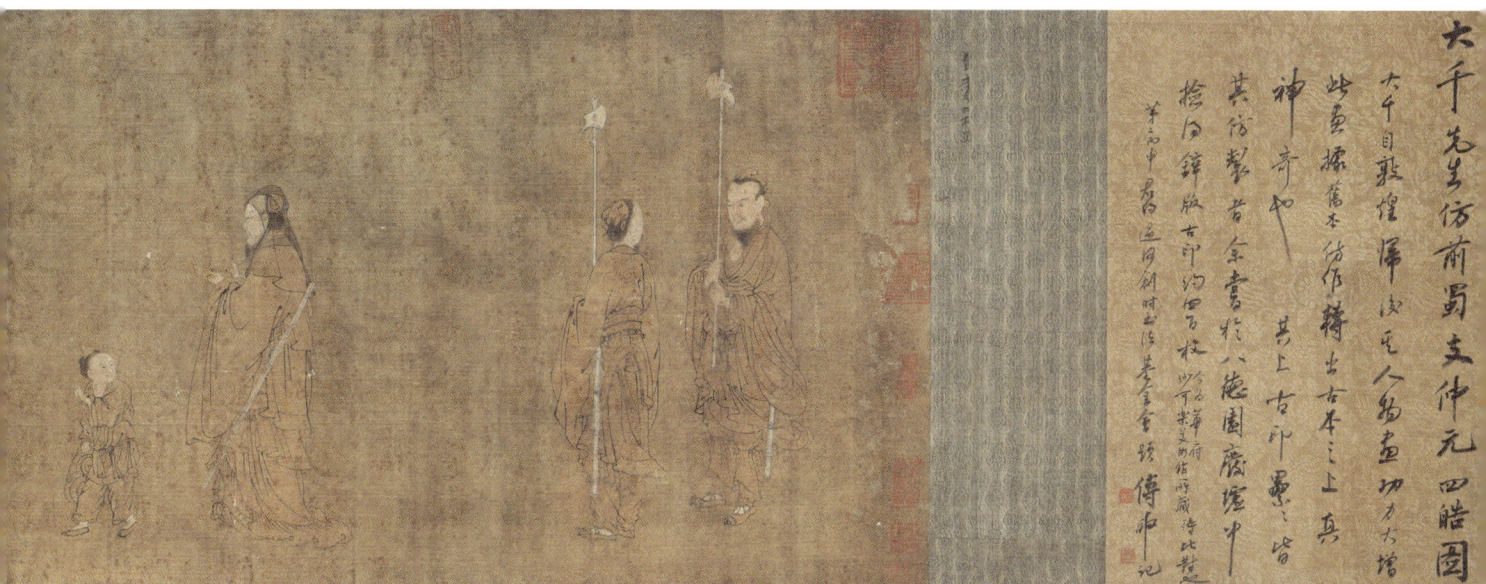

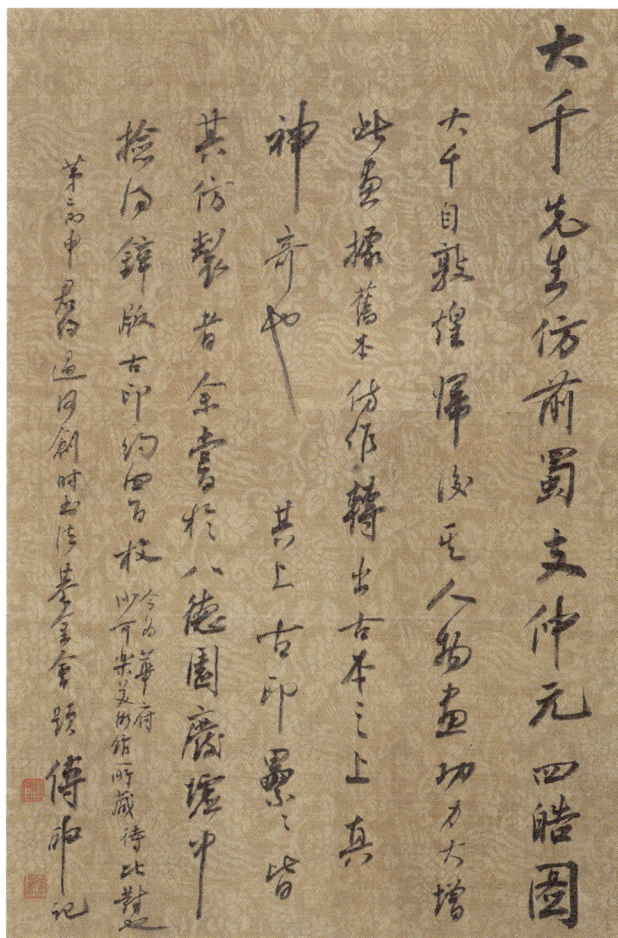

傅申先生题张大千
《仿支仲元商山四皓》

图书在版编目（CIP）数据

傅申论张大千 / 田洪，蒋朝显编. -- 杭州 ： 浙江
大学出版社，2022.1（2022.8重印）
ISBN 978-7-308-21852-8

Ⅰ．①傅… Ⅱ．①田… ②蒋… Ⅲ．①张大千
（1899-1983）－人物研究 Ⅳ．①K825.72

中国版本图书馆CIP数据核字(2021) 第206621号

傅申论张大千
FuShen Lun ZhangDaQian

田　洪　蒋朝显　编

策划编辑	殷　尧
责任编辑	徐凯凯　殷　尧
责任校对	李瑞雪
封面设计	云水文化
出版发行	浙江大学出版社
	（杭州市天目山路148号　邮政编码　310007）
	（网址：http：//www.zjupress.com）
排　版	云水文化
印　刷	浙江海虹彩色印务有限公司
开　本	889mm×1194mm　1/16
印　张	27.75
字　数	497千
版印次	2022年1月第1版　2022年8月第2次印刷
书　号	ISBN 978-7-308-21852-8
定　价	198.00元

浙江大学出版社发行中心联系方式：0571-88925591；http：//zjdxcbs.tmall.com